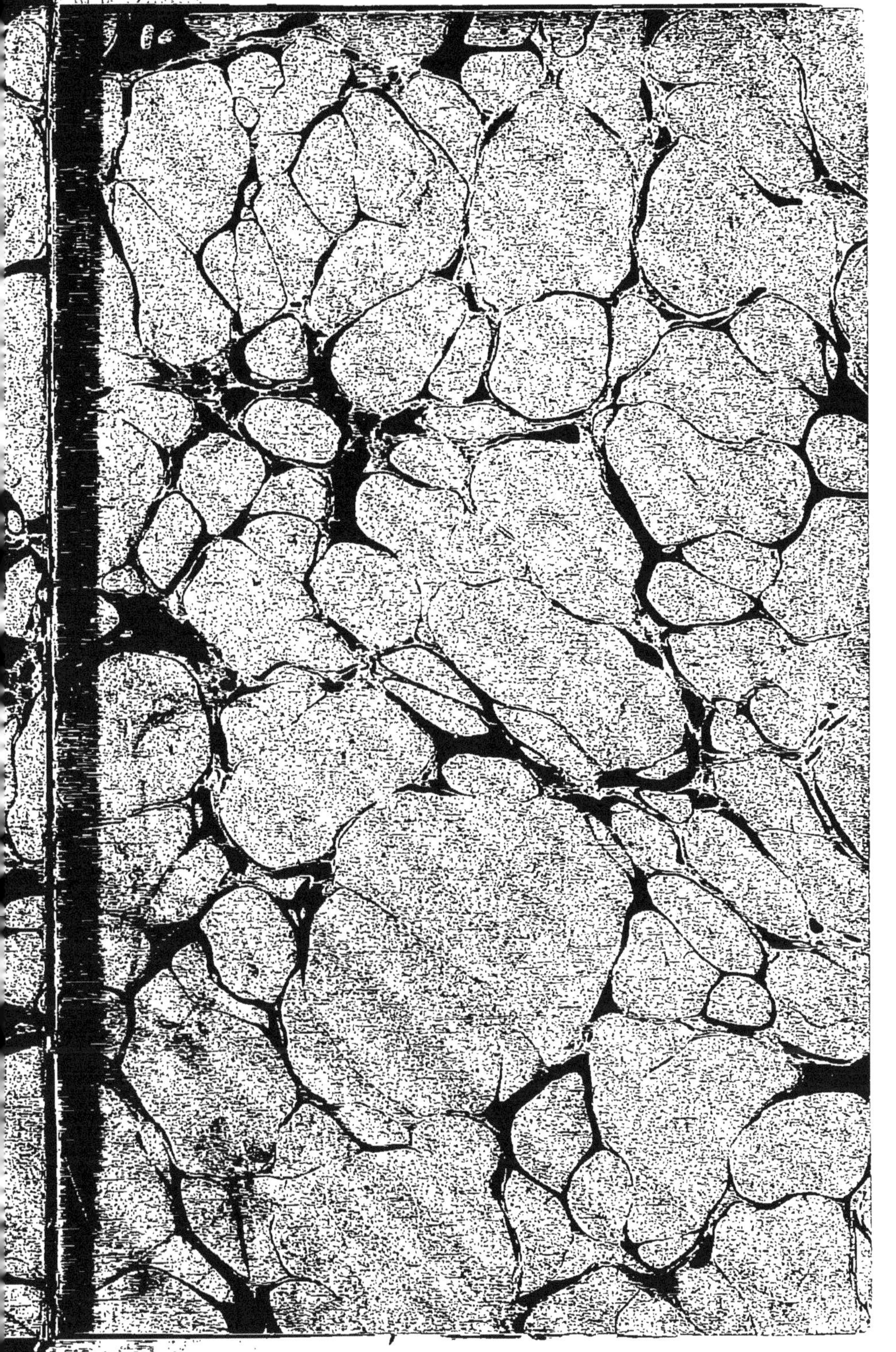

JULES LEGRAS

Au Pays Russe

Paris, 5, rue de Mézières
Armand Colin & Cie, Éditeurs
Libraires de la Société des Gens de lettres

AU
PAYS RUSSE

Coulommiers. — Imp. PAUL BRODARD. — 131-95.

AU
PAYS RUSSE

PAR

JULES LEGRAS

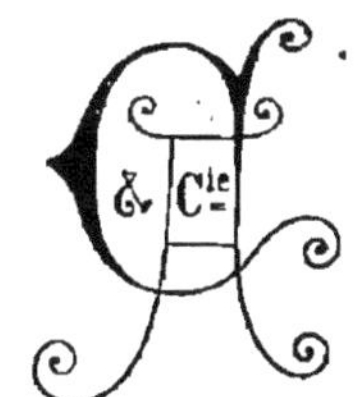

PARIS
ARMAND COLIN ET Cie, ÉDITEURS
Libraires de la Société des Gens de lettres
5, RUE DE MÉZIÈRES
1895

A MADAME

CORALIE PÉTROVNA GOUTCHKOF

AVANT-PROPOS

J'ai fait en Russie, depuis 1892, trois séjours prolongés; j'ai parcouru cette immense terre dans tous les sens, et j'ai appris sa langue. Le hasard m'y a mis en contact avec les plus terribles fléaux qui la ravagent périodiquement, et avec quelques hommes dont la pensée était noble et l'attitude généreuse. L'impression que j'en ai reçue a été profonde et douce : je ne crois pas pouvoir l'oublier jamais. J'ai essayé d'en fixer quelque chose dans ces pages, sans me piquer, toutefois, de mettre dans mes souvenirs une belle ordonnance artificielle. On me pardonnera, je l'espère, d'avoir livré mes sensations à peu près comme elles s'étaient juxtaposées dans mon souvenir : intervenant le moins possible dans la composition de ces notes, j'ai pensé que l'image totale, pour être un peu floue, un peu grossie çà et là, et surtout incomplète, comme mon expérience même, n'en aurait que plus sûrement le caractère auquel je tiens le plus : la sincérité.

Aux enthousiastes qui ne rêvent que des splendeurs moscovites, ce livre, je le crains, causera quelque dépit. Pourtant, il en est assez, chez nous, à cette heure, qui célèbrent la Russie dans ce qu'elle a de plus extérieur et de plus vain, pour qu'on permette à un voyageur modeste d'avouer qu'il aime d'amour tendre ce pays russe sans forme et sans couleur, uniquement parce qu'il y a vu des hommes qui souffrent, qui travaillent, qui espèrent, et dont le cœur est simple et bon.

Ce livre ne contient pas une ligne d'appréciation politique. Les trois ou quatre Français qui connaissent à fond la Russie comprendront aisément les motifs de mon abstention; pour les autres, je juge honnête de les en avertir dès la première page, sans croire, toutefois, le moment opportun de m'en expliquer avec eux tout au long.

Avril 1895.

AU PAYS RUSSE

PREMIÈRE PARTIE

LES ABORDS ET LA FAMINE

CHAPITRE PREMIER

ROUTE D'ALLER

Mai 1892.

En traversant les jolies et vertes vallées du Wurttemberg, j'ai rencontré, près de Stuttgart, un célèbre écrivain français. Il m'a demandé, entre autres choses : « S'il y avait encore un roi, dans ce pays-là », puis, à ma réponse affirmative, il a ajouté : « Oui, mais ce doit être une espèce de préfet ! » J'ai essayé de lui faire comprendre la différence qui existe entre la Souabe et la Prusse ; je lui ai dit combien, en ce pays-ci, on hait les

Berlinois; j'ai vanté ce petit royaume buveur de vin... Je ne suis pas bien sûr d'avoir été pris au sérieux.

*
* *

Leipzig.

Je suis depuis quinze jours à Leipzig, où je séjourne pour la troisième fois. Je crois connaître la ville, maintenant, et j'essaie de rassembler les traits qui m'ont frappé ici parmi la société universitaire : c'est à peu près la seule que j'aie régulièrement fréquentée.

J'ai pris mes repas à la table commune où se réunissent les professeurs et les *Privat-Docents* célibataires de l'Université. Ce fait déjà est caractéristique : en France, au lieu d'une table, nous en aurions quatre, une par faculté, et, qui sait? peut-être aussi, des subdivisions à l'intérieur de chacune d'elles. Bien plus que nous, ces Allemands sont *sociables*.

La conversation se noue sans gêne, et quand elle s'élève, c'est sans effort. Tous ces jeunes gens ont l'esprit beaucoup plus libre que leurs collègues français, et cela se comprend, car ils ne dépendent pas d'une administration, mais de l'Université même où ils travaillent. Ils n'avancent, ils ne valent que par leurs productions : c'est que chez eux, l'Enseignement Supérieur est une carrière, au lieu d'être une récompense ou un refuge; c'est aussi qu'ils ont une Université, et non pas un assemblage de Facultés hétérogènes.

En outre, ils sont, beaucoup plus que nous, capables de simplicité. Le cercle universitaire s'est tout naturellement ouvert devant moi : dès l'arrivée, j'étais des leurs. Chez nous, on aurait fait à l'un d'eux une réception gênante, on lui aurait offert des dîners de cérémonie; là-bas, ils ne m'ont ni accablé de protestations, ni harcelé de toasts; ils ont été prévenants avec mesure et affectueux avec tact : ma liberté est restée entière. Nous avons fait des parties de campagne aussi gaies, aussi dénuées de pose, que si nous avions vingt ans; nous avons ramé jusqu'au *Waldkaffee*, sous un clair de lune, et nous avons ri, et nous avons chanté. Voilà une attitude bien originale dans ce milieu, car c'est là précisément que nous ignorons le plus souvent, chez nous, l'affectuosité paisible et la simplicité de cœur. Je ne songe pas à établir de comparaison entre la valeur des esprits; mais ces Allemands, à coup sûr, ont beaucoup plus que nous de bonté simple, et ils sont bien moins desséchés d'ironie : d'un mot qui résume tout, ils sont moins *confinés*.

* * *

Berlin.

Un voyage à Berlin est doublement instructif quand on a déjà vécu dans cette ville : on y observe sur le vif les incessantes transformations qui la travaillent. En moins d'un an, sa physionomie change, des rues entières, des quartiers nouveaux sortent du sol, tous pareils, comme des bataillons à la parade. Les terrains vagues où nous patinions l'hiver dernier, se sont couverts de maisons de rapport aux engageantes sculptures en simili. Lorsque je suis parti, il y a huit mois, on démolissait, en face de mes fenêtres, un énorme pâté de maisons : — voici que dans l'intervalle, un grand théâtre a été construit, où déjà les peintres travaillent. Je me serais presque égaré, en plein centre, dans les rues en damier, faute de retrouver aux coins habituels les enseignes et les maisons familières. J'ai voulu revoir ma rue; là aussi, des magasins nouveaux, des figures inconnues partout; quant à la maison où je logeais, on l'a jetée bas...

Au lieu d'arriver par Cologne, par le désert sablonneux de l'Allemagne du Nord, j'ai traversé de part en part le pays allemand. On apprend beaucoup à passer ainsi, de temps à autre, du sud au nord, et cette route vous prépare graduellement aux sensations berlinoises. Peu à peu, le relief du sol diminue, la monotonie du paysage augmente; la langue devient plus rapide, plus sèche, les hommes plus froids. Leipzig, ma dernière halte, et la dernière grande ville du trajet, se trouve déjà en plein pays plat, mais elle offre encore l'imprévu d'une vieille cité et la grâce simple de la province, tout en y mêlant, dans certains faubourgs, la vie noire des fabriques. Mais, les frontières de la Saxe à peine dépassées, nous glissons tristement dans la grande plaine maigre, au centre de laquelle ce peuple a eu la merveilleuse audace de se bâtir une capitale.

Après une semaine passée ici, à causer et à revoir, j'ai senti une fois de plus la différence qui sépare Berlin de la province allemande. Toutefois, cette ville, pour n'avoir presque rien de commun avec l'Allemagne de souche, avec l'Allemagne profonde et sensible, n'en travaille pas moins sans relâche. Elle a de gros défauts, des ridicules aussi, et ses créations sont rarement belles; mais, chaque année, elle se corrige et se rature avec une admirable constance. On y sent circuler une vie intense : tous ces hommes progressent vers un but. Ce qu'il faut venir chercher ici, ce n'est pas un refuge pour la sensibilité, car tout vous y blesserait; il faut venir étudier Berlin, sa vie bruissante et sa merveilleuse organisation, pour se mettre à l'école de la volonté. La volonté dans l'ordre, voilà Berlin; — étrange rapprochement, qui fait de cette ville la dernière étape pour un Occidental qui se rend en Russie!

CHAPITRE II

PREMIÈRES IMPRESSIONS

Alexandrovo.

Un matin gris, pluvieux. A la dernière station allemande, il m'a semblé que les employés étaient plus raides et qu'ils faisaient sonner plus haut les rudes intonations de leur gosier prussien. La frontière passée, au lieu du sentiment de joie que j'attendais, c'est d'abord une crainte vague qui m'étreint, à la vue de tout cet appareil officiel et de ces gendarmes en uniforme bleu et en toque rouge. Sur le trottoir, quelques moujiks, dans une étoffe gris sale, avec une ficelle pour ceinture : une première impression de misère accablée, en face de la propreté luisante de l'Allemagne. Personne n'ose bouger dans le train arrêté : on attend, très soumis.

Un gendarme paraît enfin dans le couloir; il nous faut, me dit-on, lui remettre nos passeports.

Il s'éloigne, et aussitôt, une nuée de porteurs hilares et chevelus s'abat sur nos bagages.

La visite de douane : correcte, soigneuse, aimable, en somme.

— Maintenant, me dit un compagnon de voyage, un Français, rencontré par hasard, allons au buffet!

Devant un verre de thé, dans la chaude atmosphère d'une petite salle, le souvenir désagréable de l'entrée en gare disparaît subitement; je me sens à l'aise ici, satisfait et confiant: j'ai pris possession du sol russe en me brûlant aux premières gorgées de thé.

Enfin, le gendarme reparaît dans le couloir du wagon, pour nous rendre nos passeports tirés vivement d'une serviette à compartiments; nous partons. J'ai eu nettement, dans cette première heure, l'impression de la Russie sous sa double face : le gendarme et le moujik, la police et la misère d'un côté, et de l'autre, la délicieuse tiédeur des causeries près du samovar qui chantonne.

Dans le train. — Pour un mince supplément ajouté au prix d'une deuxième classe, un même wagon vous transporte de Varsovie à Moscou. Dans ce wagon, vous avez votre lit, un cabinet de toilette, un couloir pour faire les cent pas, un domestique pour vous préparer du thé ou du café. Je suis seul voyageur de ma classe : la moitié du wagon est à moi, et depuis une trentaine d'heures me voilà livré à mes réflexions. Aux grands arrêts, le domestique m'invite à descendre et j'erre le long d'immenses buffets, où je choisis, au hasard du coup d'œil, des potages bariolés et des viandes presque toujours succulentes : c'est ainsi qu'on charme l'ennui des longs trajets en Russie.

Dans ma cellule du wagon où je lis, fume et dors, rien ne me trouble, comme aussi rien ne m'égaie. Le même paysage monotone défile incessamment à mes côtés : des forêts de bouleaux grêles et de petits sapins, des seigles, des pâturages où, par endroits, la forme grise d'un pâtre conduit un maigre troupeau. Puis, de nouveau, des arbres, des pâturages, des landes et des seigles. De loin, on entrevoit par instants de basses huttes en bois avec une toiture de chaume; elles sont toutes grises et se confondent presque avec la terre, sous ce ciel bas de jour pluvieux. — Puis encore des bois, des prés, une immensité plate, où le train va d'une allure égale et lente, comme résigné à n'arriver jamais. A une persistante sensation de solitude se mêlent des souvenirs de la Grande Armée; une hallucination de crépuscule me fait un instant entrevoir là-bas des bataillons défilant sous la pluie oblique. Ce trajet est triste, accablant.

Les gares s'élèvent presque toujours à plusieurs kilomètres de la ville qu'elles desservent : aussi n'ai-je vu rien encore qui ressemble à une ville. Les bâtiments des stations sont élégants et propres; il y circule de maigres paysans et de ces Juifs polonais, à houppelande traînante, qui, depuis la frontière, semblent vous poursuivre, toujours les mêmes à chaque arrêt. Sur le quai, se promène l'inévitable et important gendarme dans son uniforme bleu râpé. Pas d'horloges extérieures; des thermomètres monumentaux les remplacent. Aux approches des gares, des bûches de bouleau, amoncelées sur d'interminables chantiers, forment la réserve de combustible pour les locomotives.

Dans l'après-midi du second jour, le paysage s'anime; le train, arrêté plus fréquemment, s'emplit de nouveaux voyageurs; les champs se peuplent, les bois, plus hauts et plus soignés, laissent entrevoir des villas; l'œil charmé aperçoit enfin, çà et là, le blanc ruban d'une route carrossable. Puis, subitement, un point brillant scintille dans le lointain; un coude encore, et, tout là-bas, seul visible de la cité, voici le dôme en or fin de la cathédrale du Christ Sauveur... Moscou! Moscou!

CHAPITRE III

VUES DE MOSCOU

Lorsque je mis le pied sur le pavé pointu de Moscou, ma première impression, je dois l'avouer, ne ressembla en rien à un bouillonnement d'enthousiasme. Je sortis d'une petite gare sur une place toute blanche de soleil, où grouillaient d'innombrables petits fiacres découverts. Enlevé par l'un d'eux sans avoir eu le temps de me reconnaître, je côtoyai un petit arc de triomphe en briques rouges lépreuses, et m'enfonçai dans une longue rue bordée de maisons basses, peinturlurées de blanc et criblées d'enseignes bleues. Elle ne fut pas lyrique, ma première impression, mais elle fut sympathique et douce. Moscou ne donne pas au nouvel arrivé cet étrange serrement de cœur que produit presque toujours l'entrée dans une grande capitale. L'absence de hautes maisons explique sans doute cette différence.

Vue ainsi par un grand soleil de dimanche, cette première partie de la ville m'apparut avec le joyeux aspect d'un faubourg en fête. Le pavé, où tressautait mon misérable petit fiacre, m'égayait fort; les toutes petites églises que nous passions à chaque minute, me faisaient la risette; les passants même ne m'avaient pas l'air indifférents, telle était l'engageante sérénité du ciel qui éclairait cette provinciale cocasserie. Des détails fixaient mon attention. D'abord, le vêtement crasseux du cocher, un énorme surtout d'un bleu passé, qui l'enveloppait des pieds à la tête, croisé sur la poitrine, et serré au-dessus des hanches par une ceinture lilas. Puis, son comique chapeau de feutre, bas avec de petits bords et le fond évasé (il serait difficile de le décrire poliment d'une façon plus précise). Enfin, la voiture incommode, mal jointe, grinçante, où le dos ne peut s'appuyer, et où les jambes n'ont pas assez de place pour s'allonger. A la première église, le cocher ôta son chapeau, découvrant des cheveux longs, coupés droit au-dessus de la nuque et retombant sur les joues et les oreilles; il ôta son chapeau et se signa trois fois; puis il se recoiffa, se moucha vivement entre deux doigts, et, soucieux du temps perdu par ce petit manège, accéléra d'un gloussement le trot de son cheval indifférent. Pas de fouet, bien entendu. Les guides, faites d'un ruban tressé, sont nouées ensemble à leur extrémité; à ce nœud est adapté un bout de ficelle. C'est on ne peut plus simple : pour fouetter son cheval, le cocher saisit les guides de la main gauche, fait tournoyer avec la droite l'extrémité des rubans et la ficelle qui les prolonge, et tâche de faire retomber sur la croupe de sa bête cette mèche improvisée. Cette innocente manœuvre effraye certes moins le cheval que le voyageur novice assis, révérence parler, sous le dos du cocher; le bout de ficelle qui tournoie, passe et repasse devant votre visage et vous force à des mouvements divers de parade et de défense... Cependant, cahin-caha, nous tressautions toujours sur l'amusant pavé pointu.

Jamais, dans une grande ville, je n'ai eu dès l'abord une pareille impression de chez moi. Je me souviens avec tendresse de cette première heure à Moscou. Certes, je ne vis rien, ce soir-là, des magnificences que j'avais lues dans Théophile Gautier et ailleurs; pour mieux dire, je les mis fortement en doute. Néanmoins, j'éprouvai une bienfaisante sensation de bien-être, à me voir transporté, sans autre transition que trois jours de glissement mou par des plaines et des forêts, depuis Berlin, la ville officielle et froide au cœur, jusqu'à Moscou tortueuse, amusante et bon enfant. Il ne faut pas rire de ces premières impressions; ce sont les seules vraiment naturelles et exemptes de réflexion; toutes celles qui suivront seront plus ou moins mêlées d'un jugement. La première impression est bien extérieure parfois; souvent même, elle ne résiste pas à l'examen; mais aussi, combien d'amitiés solides naissent de l'inexplicable attrait d'une première rencontre!

Il reste peu de monde à Moscou l'été; tous ceux qui en ont le moyen s'enfuient à la campagne pour échapper aux insupportables chaleurs du court été russe : en revanche, ceux qui restent à la ville passent presque uniquement dans la rue ces deux ou trois mois : le jour, ils y dorment en quelque encoignure; la nuit, ils y bavardent; on a tout loisir de les observer.

Moscou ne connaît pas, comme Pétersbourg, ces nuits complètement *blanches*, où le ciel ne s'assombrit point: mais la nuit de l'été moscovite n'en a pas moins son charme. Longtemps, longtemps après le soleil couché, des lueurs blanchâtres traînent encore au ciel, et s'y fixent, en se dégradant peu à peu jusqu'à l'azur clair du couchant. Une sorte d'indécise clarté en résulte, avec des tons charmants dans la fraîcheur qui tombe. Au bout de deux heures, à l'autre bord du ciel, le bleu pâlit et s'éclaire : la nuit s'achève avant même qu'on ait eu le sentiment de l'obscurité. Aussi les rues sont-elles sillonnées nuit et jour, sans interruption, par de minuscules fiacres découverts, dont les cochers sales et bleus font tournoyer leurs guides au-dessus de la croupe de leurs petits chevaux à tous crins. On les voit partout, il en sort de tous les coins; ils se glissent dans les ruelles les plus étroites, dans les cours en boyau; pour un peu, ils entreraient dans les maisons. Ils vous guettent au détour des rues, au sortir des magasins, à la descente des hauts trottoirs; le moindre regard indécis qui semble chercher la route, le moindre coup d'œil à une plaque de rue, et voilà à vos côtés un petit fiacre dont l'*isvoschik* (cocher) vous crie : « Où çà? où ça? » C'est que le pavé des villes russes est impraticable, si l'on n'a des bottes épaisses ou des caoutchoucs; il est formé de petites pierres soigneusement juxtaposées la pointe en l'air; y faire dix mètres à pied est un supplice. En même temps, les trottoirs, quand ils ne sont pas asphaltés, comportent des hauts et des bas, des trous, des écarts, des interruptions et des caniveaux, bref, tout l'appareil nécessaire pour se démettre un membre, si l'on ne marche avec une anxieuse précaution. Il est ainsi presque indispensable de faire ses courses en voiture. Point de tarif : on s'accorde avec le cocher. On lui nomme la rue où l'on veut se rendre; il dit son prix; ce sera, par exemple 50 copecs.

— 50 copecs! reprend le client, et il fait mine de s'éloigner, en affectant, selon les cas, un air offensé ou égayé.

Si le cocher a surfait, il crie : Combien donnez-vous?

— 20 copecs.

— 40.

— Non, 20 copecs, pas un sou de plus! — et le client s'éloigne encore.

Le cocher le rejoint : « Voyons, *barine*, 25 copecs! » — L'autre secoue la tête et prend place dans la voiture.

Je trouve, pour ma part, ce manège fort divertissant et très commode; les *isvoschicks* étant extrêmement nombreux à Moscou, la concurrence fait que le prix des voitures est assez peu élevé.

Parfois, le cocher ne connaît pas l'endroit que vous lui désignez. Peu lui importe, d'ailleurs; il part droit devant lui, comptant bien que vous le dirigerez avec votre canne, ou par des : « A droite! — à gauche! — tout droit! » Si vous ignorez également le chemin, on s'égare, voilà tout. Un jour, un *isvoschik* me prend à une gare et me voiture durant trois quarts d'heure dans des quartiers inconnus; tout à coup, il arrête son cheval.

— *Barine*, dit-il, est-ce à droite ou à gauche?

— Mais je n'en sais rien! où donc m'as-tu mené?

— Je n'en sais rien non plus, *barine*, j'ignore où vous allez.

— Mais nous avons fait prix!

— Oui, comme ça! (*dase tak!*)

Et nous revînmes sur nos pas.

Le cocher compte également sur son « bourgeois » pour lui désigner la maison où il faut se rendre; il y a bien en effet des numéros dans les rues de Moscou, mais on n'en fait pas usage, et les adresses se désignent par le nom des propriétaires des immeubles : telle rue, maison de un tel. Voyez-vous un cocher parisien partant sur cette indication : Rue Lafayette, maison de Durand! On s'habitue à cette mode comme au reste; mais, au début, que de temps perdu et de quiproquos!

Sur les trottoirs, ce sont surtout les hommes du peuple qui attirent les regards, grâce à leur chemise rouge; — au fait, convient-il bien d'appeler « chemise » la *roubajka?* c'est une blouse en toile, qui se porte en général à même la peau, et qui, serrée à la taille par une ceinture ou une ficelle, retombe en courts plis froncés sur le haut du pantalon. Les moujiks élégants, les portiers par exemple, passent par-dessus cette blouse un gilet noir sans manches, et, en vérité, cela leur sied fort bien. On aperçoit aussi quelques hommes vêtus d'une *paddiovka*, long vêtement de couleur sombre, ajusté sur la poitrine, et formé, à partir de la taille, d'une jupe très ample qui se rattache à la ceinture par une collerette d'innombrables petits froncés. Presque tous les passants, y compris les « messieurs », sont coiffés (nous sommes en été) d'une casquette blanche ou noire, munie d'un large fond et d'une visière basse. Quant aux femmes, je n'en parle point, tant on en voit peu en ce moment.

Pas d'élégance dans la rue : ce climat extrême

s'y oppose par ses exigences; le seul luxe visible au dehors qu'on se permette ici, est celui des chevaux; mais il va loin parfois. La circulation est alerte sans être affairée. A vrai dire, on ne se promène pas dans la rue, à Moscou; la flânerie élégante est inconnue. Seuls, les hommes du peuple s'attardent sur les trottoirs. Avec une expression tantôt placide, tantôt fine et rusée, ils se dandinent sans hâte de porte cochère en porte cochère, ou bien bavardent avec quelque ami. Incessamment, ils portent les doigts à leurs lèvres. Pourquoi ce manège? est-ce un tic? me demandai-je d'abord. En même temps, je vis que le trottoir était jonché de débris de graines de tournesol, comme si une armée de perroquets avait pris Moscou pour perchoir. J'étais fort intrigué : un beau matin, pourtant, je compris qu'il fallait rattacher l'une à l'autre ces deux remarques : les graines de « soleil » dont la rue est jonchée, c'est le menu peuple qui les croque. Grignoter des graines de tournesol, c'est, en Russie, la distraction favorite des enfants et des humbles. Les rues sont bordées de marchands qui vendent à pelletées la bienheureuse graine, et les gens du peuple en bourrent leurs poches. Ils ouvrent le grain d'un adroit coup d'incisives, recrachent l'écorce, et croquent la pulpe machinalement, sans hâte, mais sans interruption. Ces graines de tournesol grignotées dans tous les coins, voilà pour moi la note locale dominante dans la vie de la rue, durant l'été. C'est une habitude nationale; rien ne l'explique, car ces graines n'ont pas de goût; mais elles occupent la mâchoire, elles accompagnent d'un geste machinal la rêverie vague des pauvres gens.

* * *

On devrait, quand on arrive dans une ville nouvelle, pouvoir être conduit les yeux bandés jusqu'au sommet de la plus haute tour qui la domine. Les sensations partielles des édifices et des rues ne viendraient pas alors déflorer l'impression d'ensemble : les détails, on les verrait ensuite; mais on jugerait la cité d'un premier coup d'œil, comme on juge un homme sur son regard.

Il y avait deux jours que j'errais par Moscou, m'amusant aux bizarreries de ses petites maisons, de ses petites églises, de ses petits fiacres, et rien encore, dans l'aimable et jolie ville blanche, ne m'avait arraché un cri d'admiration. Les voyageurs ont-ils donc menti, dans leurs descriptions de la glorieuse capitale?

Avant d'examiner le Kremlin en détail, je suis allé ce matin, tout droit, au clocher de la cathédrale, à cette tour blanche d'*Ivan Viéliki*, dont la calotte dorée lance des étincelles jusque sur les confins de la plaine. Je n'ai jeté qu'un dédaigneux coup d'œil sur l'énorme cloche cassée qui repose à terre près de l'église; je me suis élancé sur les marches de bronze et de pierre qui serpentent dans la tourelle. Je ne regarderai qu'une fois parvenu au sommet. L'homme qui me guide veut me montrer les jeux de cloches; mais que m'importent ces monstrueux bourdons? je monte toujours dans la tourelle fraîche, et l'homme essoufflé me suit à peine, inquiet de son pourboire compromis.

Tout à coup, c'est un éblouissement : à mes pieds s'étale Moscou, adorable de formes, étincelante de lumière et de couleur. Comment dire l'enchantement de ce spectacle, le chatoiement dans ce fouillis de nuances, l'harmonie des fonds et des lointains?

Sous le soleil, une ville blanche, aveuglante de blancheur, avec un pêle-mêle de petits toits plats, verts et rouges, parmi des jardins. Dominant ces toits, des centaines d'églises, dont chacune élève au ciel comme une famille de petits dômes et de bulbes coloriés, surmontés de croix grecques d'où pendent des chaînettes d'or. Là, toutes les nuances se heurtent, les plus crues et les plus tendres, les plus effacées et les plus hardies, depuis les plaques d'or fin qui étincellent sur le Temple du Christ Sauveur, jusqu'aux badigeons naïvement bleus, rouges, verts, blancs, gris ou ponceau, qui s'étalent sur les clochers nains et biscornus des faubourgs pauvres. Puis, sur ce fouillis de tons bizarres, une divine atmosphère, à la fois transparente et comme adoucie d'une vapeur, unit et fond tous ces heurtés en une triomphante harmonie. Vues de cette hauteur, les églises étranges qui m'amusaient hier prennent leur vraie valeur et leur signification. Ces pèlerins de briques, qui, par-dessus la foule paisible des toits, dressent leurs têtes multicolores, révèlent un admirable essor de prière, l'élan d'une foi naïve comme la main qui les a construits et coloriés.

Le murmure du Kremlin monte ici, très affaibli. Au pied de la colline, la Moscova coule paresseusement, toute bleue, entre des rives ensoleillées; à l'horizon, vers l'ouest, quelques collines dans une buée diaphane, — et, dans tout l'intervalle, cette étrange symphonie de couleurs, si fraîches, si joyeuses! Le vermillon et le vert-pomme des toitures se mêle au vert sombre des feuillages, parmi la blancheur des fonds; et, sur tout l'horizon, à tous les plans, dans le poudroiement du soleil, ce sont des pointes, des campaniles, des bulbes, des dômes à l'infini, et des croix d'or et des flèches d'or. C'est pour l'œil un enchantement. Cette ville est unique en vérité : rien n'y fait plus penser à nos grisailles de l'Occident; on songe plutôt, en y rêvant, à cette Bagdad des contes, où les califes se promenaient parmi des jardins. Non! grâce à Dieu, rien ici de moderne, de calculé; mais de l'imprévu, du russe, de l'asiatique, de l'étrange, du naïf, du naturellement adorable. Cette sensation, on ne l'analyse point, on la savoure.

*
* *

En attendant de partir à la campagne où j'irai apprendre le russe, je fais plus ample connaissance avec la ville : je flâne au hasard. Ce matin, je déjeunais dans un restaurant. Les garçons, moujiks agiles et propres, vêtus d'un pantalon blanc et d'une longue et blanche *roubajka* serrée à la taille par une ceinture violette, comprennent sans étonnement et exécutent sans bruit les ordres que je leur donne par signes. Quand l'un d'eux s'est trompé, et, au lieu d'une carafe, m'apporte de la moutarde, nous rions ensemble, et cela ne porte pas atteinte au respect avec lequel il me présente le plat suivant.

En face de moi, un gros jeune homme, bien mis, le nez rouge, est assis sur une banquette, derrière une table où je vois deux flacons de *vodka*, de cette incolore eau-de-vie de grains qui sert d'apéritif aux gosiers russes. Il en absorbe un flacon et demi, tout en cassant une croûte; il ne déjeune pas : il lunche, seulement. Brusquement, il rejette sa serviette, allume une cigarette à bout de carton, une *papirosse*, et fait un signe. Un grand mouvement se produit parmi les garçons; toutes les blouses blanches ceinturées de violet s'agitent : deux hommes apportent un volumineux rouleau et l'introduisent par le côté dans la caisse d'un énorme jeu d'orgues vitré qui occupe tout le fond de la salle. Un autre tourne longtemps une manivelle ; il s'arrête enfin, lâche un déclic, et... Sainte Russie ! l'orgue entame un air des cloches de Corneville : « Voyez par ci, voyez par là ! » Renversé sur sa banquette, le gros jeune homme au nez rouge savoure cette musique digestive ; on lui moud deux airs et il se retire satisfait : évidemment, il reviendra.

*
* *

Par les rues passent fréquemment des voitures de maître : aussi étroites que les fiacres, mais soignées et coquettes. De grands chevaux noirs y sont attelés, à peine harnachés d'une mince résille de cuir. Les magnifiques bêtes, quand elles sont lancées au grand trot par les avenues ! Les voitures, aux roues frêles cerclées de caoutchouc, ne semblent pas toucher le sol : la vitesse de la course les fait rebondir de pierre en pierre, en une vibration continue. Les cochers sont imposants : hauts en couleur, une fine moustache, une chevelure noire qui retombe bien lustrée sur les oreilles, et s'arrête, taillée droit, sur la nuque rasée. Une immense houppelande noire très soignée les enveloppe des pieds à la tête ; cette houppelande est rembourrée de gros coussins qui font au cocher des rotondités postiches : la corpulence du cocher est en raison directe de la beauté du cheval. Ils conduisent sans fouet, les mains levées, excitant, s'il le faut, leur trotteur par un coup de langue. Il faut les voir lorsque, dans une rue large, ils poussent à un trot effréné leur *Orlof* noir qui écume. Impassibles sur leur siège, les lèvres serrées, le regard aigu, les mains hautes, ils passent magnifiquement, sans bruit, tandis que, dans la frêle victoria, une jeune femme pâle d'émotion et de plaisir, une main rivée au bord de la voiture, de l'autre se couvrant la bouche pour éviter la suffocation, se laisse entraîner à la griserie de la vitesse, les yeux perdus dans un excès de jouissance.

*
* *

En rentrant ce soir, j'ai vu, pour la première fois, un clair de lune sur Moscou. L'impression m'en a semblé rare. A l'ouest, une lueur blanche clairait encore; au ciel, la lune flamboyait, énorme; sa lumière, reflétée aux toits métalliques des maisons, s'accrochait à tous les angles brillants, et faisait resplendir dans le soir apaisé les bulbes clairs et les croix d'or des églises qui peuplaient ma route. Le Kremlin avait l'air d'un monstrueux joyau dont les facettes étincelaient. Sur la ville désertée, emplie par cette chaleur d'une nuit de juin, la lumière blanche de la lune semblait laisser tomber du silence.

CHAPITRE IV

EN PROVINCE

Je suis, depuis quelques semaines, installé dans un village, au sud de Moscou, m'imbibant de mots russes, et courant la campagne. La famille qui m'accueille appartient à la société universitaire; j'y trouve, à travers les brumes de la langue devinée, plutôt que comprise, une conversation intelligente, variée, et une curiosité vive de tout ce qui touche l'étranger. Notre maison est commode et d'une parfaite simplicité. Nous y vivons sans gêne; et, parmi les quinze ou seize personnes qui l'occupent, je trouve, quand il me plaît, quelqu'un pour écouter mes solécismes. Les Russes estiment qu'il est impossible d'apprendre leur langue; il faut insister pour qu'ils vous corrigent; mais ils le font avec une indulgence et une gaîté qui désarment l'impatience.

*
* *

Une lettre que je viens de recevoir m'a mis en émoi. Elle m'est écrite par un Russe avec lequel je me suis intimement lié jadis à l'étranger, et que je n'ai pu rejoindre depuis : « Je suis, m'écrit-il, dans un district qu'a touché la famine, et j'y distribue du pain. Venez m'y voir, et vous ferez connaissance avec de vrais moujiks. »

Je pars ce soir même pour Nijni-Novgorod, d'où je rejoindrai mon ami.

*
* *

On descend du train, à Nijni-Novgorod, au fond d'une grande gare, parmi des terrains vagues. Le cocher crasseux qui s'est emparé de votre personne vous entraîne par un malpropre lacis de rues bordées de maisonnettes en bois, toutes pareilles et fermées par des volets gris. Toute cette partie de la ville est misérable et grise. C'est pourtant la place de l'immense Foire qui, dans quinze jours, amènera trois cent mille étrangers. Voici un fleuve, l'Oka, le plus gros affluent de la Volga ; des rangées de voiliers et d'innombrables péniches, bercés au fil du courant, dorment à l'ancre. Un pont de bateaux, couvert de planches branlantes et long de 800 mètres s'allonge très bas au-dessus de l'eau; en face sur la rive droite, une montagne, hachée de grands ravins sombres, se dresse, blanche et grise des maisons qui s'y cramponnent, et dominée çà et là par des églises aux bulbes d'azur, où fleurissent des étoiles d'or.

C'est là haut, dans la vieille ville, que se trouvent concentrés le gouvernement et la vie courante. La rive gauche de l'Oka n'est occupée que pendant la Foire : dix mois durant, elle est déserte ou peu s'en faut.

La vieille ville est charmante; non pas qu'elle offre un grand luxe de monuments : ce n'est pas là qu'il faut chercher la beauté des vraies villes russes; mais l'imprévu de ses constructions, la bizarrerie de ses rues mal pavées, et les pentes boisées des ravins qui fendent la montagne, tout contribue à lui donner du caractère. Après avoir gravi péniblement, derrière un cocher, les lacets qui conduisent au sommet du plateau, on se trouve brusquement jeté dans un quartier paisible où l'herbe croît entre les cailloux pointus qui servent de pavage, et où les *isvoschiks* circulent paresseusement. Plus de mouvement, bien peu de commerce : la dignité somnolente d'une ville de province. Est-ce le voisinage du Kremlin qui a calmé et comme figé cette partie de la ville? Nous en voici tout près de ce Kremlin de Nijni, où réside le gouverneur. Bientôt il m'en faudra passer l'enceinte massive, car mon ami Serge Ivanovitch m'a bien recommandé de me présenter, en passant ici, au général Baranof.

*
* *

Le général Baranof est un bel homme d'une cinquantaine d'années, grand et droit, avec des mouvements rapides, une voix brève, caressante quand il veut, et une expression de force et de volonté que tempère, çà et là, un pli légèrement ironique au coin des yeux scrutateurs.

— On m'avait prévenu; je vous attendais, me dit-il, dans ce français pur et chantonnant que parlent les Russes dans la haute société. Je suis bien aise du voyage que vous entreprenez dans nos contrées; vous verrez de près notre Russie, et là-bas, vous rencontrerez des *hommes*. En attendant, vous êtes mon hôte...

Le général Nicolaï Mikhaïlovitch Baranof est l'un des plus connus parmi les gouverneurs de province russes. Ancien officier de marine, il s'est rendu célèbre par sa conduite à bord de la corvette *la Vesta*, durant la guerre russo-turque. Depuis lors, on l'a vu successivement aux côtés mêmes du tsar, puis gouverneur de la province d'Arkhangel, enfin, gouverneur de la province de Nijni-Novgorod. Cette année, il lutte contre la famine et la maladie qui ont envahi son gouvernement. Dur combat contre les fléaux les plus étroitement liés à la Russie; encore, s'il ne fallait lutter que contre les choses, et si les hommes vous secondaient!

Près du général, on apprend la valeur du temps : tout le monde travaille ici avec une activité qui m'étourdit; cette première journée a été pour moi comme un tourbillon d'impressions. Entouré de jeunes officiers, de médecins, de secrétaires de toute sorte, interpellé en russe, en français, en allemand, j'ai appris bien vite la situation malheureuse de la province. On me dit qu'à Loukoianof où je vais rejoindre mon ami, je trouverai, outre la famine, une grave épidémie de typhus. On ajoute que, sans nul doute, lorsque, à mon retour, je repasserai par Nijni, j'y verrai le choléra installé parmi l'énorme ville flottante, qui va se peupler d'étrangers venus de tous les coins du monde. D'ailleurs, le gouverneur a pris ses précautions. Un hôpital flottant s'achève sur la Volga : on m'a offert de m'y conduire.

Au pied du Kremlin, sur le port, un poste d'observation est ouvert : aucun cas suspect n'y a encore été signalé : les médecins sont là, tranquilles, attendant avec patience. Un petit vapeur nous prend ensuite, et, glissant à travers les navires et les barques qui encombrent le fleuve, il vient accoster, à une lieue en aval du port, auprès d'une longue péniche transformée en hôpital. On y achève les derniers préparatifs ; le personnel est à son poste, et l'on me fait visiter pièce à pièce l'installation très simple. Le nombre des lits est de 300 ; des lits fort pratiques, en bois léger, avec des matelas en paille, qui seront brûlés après le départ de chaque malade. Les déjections, reçues dans des caisses qui seront désinfectées et fermées hermétiquement, seront transportées dans des barques loin de la ville, pour être désinfectées de nouveau. Afin de prévenir les dangers d'incendie, la barque est éclairée à l'électricité. J'ai vu la salle de bains et de douches, la salle de désinfection, la cuisine, la lingerie, et, en face, sur la rive, la salle des morts...

Un étrange sentiment m'a pénétré, à visiter cet hôpital installé de toutes pièces, prêt à fonctionner, avec ses lits, sa pharmacie, son linge, son personnel de médecins, d'infirmières et de garçons — même jusqu'à son pope, — et auquel rien ne manque plus, sauf les malades et les mourants. J'ai eu à ce moment, avec une singulière intensité, l'impression de ce que doit être, en ces pays, l'attaque foudroyante du choléra. Aujourd'hui, tout est calme ; dans un jour ou deux, peut-être, on verra de pauvres corps amaigris se tordre de souffrance sur ces lits, et mourir. Tout le monde est aux armes, on n'attend plus que l'ennemi : on doit éprouver un sentiment analogue à la veille d'un assaut.

Après le dîner, je me suis oublié dans la contemplation du merveilleux horizon qui, devant moi, s'étendait à perte de vue. L'éperon rocheux du Kremlin, où j'étais, surplombe à pic le port de Nijni, et la vue, que rien n'arrête, distingue à la fois le mouvement affairé des rives et l'impassible horizon de la plaine. De là haut, je voyais nettement l'Oka et la Volga, larges chacune de 700 à 800 mètres, se fondre en une énorme masse d'eau jaunâtre qui s'en allait, par de lents méandres, vers l'horizon. Une flottille de vapeurs ancrés en file séparait le courant; des barques et des gabares couvraient les eaux du bord; d'autres circulaient alertement, parsemées de petites taches rouges qui étaient des hommes. Par instants, le mugissement d'une sirène montait jusqu'à nous; un navire à aubes se détachait du bord, suivi de son double sillage, et partait pour sa lente traversée. Par delà les deux fleuves tachetés d'embarcations et bruissants d'activité, la plaine dorée s'étalait, plate et sans limite.

Ce coup d'œil est un des plus beaux qui soient en Europe. Le *Kalimegdan* de Belgrade, au confluent de la Save et du Danube, en face de la plaine hongroise, en donne bien une idée, mais il y manque le mouvement d'un port et l'animation d'une riche cité marchande.

Tandis que je contemplais cet horizon, ma pensée cherchait à se figurer les misères que j'allais bientôt toucher de près, et j'essayais de scruter le mystère de cette plaine infinie que j'allais traverser demain, et sur laquelle, dans une buée violette, descendait lentement la mélancolie du crépuscule.

CHAPITRE V

LA FAMINE

Sur la Volga.

La silhouette de Nijni s'efface peu à peu, à mesure que notre bateau descend la Volga. Bientôt, un tournant nous cache les dernières églises de la ville haute et le palais du gouverneur sur le rebord de son Kremlin. Nous glissons sur le large fleuve boueux entre deux rives plates bordées d'arbres rabougris, sur lesquels se voit encore l'étiage des crues passées; par endroits, la berge est rongée par le courant, et des racines y font saillie. Un lent voyage dans la paix de l'eau calme. Des mouettes nous font cortège, allongeant leur tête noirâtre de petite vieille futée, et tourbillonnant au-dessus de notre sillage, par d'imperceptibles mouvements de leurs longues ailes grises frangées de noir.

Je vais au-devant de la famine et du typhus dans

le district (*ouièzde*) de Loukoianof. Depuis quelques mois, ce district est devenu fameux en Russie : les journaux sont pleins de son nom et des polémiques acharnées qui s'y rattachent. Voici brièvement ce que je viens d'apprendre à ce sujet.

Vers la fin de l'année 1891, la récolte de seigle ayant été nulle, les paysans de plusieurs districts de la province de Nijni se virent menacés de mourir de faim. En outre, dès le printemps suivant, le typhus, qui reste à l'état endémique dans ces contrées, prit des proportions inquiétantes. Des médecins et des inspecteurs furent envoyés sur les lieux, et le gouverneur résolut d'organiser des secours.

C'est alors qu'éclata l'affaire de Loukoianof. Dans ce chef-lieu de district, un parti d'opposition se constitua. Il comprenait surtout des propriétaires nobles domiciliés dans l'*ouièzde* et investis de fonctions publiques; la plupart étaient des *zemski natchalniki* (chefs de districts ruraux). Ces messieurs estimèrent qu'il ne convenait pas de venir en aide aux paysans, d'installer des fourneaux pour les affamés et des ambulances pour les malades. Ils firent tous leurs efforts pour entraver l'organisation des secours.

Le scandale fut grand; mais ces fonctionnaires avaient compté sans leur hôte. Le parti de la charité était représenté par des hommes d'une haute valeur intellectuelle, et, de plus, énergiques, intègres et bons : je puis citer parmi eux l'un des premiers parmi les romanciers russes de la jeune école : Vladimir Korolenko [1]. En outre, le gouverneur était décidé à ne pas laisser le trouble se prolonger. Une commission d'enquête fut envoyée au mois de mars, pour étudier sur les lieux les besoins des villages, l'attitude prise par les autorités locales, et l'emploi des sommes destinées aux secours. Cette commission découvrit de graves irrégularités, pour ne pas dire davantage. Certains *zemski natchalniki* refusaient en principe toute autorisation aux gens désireux d'ouvrir un fourneau pour les vieillards et les enfants : « Vous ne pouvez les nourrir tous, répétaient-ils ; il vaut mieux n'en nourrir aucun. » En outre, l'un d'entre eux ne put fournir que de vagues explications sur l'emploi des sommes qu'il avait reçues, à charge de les distribuer. Presque partout, la commission d'enquête se heurtait au mauvais vouloir des gens influents, parfois même à leur manque d'honnêteté. Plusieurs fonctionnaires furent contraints par elle de donner leur démission : maintenant, ils intriguent contre leurs successeurs. Mon ami Serge Ivanovitch remplace l'un des plus compromis et distribue du pain, en attendant la nouvelle récolte : je vais donc au centre même de la résistance, et je tomberai en plein champ de bataille.

1. V. Korolenko a publié ses impressions de famine sous le titre de : *V'golodny gode* (dans l'année de la faim). C'est un livre précieux.

Rabotki, six heures du soir.

Nous avons parcouru lentement les 70 verstes[1] qui séparent de Nijni la petite station de Rabotki. La Volga offre peu d'intérêt dans ces parages ; çà et là, elle s'élargit jusqu'à 1 000 ou 1 200 mètres, sur des sables qui affleurent ; il faut au pilote une anxieuse attention pour trouver les chenaux les plus profonds, et pour s'y engager : un faux coup de barre nous jetterait sur un bas-fond. La rive gauche est basse : sur la droite, des falaises se dessinent, et l'on n'en apprécie la hauteur qu'en y voyant, par endroits, la forme rouge d'un moujik accroché comme une mouche parmi les broussailles de la pente.

La police du village, prévenue par dépêche, sur l'ordre du gouverneur, m'attendait au débarcadère pour m'aplanir les difficultés. Avec de l'aplomb, quelques mots de russe et quelques pourboires, je me suis tiré d'affaire. L'homme de police m'a conduit dans une auberge et il s'est chargé de commander mes chevaux pour demain matin au petit jour. Aussi l'aubergiste, ne me parle-t-il plus que courbé en deux. Tandis qu'il me prépare une soupe au sterlet, j'écris ces notes, assis au frais. Près de moi, par la fenêtre ouverte, j'entends un pope se

1. La verste vaut 1 067 mètres.

quereller avec un paysan ; la dispute s'achève avec des larmes, des mains baisées, et un petit verre de *vodka*.

Le village de Rabotki est suspendu à l'une des berges de la Volga. La terrasse rustique où j'écris est au premier étage de l'auberge, dominant ainsi le fleuve et la place du village qui sert de port. Le soleil a déjà disparu, mais il éclaire encore de lueurs roses une colline qui, là-bas, vers l'est, semble barrer le courant. La Volga, resserrée en cet endroit, n'a guère plus de 800 mètres de large ; mais l'eau qui passe, à peine ridée par les premiers frissons du soir, coule avec une belle majesté tranquille, emportée entre ses bords, sans remous, comme tout d'une pièce : on dirait une énorme coulée de métal gris. La rive gauche, très plate, s'allonge à perte de vue sous des broussailles. Sur la place du village, des moujiks en chemise rouge vont et viennent, déchargent des bateaux de foin, transportent des sacs. Le soir descend. Une barque longue s'est détachée du bord ; à l'avant et à l'arrière, on y distingue la forme rouge d'un moujik ; lentement, elle dérive au fil du courant, comme assoupie sur l'eau, que les reflets du ciel ont faite bleue et rouge. Tout est calme, les bruits ont cessé, bientôt tout va dormir. En contemplant cette activité paisible près du fleuve, je cause avec un médecin rappelé du district où je vais, et où il soignait des typhiques ; il va s'installer à Nijni dans la barque-hôpital où l'on attend le choléra. C'est le beau fleuve lui-même, la *Mère Volga*, qui charrie les germes de mort : le fléau est à quelques heures d'ici, à Kazan; et, qui sait? le feu qui pointe là-bas, est peut-être celui du navire qui l'apporte à son bord...

14 juillet.

Ce matin, dès l'aube, la sirène d'un bateau à vapeur qui passait au large sur l'eau calme, m'a éveillé. Sous le ciel limpide, le fleuve était admirable à cette heure; une buée légère y courait, estompant les lointains, dans la lumière naissante. Éveiller l'aubergiste, envoyer chercher mes chevaux, grande affaire. Enfin, vers trois heures du matin, un *tarentass* attelé d'une *troïka* de forts chevaux vint se ranger devant ma porte, et je m'y hissai avec mes bagages. Nous partîmes par des chemins creux, encore humides d'une abondante rosée.

Une *troïka* n'est pas, comme le croyait Théophile Gautier, « un traîneau »; c'est un groupe de trois choses semblables; le mot, il est vrai, s'applique généralement à un attelage. Un fort trotteur sert de limonier, la tête surmontée de la *douga*, un arc en bois qui unit les brancards, et diminue par son élasticité les réactions que le collier aurait à supporter. De chaque côté des brancards, un cheval est attelé à un palonnier très mobile, et ne porte qu'un collier et des traits : une seule guide le rattache à son compagnon. Mais, tandis que le limonier ne doit jamais quitter le trot, ses deux voisins, si l'attelage est bien conduit, ne doivent pas cesser de galoper. Ils sont d'ailleurs très libres : le cocher ne s'occupe guère de les diriger : si le chemin s'élargit, la *troïka* peut s'étaler en éventail; si la route se resserre entre deux talus, les chevaux de volée escaladent comme ils peuvent le revers de la pente, glissent, se rattrapent, trébuchent de nouveau, mais finissent toujours par se tirer d'affaire, grâce à ce merveilleux instinct des bêtes qu'on laisse très libres. S'il se présente une descente, on marche au pas; le limonier, à lui tout seul, retient la voiture : il faudrait le rouer de coups pour le lancer au trot; s'agit-il, par contre, d'une pente à escalader, toute la *troïka* s'en mêle. D'un coup de langue, le cocher enlève ses trois chevaux, et les voilà, trottant et galopant, lancés à l'assaut à toute vitesse. Au sommet de la *douga*, pend une clochette; pour rien au monde, le moujik qui me sert de postillon ne consentirait à renoncer à ce privilège de la poste si exaspérant pour les nerfs.

Mais mon *tarentass*! Le mot m'était déjà connu, grâce à *Michel Strogof*; mais j'ignorais la chose, hélas! Le Bœdecker prétend que le *tarentass* « ressemble à une voiture »; on n'est pas plus flatteur, en vérité. Figurez-vous une sorte d'auge en bois.

Posez-la sur deux rondins longs de trois mètres, et fixés à chaque extrémité sur un essieu actionnant deux roues. Voilà l'objet. Clouez maintenant une planche sur le bord antérieur de l'auge, et vous aurez le siège du cocher. Quant au voyageur, il s'installe comme il peut, dans l'auge, parmi du foin. Il s'efforce d'abord de loger ses bagages. Cela fait, il essaie de se confectionner un siège, en ramenant sous lui un gros tapon de foin. « Quelle délicieuse invention! se dit-il au départ, encore sans défiance : je vais passer ma journée à rêver, allongé dans cette herbe odorante! » Il ne tarde pas à prendre un autre ton. Sur une vraie route, le *tarentass* serait doux peut-être; mais s'il y avait des routes en Russie, on n'aurait pas besoin du *tarentass*, l'incassable véhicule. Sauf quelques grandes chaussées, consciencieusement cailloutées de pierres pointues, et que les voitures ont grand soin d'éviter, les voies de communication en Russie, sont dites *routes naturelles*. Elles se tracent peu à peu, dans la plaine et dans la forêt, au passage des voitures et du bétail. Nul ne les entretient; les ornières s'y creusent à l'infini, les fondrières s'y installent à loisir : au printemps et à l'automne, ce sont des marécages, où l'on ne peut guère circuler qu'à cheval; en été, un pied de poussière les tapisse. Si une pluie violente a gâté la route, on en pratique une autre à côté, tout simplement.

Pressé d'arriver au but, j'avais commis l'imprudence de promettre au postillon un pourboire d'étranger, s'il menait bon train. Voilà mon *tarentass* lancé au triple effort de ma *troïka*, parmi les ornières, les creux, les ravins, les dos d'âne, ne connaissant pas d'obstacle, et sacrifiant tout au respect de la ligne droite. Les chevaux de flanc me criblent le visage de parcelles de boue ou de terre friable, détachées du chemin à chaque foulée. L'auge en bois où je me suis accroupi sans défiance, sursaute de cahot en cahot; les perches de couple qui la supportent, lui servent de rudimentaires ressorts; ils sont solides, ces ressorts, c'est l'essentiel, n'est-ce pas! Quelques ornières traîtreusement durcies augmentent la trépidation : effaré, j'essaie de me cramponner au rebord du véhicule; une secousse me fait lâcher prise, et du dos, je viens heurter l'autre rebord. Puis, c'est un coude, puis c'est une épaule qui viennent se frotter aux parois du *tarentass*; au moment où j'y pense le moins, sur la route un instant aplanie, une grosse pierre détermine un heurt nouveau, douloureux à crier. Et mon postillon, dans sa chemise rouge qui bouffe au vent, hurle de plus belle, excitant ses chevaux, les bras levés. Que faire? comment trouver une position stable, entre mes bagages qui tressautent follement à mes pieds, et le bord meurtrissant de la voiture? Après une heure de route, je suis déjà moulu. Je me résigne à cesser la lutte, et à me laisser aller au beau milieu du foin, tâchant seulement d'éviter les contacts directs avec tous les objets solides qui m'environnent. Il se trouve que c'est, en somme, la meilleure façon de voyager en *tarentass*, et je n'y serais plus trop mal, si je n'avais les entrailles secouées par d'implacables ressauts.

Bientôt, le soleil monte à l'horizon, et la poussière s'ajoute aux charmes du voyage. La poussière et la boue, en Russie, prennent des proportions qu'on ne connaît pas dans nos pays. En été, les chemins ressemblent à une piste de manège; mais, au lieu de sciure de bois et de rondelles de liège, c'est une impalpable poussière blanche qui les tapisse en couche épaisse. Un chien qui court sur une route, y soulève un tel nuage de poussière, que, d'un peu loin, on croit voir s'avancer un cavalier. Lorsque, au lieu d'un chien, trois chevaux galopent dans la couche molle, on croirait voir la fumée d'un gros incendie. En peu de temps, le voyageur est couvert de cette poussière, son visage, ses mains, son cou deviennent noirs; ses vêtements changent de couleur, et ses bagages, si bien fermés qu'ils soient, se remplissent de fines parcelles grises.

Tandis que, pelotonné dans mon foin, je roule ainsi par la piste cahoteuse qui semble se volatiliser à notre passage, l'idée me vient subitement que c'est aujourd'hui le 14 juillet; et je me représente Paris à cette heure, sous le même grand soleil, avec les revues, le bruit, la foule, les pétards...

Non, en vérité, malgré mes contusions, j'aime mieux être ici, filant au grand trot par la campagne, le long des prés où, en ce moment, des moujiks en chemise rouge, par troupes de cent à cent cinquante, fauchent l'herbe, en se balançant tous ensemble d'une jambe sur l'autre, avec un grand geste régulier des bras.

Le paysage n'est plus celui auquel, jusqu'à présent, la Russie m'avait accoutumé. Plus de forêts; les arbres isolés, rares déjà ce matin, disparaissent tout à fait dans le courant de la journée, et c'est, à perte de vue, la plaine uniforme, mamelonnée de lentes ondulations qui dessinent le lit de nombreux torrents desséchés à cette heure. Tous les trente kilomètres, à peu près, je m'arrête pour relayer : je passe avec mes bagages dans un autre *tarentâss*, après m'être restauré d'un verre de thé et d'un morceau de pain. Les *isbas* sont petites, souvent misérables; elles reposent, isolées de terre, sur des troncs d'arbre enfoncés comme des pilotis, ou sur de grosses pierres. Quand le support a faibli, l'*isba* s'est inclinée lamentablement, et elle reste ainsi, un flanc dressé en l'air, l'autre fiché dans le sol...

Et la course reprend, monotone. Si loin que l'horizon s'étende, pas une forêt; partout, la surface noire des champs labourés, les verts rectangles des avoines, et l'immensité jaune des récoltes mûres. Sur les collines, de gris moulins à vent tournent leur croix.

*
* *

Vers sept heures du soir, je suis arrivé à Loukoianof, la capitale de l'*ouièzde*, une sorte de sous-préfecture. C'est une petite ville, assez propre, sur une pente dénudée; mais, à peine ai-je eu la force d'apercevoir quelques cochons qui se promenaient sur la place : seize heures de cahots m'ont exténué; le postillon a dû me prendre sous les bras pour m'extraire du *tarentass*, et me hisser jusqu'au premier étage de l'auberge où nous avons fait halte. C'est là que j'écris ces notes. Ma petite chambre est propre, les murs en sont fraîchement crépis, le matelas posé sur le lit de fer, est engageant; seulement, ignorant les usages russes, je me suis mis en route sans oreiller et sans draps. Il me faudra, après un semblant de dîner, m'allonger dans ma couverture. Je rêverai sans doute des luttes qui ont eu notre auberge pour théâtre, il y a quelques mois, entre le Comité *de secours aux affamés* et le Comité *de résistance aux secours*.

15 juillet.

Ma route n'est plus longue : j'ai fait hier 150 verstes; 70, au plus, me séparent encore de la métairie où mon ami Serge Ivanovitch a pris ses quartiers.

Par malheur, en sortant de Loukoianof, nous tombons sur la grande route impériale, qui relie Nijni-Novgorod à Pensa. Cette voie, large de cinquante à soixante mètres, mérite son titre de route impériale, par le nombre et la profondeur des ornières qui la sillonnent. Aussi peu entretenue que les chemins dits « naturels », elle est, par endroits, tout à fait impraticable. Quand on peut s'échapper à travers champs, on n'y manque pas; mais souvent, les talus et les fossés qui bordent la voie, empêchent toute escapade, et force est aux véhicules de s'enfoncer dans une double ornière, comme un tramway dans ses rails; les cahots sont terribles alors. A plusieurs reprises, j'ai demandé grâce à mon postillon surpris : il s'est contenté de sourire largement, sans ralentir ses chevaux.

Aux deux côtés de la route, se dressent de gros bouleaux blancs; les chenilles en ont dévoré toute la verdure, et, avec leur ramille dépouillée, ils donnent l'impression singulière d'un hiver neigeux anticipé, sous le soleil qui brûle. Sur l'horizon, des seigles mûrs, à perte de vue; ils sont chétifs, malingres; çà et là, des paysans noirs de hâle les fauchent.

De vagues collines pointillées de gris moulins à vent, une rivière qu'on traverse sur un pont de bois dont les solives sont pourries, une église blanche et verte sur une place entourée d'une dizaine de maisons en briques crépies de blanc, puis, des *isbas* misérables semées le long d'une route de poussière noire faisant songer au sol qu'on trouve près des grandes usines — c'est tout ce que je vois de Potchinki, énorme bourg de dix mille paysans. — Puis, des lieues encore de seigles mûrs, mêlés çà et là de vertes avoines, deux ou trois grands villages égrenés le long du chemin, un bois de chênes où les chenilles n'ont pas laissé la trace d'une feuille verte, enfin, les bâtiments d'une métairie : je suis au terme de mon voyage, au *Marécévski khoutor* [1].

Attiré par le bruit de la clochette que font tinter mes chevaux, mon vieil ami Serge Ivanovitch G. apparaît sur le seuil, et je revois, avec un battement de cœur, son bon visage barbu, bruni par le soleil, et l'éclair dont ses yeux s'animent, malgré tous ses efforts pour paraître impassible.

Dans une société comme la nôtre, où les cadres sont étroits, et les caractères en quelque sorte nivelés par une éducation uniforme, on trouverait difficilement des hommes du genre de Serge Ivanovitch. Il appartient à une famille de la meilleure bourgeoisie moscovite; ses études au lycée et à l'école de Droit ont été brillantes; il a travaillé plusieurs années à l'Université de Berlin, où je l'ai connu, et prépare les thèses qui doivent lui ouvrir l'Ensei-

1. *Khoutor* signifie métairie, exploitation rurale. On rencontre surtout de ces grandes fermes dans la moitié méridionale de la Russie, en particulier dans la région de la Terre noire.

gnement Supérieur. Il parle le français, l'allemand, l'anglais et l'italien; c'est un esprit net, avide de science, et qui éprouve un impérieux besoin d'aller au fond des choses. Le désir de savoir fait taire en lui toutes les autres préoccupations. Il s'intéresse aux études les plus diverses, mais il ne sait pas en effleurer une seule : il les pousse toutes à fond avec un égal amour. Cet appétit de science est déjà un signe distinctif du caractère russe; ce peuple jeune, en qui bouillonne la sève, dédaigne notre prudence de vieillards et de désabusés; tandis que nous choisissons avec circonspection l'objet auquel nous appliquerons notre activité, ils jettent la leur à pleines mains, sans compter. Ils ne se répètent pas, comme nous, le dédaigneux et banal proverbe : « Qui trop embrasse mal étreint »; c'est qu'ils se sentent très forts, et c'est aussi qu'ils sont très jeunes.

Chez nous ou en Allemagne, Serge Ivanovitch serait un savant livresque, et les questions vitales ne le toucheraient point : il aurait une spécialité qui lui cacherait la vie. Mais, dans la société russe, on ne s'abstrait pas si aisément du monde extérieur. Les Slaves veulent regagner le temps perdu, atteindre, dépasser l'Occident, et tous s'y mettent à peu près dès qu'ils savent lire. Les questions pratiques passionnent leurs érudits presque autant qu'elles agitent nos politiciens. Vous comprendrez maintenant que Serge Ivanovitch ait pu fermer ses livres, oublier ses thèses, et aller s'enfouir au fond d'un district décimé par le typhus et la famine, pour y distribuer aux paysans du pain et des semences. Ce sacrifice, inconcevable chez nous, il l'a consommé simplement, sans bruit. Et il est là, parmi ses moujiks, vêtu d'une chemise bleue à pois noirs, chaussé de grandes bottes, et coiffé d'une casquette blanche, donnant des ordres de sa voix douce et caressante, qui contraste si singulièrement avec l'énergie que je lui connais. Il est là, sans littérature, sans politique, touchant la vraie vie, et souvent la mort, et, après la première effusion du revoir, il ne me questionne pas sur le dernier livre à succès, mais il m'entretient de la famine.

Les bâtiments de notre métairie s'étalent sur le bord d'un plateau qui domine l'horizon infini d'une plaine. On ne distingue d'ici que trois couleurs en immenses plaques irrégulières; à perte de vue, s'étendent les ondulations jaunes des seigles mûris; çà et là, les avoines y font de vertes enclaves, et, plus près de notre colline, un grand îlot brun, aux bords déchiquetés, indique la place des guérets communaux qui attendent la semence prochaine. Pas un village n'est visible sur cette immensité; il faut une longue-vue, pour découvrir un clocher, au bord de l'horizon. Pas une forêt non plus; les derniers arbres se trouvent autour de notre ferme, et encore leur feuillage est-il entièrement rongé par les chenilles et les cantharides. Oh, qu'elle est triste, cette plaine infinie, où rien ne bruit, où rien ne perce, où rien n'attire le regard !

*
* *

La dernière famine s'est étendue à dix-sept provinces ou *gouvernements* ; elle ne les a pas frappés tous en bloc ; on dirait, au contraire, qu'elle a choisi certains territoires pour s'y installer plus à l'aise, en épargnant les autres. Partout, la récolte a été mauvaise, mais, dans certains districts, elle a été nulle : celui où je viens d'arriver, est de ce nombre. Je vais pouvoir y étudier en détail la distribution des secours.

Les secours dont on dispose actuellement, proviennent de trois sources : du Gouvernement, de la charité privée russe, et de la charité privée étrangère.

L'État a songé surtout à fournir des semences, car il ne suffit pas de pourvoir aux besoins présents, il faut songer aussi à l'année qui va venir ; or, s'ils étaient abandonnés à eux-mêmes, les paysans laisseraient leurs terres incultes, puisqu'ils n'ont absolument rien récolté. De grosses sommes ont été consacrées à l'achat de semences, et chacun des besogneux a reçu la quantité de seigle et d'avoine nécessaire pour assurer la récolte prochaine. Quelques-uns, il est vrai, ont en partie mangé ce grain, et tels de leurs champs sont restés en friche; mais ils mouraient de faim : ne nous hâtons pas trop de leur jeter la pierre, à ces imprévoyants.

D'autres millions ont été consacrés à nourrir directement les paysans affamés, au moyen de distributions mensuelles de seigle, sous forme de grain ou de farine. Il faut d'ailleurs mettre à part les différents secours fournis par l'État : ce ne sont pas des dons à proprement parler, mais des avances, des prêts. Sur le livret des chefs de famille, à la suite de la dette de rachat qu'ils ont contractée envers la Caisse de l'Empire, on inscrit le nombre de *pouds* (poids de 16 kilogrammes) de grain qu'ils reçoivent du Gouvernement. A la vérité, ils ne seront pas tenus d'en rembourser le prix; ils s'engagent seulement à les restituer en nature dans un certain laps de temps. La charge est assez lourde ainsi, et Dieu sait quand ils acquitteront cette dette nouvelle.

Les autres secours sont de purs dons de charité. Les fonds dits du *césarévitch*, sont remis en espèces à des fonctionnaires chargés de les attribuer pour le mieux; à cela, s'ajoutent les sommes envoyées par des personnes charitables aux gouverneurs de provinces; puis, le produit des quêtes faites en Russie et à l'étranger, entre autres, de très grosses sommes recueillies en Angleterre, et que deux membres d'un comité londonien sont venus distribuer eux-mêmes. Ajoutez les secours obscurs et pourtant si efficaces de la charité personnelle, non pas le sou jeté dans la casquette d'un mendiant, mais le pain distribué à propos et régulièrement, parmi des enfants et des adultes à qui, littéralement, et sans en tirer gloire, on *donne la vie*. Enfin, les fameuses cargaisons de blé envoyées par les États-Unis. Toute l'Europe a suivi avec intérêt le voyage des navires qui les portaient; mais on ne sait guère ce que contenaient les grands sacs du chargement. En les ouvrant à destination, on y trouva, outre du blé, des vêtements, des provisions, des jambons, que de braves gens de là-bas envoyaient aux affamés d'ici : fermiers, émigrants, eux aussi, sans doute, ils ont connu la dure misère dans une contrée fertile, et leur cœur s'est ému. Comme il est touchant, ce cadeau anonyme et dissimulé! Dans les romans d'autrefois, les bonnes mères cachaient ainsi, dans la valise du fils, au départ, quelques louis « enveloppés dans des hardes »...

Il était moins difficile de réunir les secours, que de les distribuer équitablement. Il ne s'agit pas d'un pays divisé en minces parcelles, et où les fils administratifs vont se ramifier dans les coins les plus reculés. Ce sont d'immenses étendues, où les villages sont posés de loin en loin, à peine reliés entre eux par des ornières, et souvent même, ignorés des fonctionnaires qui les administrent. Comment savoir les besoins de chaque paysan, l'état de sa récolte, les pertes qu'il a subies, les ressources dont il dispose encore? comment éviter, surtout, les complaisances des autorités villageoises qui fournissent ces indications? Même si ces hommes sont animés de bonnes intentions, il leur sera singulièrement difficile d'être équitables; les paysans qu'ils n'auront pas portés sur la liste de secours voudront se venger : « On est venu briser mes vitres le soir même de la distribution », disait un des prêtres chargés du recensement des récoltes.

Dans le gouvernement de Nijni-Novgorod, et, je pense, aussi dans les gouvernements voisins, la répartition des secours a été centralisée entre les mains des *zemski natchalniki* (chefs de districts ruraux). Ces fonctionnaires, qui appartiennent à l'aristocratie, résident sur leurs terres, au village, et sont, par suite, en contact direct avec les moujiks. On a vu déjà que ceux de l'*ouièzde* de Loukoianof ne se sont pas décidés sans murmurer à venir en aide aux paysans affamés et malades. Serge Ivanovitch occupe, pour quelque temps, le poste que l'un d'eux a dû abandonner, faute de s'être entendu avec la commission d'enquête chargée de vérifier ses comptes.

17 juillet.

A peine installé, je commence mes visites aux environs. Serge Ivanovitch est occupé à arrêter ses comptes avec les maires des trente-sept villages qu'il administre; je l'accompagne dans ses tournées; il m'a montré à me tenir en *tarentass*, et je ne souffre plus des cahots.

*
* *

Les journaux arrivés ce matin nous annoncent qu'une fête russe se prépare aux Tuileries; on y verra, dit-on, la reproduction d'un village russe. Quelles *isbas* gentilles on va construire sous les marronniers, et comme il sera coquet, ce village! Heureux qui se fiera naïvement à ce genre de couleur locale.

Un village russe! Sur l'horizon sans relief et sans couleur, rien ne se profile que les bulbes et la flèche mince d'un clocher blanc et vert. Autour du clocher, une grosse tache grise — c'est le village. Dans cette contrée-ci, peu ou point d'arbres; une mare, çà et là, et dans les enclos, de grands tournesols jaunes, large épanouis. Grises, les *isbas* rangées en deux files sur le bord du chemin; basses, humbles, semblant ployer l'échine, et se faire toutes petites. Gris, les hangars de branches entrelacées, gris, les épais toits de chaume assujettis par des perches grises. Le village n'a point de rues. Les *isbas* sont, il est vrai, toutes alignées en bordure de la route où elles tournent leur pignon; mais l'espace compris entre la double file est couvert de gazon ras, et le bétail y paît, quand il n'est pas aux champs. Dans cette grisaille, pourtant, circulent des paysans et des femmes, vêtus de couleurs éclatantes où domine le rouge : chemises rouges, corsages rouges, jupons rouges. Quand nous passons, ils nous saluent d'une grande révérence, qui fait voleter les cheveux longs des hommes.

Nous voici à quelques lieues de chez nous, chez l'intendant d'une grande propriété; il a laissé sa fille administrer un fourneau pour les enfants du village, et Serge Ivanovitch vient prendre congé. Une grosse dame nous reçoit : nous avons, je le crains, interrompu sa sieste : il fait si chaud aujourd'hui! Néanmoins, elle est fort aimable, et, sans rancune, elle nous guide à travers un dédale de chambres nues, d'escaliers, et de couloirs, pour nous amener dans un frais sous-sol. Aux murs, les portraits des souverains russes, et celui de l'impératrice d'Allemagne. La grosse dame est née dans une de ces colonies allemandes qui se sont fixées sur le cours moyen de la Volga. Elle sait également bien l'allemand et le russe, mais ses enfants ne parlent couramment que cette dernière langue :

la russification se fait ainsi peu à peu, sans violence, dès que ces colons allemands s'éloignent du village où ils sont nés. Cette dame a pris toutes les habitudes russes, mais elle a conservé encore quelque chose du sentiment pratique et de la *Gemüthlichkeit*[1] de ses ancêtres. D'ailleurs, le sofa, derrière la table ovale, couverte d'une serviette placée en pointe, comme aussi le meuble commode et bas, rappellent un intérieur allemand.

Nous causons de la famine. Tout en s'éventant avec son mouchoir, la grosse dame donne de nombreux détails ; le ton de sa voix est tranquille ; non pas indifférent, certes, mais paisiblement compatissant.

— Oui, chez nous, ils ont beaucoup souffert ; ils n'avaient rien, rien à manger. A la première distribution que nous avons faite, on apporta d'énormes pains noirs ; il y avait un pain pour six. Monsieur, ils se jetèrent dessus comme des bêtes. En quelques minutes, ils eurent tout dévoré, et ils nous disaient, les mains jointes : « Encore, encore, donnez encore du pain ! »

La grosse dame souligne ces paroles d'un tout petit rire tranquille.

— Alors, rien n'avait poussé ?

— Absolument rien. Le bétail faisait peine à voir : il ne trouvait rien à se mettre sous la dent et

1. Mot intraduisible qui désigne une espèce de laisser aller bon enfant, spécial aux Allemands.

maigrissait affreusement. Le soir, les animaux rentraient des champs avec le museau plein de terre, à force d'avoir cherché des racines, à défaut d'herbe. Cela faisait mal, de les voir... Mais, messieurs, je vous en prie, passons par ici, le samovar est prêt.

Derrière le samovar, une jeune fille prépare le thé, et, tout en emplissant nos verres, elle me donne des détails sur le fourneau qu'elle dirige.

— Les enfants y sont seuls admis, de cinq à quinze ans. Matin et soir, nous leur distribuons une soupe au pain préparée avec du beurre; ils ont du sarrasin [1] et du pain à discrétion. Au temps des meilleures récoltes, ils n'ont jamais connu chez eux pareil bien-être. Nous avons soixante-quinze enfants, et, malgré les épidémies qui règnent autour de nous, pas un seul n'est malade.

— Vos petits protégés apprennent-ils à lire, mademoiselle? avez-vous une école, dans ce village?

— Oui, en hiver; mais elle est dans un piètre état. C'est le pope qui la dirige; or il n'a guère de place pour réunir ses élèves. La plus grande pièce de son

1. En russe : *Kàcha.* Cette graine sert de base à la nourriture russe : c'est le mets national par excellence, celui qu'on goûte dans l'*isba,* comme dans la maison riche. Les Russes, je ne sais trop pourquoi, appellent la *Kàcha* du « gruau ». C'est tout bonnement le sarrasin ou blé noir de nos Bretons. C'est *sarrasin* qu'il faut dire; mais les Russes ne me croiront pas : beaucoup pensent savoir mieux que nous le français.

isba est la cuisine ; c'est là qu'il fait la classe : seulement, il n'y tient guère que dix personnes, lui compris.

— Alors, faute de place, les autres resteront illettrés ?

— Ils resteront illettrés, me répond la jeune fille, de sa voix calme, tout en m'offrant des confitures...

Sur les cinq heures, nous arrivons à Protassovo, un grand village de 2 000 habitants, qui étale ses huttes grises sur une pente dénudée. Nous descendons chez le docteur, car Protassovo est un centre d'épidémie. Il faut dire qu'aucune épreuve n'a été épargnée à ces malheureux paysans. Non seulement la faim les torture, mais ils sont, en même temps, décimés par la dysenterie, et par une très grave épidémie de typhus. Les ravages en sont grands, parmi ces villages russes, où les paysans vivent dans un insouciant pêle-mêle, et négligent les moindres précautions d'hygiène. Les médecins ? pense-t-on. Dans cet *ouièzde* (département) qui compte 180 000 habitants, répartis sur plusieurs centaines de villages, il n'y avait en tout, jusqu'à ces derniers mois, que *deux* médecins. Sans doute, un certain nombre de personnes riches amènent avec elles un docteur durant leur villégiature ; mais on comprend que celui-ci ne passe pas son temps à courir les villages, puisqu'il est engagé au service d'une famille. Souvent, il faudrait que les paysans fissent 100 ou 150 kilomètres pour trouver des secours médicaux. Ils s'en gardent bien; ils souffrent, voilà tout, et fréquemment, la mort les délivre.

Le général Baranof a fait tout le possible pour remédier à cet état de choses; il n'a point reculé devant l'énorme difficulté de cette tâche. Le dévouement spontané lui est venu en aide : une foule de jeunes docteurs, d'étudiants en médecine, d'infirmiers et d'infirmières, ont répondu à son appel, et sont venus s'installer dans de pauvres *isbas*, au milieu des villages contaminés. On a organisé à la hâte dans les plus gros bourgs (quelques-uns comptent de 1 500 à 3 000 habitants) des hôpitaux rudimentaires. Des médecins parcourent la campagne, portant de famille en famille des médicaments et des secours. Néanmoins, l'épidémie n'est pas éteinte encore : tel gros village compte à présent jusqu'à 200 malades, et la mortalité, relativement faible parmi les adultes, est effrayante parmi les jeunes enfants.

Le docteur de Protassovo est un jeune homme blond, tout petit avec un gros nez, les cheveux rejetés en arrière, l'air accueillant et jovial; son prédécesseur est mort du typhus à cette place même; mais il ne paraît pas y songer. Il nous fait voir son hôpital, improvisé dans une grande *isba* bien claire et bien aérée. Les malades sont étendus sur des matelas que supportent des tréteaux; des couvertures grises les enveloppent. A notre entrée, ils ne tournent même pas la tête, ils ont l'air profondément abattus, plongés dans un état d'hébêtement ou de souffrance muette qui les rend indifférents à la vie qui les entoure.

En sortant, j'aperçois en plein air, sur une place, une longue tablée d'enfants : on a ouvert ici un fourneau qui fonctionne sous la surveillance du pope. Les petits paysans sont assis sur des bancs, par rang de taille, et l'aspect de leurs chemises rouges alignées est joli. Chacun d'eux tient de la main gauche un morceau de pain, et de la droite, une cuiller en bois, très évasée, presque ronde. Ils ont une terrine de soupe pour cinq; ils puisent à même la terrine, et, entre chaque cuillerée, ils mordent dans leur pain. Leur potage n'est pas mauvais. Tous ces enfants ont l'air heureux et gai, et ce qui est plus rare, ils sont polis, et semblent reconnaissants.

Nous prenons le thé du soir entre le docteur, son aide et l'infirmière. Nous n'avons pas mangé depuis le matin, mais, avec du thé, du pain et des confitures, on va loin, en Russie. J'avais parlé du blé envoyé par les États-Unis.

— Il est spécialement destiné aux malades, me dit le petit docteur, parce qu'on en fait du pain blanc plus léger que le grossier pain de seigle dont nous disposons d'ordinaire. En voulez-vous goûter?

Il m'en apporte une miche. C'est une rareté que du pain blanc dans ces parages. Celui-ci est léger, doré ; la pâte en est fine. Au goût, il laisse comme une légère pointe d'amertume qui n'est pas désagréable : malades et convalescents s'en trouvent fort bien.

*
* *

En route pour l'extrémité du district, sous un soleil qui nous brûle dans le *tarentass*. La route poussiéreuse se prolonge, noirâtre, entre les seigles mûrs, sur une immense plaine plissée d'ondulations jaunes et de bourrelets nus. La moisson est partout commencée. Mais cet horizon vide, sans une forêt, fatigue l'esprit. Pas un arbre ! on ne s'étonne guère des implacables sécheresses qui ramènent si souvent ici la famine.

La famine ! Pour combien de nous, ce mot n'est-il qu'une abstraction ! Tout enfant, parcourant l'*Histoire de France en 100 tableaux*, je vis une gravure où des gens à demi nus se traînaient sur le sol. On m'apprit que cette gravure représentait une famine, et longtemps l'image m'en poursuivit. Elle me revient aujourd'hui en traversant ces bourgs, où les typhiques gisent sur des peaux, devant leur porte, dans l'ombre tiède. Sauf la farine qu'on leur distribue, *ils n'ont rien à manger* ; ni lait, ni choux, ni pommes de terre ; pas une racine, pas une herbe. Ce dur pain noir, ils le dévorent tout sec; encore leur faut-il modérer leur appétit, pour atteindre la fin du mois. La misère des villes, certes, est terrible; mais, presque toujours, elle laisse voir les traces de quelque défaut ou de quelque vice qui l'ont causée. Dans ces villages perdus, la misère paraît bien autrement implacable : le manque de travail n'y est pour rien, la terre seule est coupable, cette bonne *Terre noire*, si patiente d'ordinaire, si prompte à rendre les semences qu'on lui a confiées, et qui brusquement s'y refuse, par un caprice de mauvaise mère. J'avais lu quelques descriptions du pays, avant de venir en Russie. Oh! les heureux touristes qui n'ont rien aperçu que des moujiks joyeux et rieurs, des moujiks qui possèdent un samovar, et font du thé à chaque repas!

* * *

— Tu reçois du pain?

— J'en reçois.

— Montre-le.

Telle est notre question habituelle, et la réponse des paysans à qui nous nous adressons en visitant les villages. A leur suite, nous pénétrons dans les *isbas*, courbés en deux sous la porte basse. L'*isba* est une case en bois; elle est fort petite en ce pays, où les forêts sont si rares. D'abord, une espèce d'antichambre, à laquelle, dans les maisons riches, on accède par quelques degrés. Puis, une pièce d'habitation où, dans un coin, brille une *icône*, c'est-à-dire une image sainte, en cuivre ou en zinc, parfois même en papier colorié. Les parois de la case sont formées de troncs de sapins non équarris, assemblés par tenons et mortaises, et calfatés avec de la bourre de chanvre.

Il existe généralement une seconde pièce, un peu plus petite que la première, mais aménagée de la même façon. Tout autour de la chambre règne un banc ininterrompu; en quelques coins, il est plus large et sert de lit. Une ou deux minuscules fenêtres, aux vitres à peu près opaques, éclairent pauvrement l'intérieur. Au milieu de la pièce, s'allonge un énorme four en maçonnerie, tout creusé de niches qui servent de garde-manger, et aplati à la partie supérieure : c'est là haut que toute la famille s'étend au chaud, durant les nuits d'hiver. Pour meubles, enfin, une table, et, dans les coins, une ou deux malles en bois, dans lesquelles le moujik serre ses trésors : un peu de seigle, quelques mouchoirs d'étoffe voyante, et des graines de tournesol. L'*isba*, dans cette contrée, est souvent si petite, qu'on a peine à s'y tenir debout; Dieu sait le nombre de heurts qu'a supportés ma *fourajka*, ma casquette russe en toile blanche!

En entrant, une insupportable odeur aigre vous saisit à la gorge, car, très souvent, les fenêtres sont posées à demeure et ne peuvent s'ouvrir. D'ailleurs, elles sont si petites qu'elles ne sauraient renouveler l'air. Un nuage de mouches se lève à chacun de vos mouvements; les parois, la table, le banc, le plancher, en sont tout noirs : de ma vie je n'en ai tant vu. Le paysan, d'ailleurs, fait bon ménage avec les mouches qui, le matin, l'éveillent à l'aube.

Le paysan ou la *bâba* (paysanne) qui nous accompagne, ouvre le tiroir de la table, et en sort une miche de pain fait avec la farine distribuée par le Comité. Ce pain, presque partout le même, très ferme et très compact, n'est pas grisâtre, comme le pain de seigle ordinaire, mais noir, d'un noir bien franc; au goût, il est mauvais.

— Es-tu content de ce pain? demandons-nous.

— J'en suis content; il est bien meilleur que celui des mois passés, et puis il n'y a presque pas de *lébéda*.

Un dictionnaire m'a appris que la *lébéda* s'appelle en français l'*arroche*; c'est une mauvaise herbe de nos jardins. Durant les années de sécheresse, elle envahit les champs, et pousse à la place du seigle. Chez nous, on la jette au fumier; les paysans d'ici en recueillent les petites graines noires, grosses comme une tête d'épingle; ils les portent au moulin, et, de la farine ainsi obtenue, font une espèce de pain noir. Ils s'attirent par là de graves maladies d'estomac; mais, songe-t-on à demain quand on a faim?

*
* *

Dans une minuscule *isba*, dont les supports ont faibli, et qui s'est inclinée vers la terre, comme une boîte mal d'aplomb, une paysanne me fait goûter des galettes d'avoine qu'elle vient de sortir du four; je les trouve fort bonnes, et je ne puis m'empêcher de songer à ces visites des autorités dans les réfectoires de lycée. M. l'inspecteur goûtait une cuillerée de soupe et la déclarait succulente; nous avions peine à en avaler une demi-assiette, et nous ne comprenions pas M. l'inspecteur, et nous l'accusions d'hypocrisie. Aujourd'hui, si je m'en tenais à la galette d'avoine que je viens de goûter, je déclarerais qu'on vit plantureusement dans ce village. Beaucoup, et de bonne foi, font ainsi leurs enquêtes!

Je sens vraiment ici la valeur de ce mot : « le pain quotidien » que, depuis l'enfance, nous avons murmuré chaque jour, sans y attacher notre esprit. « Donne-nous aujourd'hui notre pain quotidien » : qu'est-ce que cela signifie, pour des gens qui, comme nous, se réjouissent quand ils ont bien faim? — Le pain quotidien, c'est ici tout le but d'une existence humaine. Avoir du pain modeste, dur et sec, mais sans trop de *lébéda*, et en pouvoir manger trois fois par jour à discrétion, voilà l'idéal pour lequel ces grands hommes maigres aux yeux clairs luttent et travaillent. Combien encore ne l'atteignent point!

*
* *

— Et les popes? demandai-je, en voyant passer un prêtre, grand et crasseux, barbe et cheveux flottants, longue soutane, jadis violette, — et les popes? ils ont dû adoucir bien des maux?

— Dieu les en garde! Vous savez bien que la plupart d'entre eux n'ont pas de traitement, et vivent uniquement des aumônes qu'ils vont quêter les jours de fête, et que, bon gré mal gré, tous les orthodoxes du village déposent dans leur panier tendu. Nous avons voulu les employer pour répartir les secours; il a fallu y renoncer, car tout allait aux riches. C'est d'eux, en effet, que dépendent les popes, puisqu'ils vivent d'aumônes. Par un *poud* (16 kilog.) de grain distribué à propos, ils s'assuraient une abondante collecte le jour de la quête. Ils veulent vivre, eux aussi, et leurs femmes, et leurs enfants. Charité bien ordonnée...

*
* *

Dans la clarté bleuâtre qui, durant ce mois sans nuits, forme la transition entre le crépuscule et l'aurore, nous arrivons à Novo-Ivanovo, et nous descendons chez le sacristain, car, en dépit de ses

3000 habitants, le bourg n'a pas d'auberge, bien entendu.

Ah! la bonne figure, ce sacristain! et comme il repose des affamés! D'abord, il est ivre, et nous explique gaiement qu'ayant terminé ses foins aujourd'hui même, il a festoyé avec ses moujiks. Une ivresse gaillarde et bon enfant, que la sienne. Ses longs cheveux gris roulent en boucles sur sa soutane jaunâtre, invraisemblablement crasseuse. Sa barbe descend noblement, en flots d'argent, et le contraste est impayable, entre cette belle barbe ondulée et la trogne bourgeonnée de l'ivrogne, avec ses petits yeux malins de Russe dégourdi, son gros nez sensuel, et sa bouche en coup de sabre. Sa femme nous fait chauffer un samovar et nous apporte les restes de leur dîner : une platée de mouton avec du sarrasin; mais ce mouton a un tel goût que nous préférons dîner d'œufs à la coque, cassés dans une assiette creuse, et avalés en guise de soupe. Nous invitons le sacristain à prendre un verre de thé, et il envoie sa femme se coucher. Il se détend alors, il se familiarise. Un morceau de sucre aux dents, il boit son thé à petites gorgées, et de son œil malin, il m'observe. Mon accent l'intrigue; comme les paysans, il « comprend sans comprendre » ce que je dis. En apprenant que je viens de Paris, ses yeux s'allument; mais au fond, il ne me croit qu'à demi : a beau mentir qui vient de loin! Il est amusant, ce jovial ivrogne, et, maintenant que sa femme n'est plus là, il sort de bien bonnes histoires du fond de son sac à malices. Il a été successivement greffier de tribunal, garçon épicier, geôlier dans la maison d'arrêt de Nijni-Novgorod, puis maître d'école — car il a ses lettres, et tient à nous montrer ses parchemins ! — enfin, le voilà sacristain-psalmiste dans ce gros bourg. Il possède une *isba* solide qui lui a coûté 50 roubles ; la famine, il s'en moque, car, outre le pain, la *vodka* ne lui a jamais manqué. Enfin, il nous apporte du foin, sur lequel nous nous étendons au beau milieu de son *isba*, saupoudrée au préalable d'une vigoureuse poudre à punaises.

Au matin, le policier de l'endroit, son grand sabre en sautoir, est venu me contempler. Gravement, il exprime à Serge Ivanovitch son étonnement ; il n'avait pas cru qu'un Parisien pût ressembler autant à un Russe ; je suis vêtu d'une chemise rouge à la moujik, et j'ai aux jambes de grandes bottes plissées ; il n'en revient pas : — alors, à Paris, c'est donc aussi la mode ?

Quelques heures plus tard, nous voilà loin du jovial sacristain, sur les confins du canton, à la lisière même du gouvernement de Pensa. Le sol a changé d'aspect ; nous avons quitté la *Terre noire* et nous trouvons sur un filon de sable, où croissent quelques forêts, et çà et là des moissons étiques. Dans ces deux ou trois derniers villages, jamais, de mémoire d'homme, on n'avait vu de fonctionnaire supérieur, avant la première visite de Serge Ivanovitch : les *starostes* et les greffiers [1] gouvernaient à leur gré ces quelques milliers de paysans.

Dieu, qu'on est pauvre, en ce coin perdu ! Les huttes sont délabrées à faire peur. Jamais la tache grise d'un village russe ne m'a paru plus lamentable, plus aplatie devant la puissance terrible qui maintient sur elle la misère. Les hangars sont éventrés; les *isbas*, toutes petites, sont vieilles, à demi pourries, chancelantes parfois. Le chaume des toitures est arraché par places; ailleurs, il est brûlé. C'est partout une misère effroyable, non point passagère comme en certains autres villages, mais évidemment persistante.

Entre les huttes grises, circulent de grands moujiks décharnés vêtus d'une chemise rouge et d'un pantalon de toile, coiffés d'une sorte de chapeau haut de forme en grossier feutre gris, et chaussés de silencieuses bottes en feutre. Ils passent sans bruit, comme des ombres. Ce sont d'excellents paysans, paisibles, travailleurs, et pas ivrognes; mais ils n'ont pas de chance : c'est leur seconde année de sécheresse et de récolte nulle. Sans les distributions de farine, tout serait mort, en ces

1. Les *pisari* ou écrivains sont des paysans instruits qui servent de greffiers dans les villages. Parfois, ils sont seuls, avec les popes, à savoir lire et écrire. Leur influence est souvent très considérable.

parages, sauf peut-être cinq ou six familles riches. Je demande à l'un d'eux : « As-tu du bétail? »

— Non.

— Mais un cheval?

— Non plus. J'en avais un, mais je l'ai *mangé*[1].

— A combien?

— A deux roubles!

Et il n'est pas le seul. Dans tout le département de Loukoianof, de 75 000 chevaux, qui existaient à l'entrée de l'hiver, il n'en reste plus que 26 000. Or, un paysan russe qui n'a pas de cheval est ruiné, car ses champs restent incultes.

Nous trouvons dans une *isba* une vieille femme ridée, ratatinée, occupée à faire manger à un jeune enfant une bouillie de gruau.

— Tu reçois du pain?

— Non, *batiouchka*, j'en ai à moi. D'abord, nous avons accepté des semences; mais depuis, nous les avons rendues, car c'est un péché, vois-tu, de conserver ce dont on peut se passer.

* *
*

A O. nous rencontrons un jeune étudiant en médecine, à qui l'on a confié la population de six bourgs et de quatre villages, soit environ 10 000 habitants. Il avait entendu parler du Français qui visite la con-

1. C'est-à-dire : je l'ai vendu pour me nourrir.

trée; il vient à moi. En peu d'instants, je sais son histoire. Une manifestation à laquelle il a pris part avec d'autres étudiants, l'a fait reléguer de Saint-Pétersbourg à Kïef. Sa quatrième année d'études achevée, il s'est mis à la disposition du Comité qui organise les secours pour la présente épidémie, et on l'a nommé ici aux appointements de 75 roubles (200 francs) par mois. Il relève à peine d'une attaque de typhus qu'il a gagnée dans son service. C'est un grand corps maigre, avec les yeux brillants et le parler rapide d'un enthousiaste. D'ailleurs, il ne se pose pas en martyr, tant s'en faut.

Je lui propose de l'accompagner dans ses visites, et voici une interminable ronde par des *isbas* misérables. Les malades sont étendus tout habillés sur des peaux ou sur du foin, car les paysans russes ignorent l'usage du lit; quelques-uns d'entre eux gémissent. Voici toute une famille, affaissée en grappe lamentable dans une cour, sur du fumier sec; ils sont atteints de typhus. Un enfant à la mamelle vagit près de sa mère malade; son pauvre petit visage souffreteux est littéralement noir de mouches; nul n'est là pour les écarter, et ses petits poings épuisés ne font même plus d'efforts pour les chasser. Plus loin, une jeune femme qui gémit; celle-là sera morte avant une heure : rien à faire, nous passons... Des malades, des malades encore, tous semblables, dans l'anéantissement de la souffrance

Un convalescent, maigre moujik d'une cinquantaine d'années, se dresse à notre vue sur son cadre de bois.

— Eh bien, dit l'étudiant, comment vas-tu?

— Mieux! bien mieux! tu m'as sauvé; je te remercie.

— Qu'est-ce que tu as à manger?

— Du pain.

— Belle nourriture pour un convalescent! fait mon compagnon. Je vais te donner du lait et du thé.

— Du lait et du thé! répète l'homme, avec un indicible accent de joie; oh, oui, oui, donne-m'en!

Nous avons pris le thé chez le pope du village. O. qui étale sur une colline dépouillée la monotonie de ses huttes grises, est un bourg fort connu dans la contrée. Ses habitants, célèbres comme voleurs de chevaux, sont la terreur du pays qu'ils dévalisent. Ils s'en font gloire. Le *staroste* (maire), grand, sec, l'œil vif et mobile, a l'air d'un chef de brigands; il l'est. Un coup de hache reçu, dit-on, dans une expédition nocturne, a laissé sur son visage une cicatrice profonde.

Le pope qui nous reçoit est tout jeune, de haute taille, dans sa soutane soignée. Il a un joli visage fin, aux yeux bleus légèrement bridés; sur les épaules, de longues boucles blondes; au menton, une fine barbe en copeaux d'or. Son intérieur est propre à souhait, son *isba* reluisante et toute neuve:

je ne saurais dire combien cette vue est réconfortante, après une tournée comme la nôtre. Dans la cour, un énorme chien tire sur sa chaîne, dès qu'on ouvre la porte, et se précipite de tout son poids, en étalant des crocs féroces.

— *Batiouchka*, dis-je au prêtre, pourquoi donc avez-vous un chien si méchant?

— Oh! répond-il avec un discret sourire qui plisse ses yeux bleus légèrement obliques, c'est nécessaire quand on habite un tel village. Les moujiks d'ici cherchent parfois, la nuit, à me reprendre ce qu'ils m'ont donné le jour. L'an dernier, je ne sais pourquoi, ils m'ont incendié...

Cela est dit d'un ton paisible, sans colère, avec une aimable charité chrétienne, qui semble toute naturelle d'abord, et qu'on n'admire qu'à la réflexion.

Nous avons un long chemin à faire pour rentrer. Il nous faudra plusieurs relais. La chaleur est intolérable; nous n'avons sur nous qu'un pantalon et une chemise en toile rouge, et pourtant, immobiles dans notre *tarentass*, nous nous sentons brûler. Pour comble de malheur, un de nos essieux vient à se rompre. Nous sommes sur un plateau, à vingt verstes au moins du plus proche village, et pas un arbre n'est à l'horizon. Nous découvrons enfin un paysan qui travaille dans un champ, et nous descendons jusqu'à lui à travers les guérets et les chaumes; il consent à nous prêter un de ses essieux. Si notre cocher ne revient pas le lui rendre ce soir, il devra rester là, et passer une nuit de plus sous sa charrette. Pourtant, avec simplicité, il nous vient en aide, et s'offense du pourboire offert.

Vers le soir, nous arrivons enfin au bord d'une large rivière, dans laquelle nous décidons de nous baigner. Lorsque nous sortons de l'eau et nous séchons sur le rivage, dans le simple appareil des baigneurs russes qui ignorent l'usage du caleçon, voici venir sur l'autre bord, une blanche file de paysannes. Elles sont de race *mordva*, toutes vêtues de toile blanche, sur laquelle tranche leur visage noirci. Elles viennent de moissonner et rentrent au village; mais il leur faut traverser le gué qui côtoie le fond où nous nous sommes baignés. En nous apercevant, elles échangent entre elles quelques observations, puis, une à une, gravement, elles posent dans l'eau leurs jambes nues, les jupons relevés aussi haut que la profondeur du gué l'exige. Elles passent ainsi près de nous, plus qu'à moitié nues, sans paraître gênées le moins du monde.

*
* *

Serge Ivanovitch m'a proposé ce matin d'aller voir un grand *bazar* (marché) qui se tient aujourd'hui dans un district voisin, nous devons traverser une contrée beaucoup moins éprouvée que celle-ci : je jugerai de la différence.

Deux chevaux maigres emportent notre *tarentass*, sous un soleil de feu. Nous traversons plusieurs villages que la faim, paraît-il, a moins cruellement touchés que leurs voisins de l'ouest. C'est cependant le même aspect gris et misérable, à peine atténué, çà et là, par la gaîté de quelques arbres verts. A onze heures, nous arrivons à Lady, bourg important où se tient une espèce de foire. La poussière enveloppe tout et fait comme un brouillard qui tamise les rayons du soleil. Dans une rivière qui coupe le chemin aux portes du village, grouille et clapote un amas de chairs blanches ; ce sont des paysans qui, épuisés de chaleur, viennent, entre deux affaires traitées, mettre bas leurs vêtements et se jeter à l'eau. Puis, sur la route, ce sont des centaines de *télègues*[1] qui se suivent à la file ; plus loin, d'autres sont rangées aux abords des maisons ; elles obstruent toutes les voies, encombrent toutes les places ; les chevaux, dételés, mangent tranquillement dans la charrette, qui leur sert de ratelier. Autant de *télègues*, autant de familles ; personne ne vient ici à pied.

Il y a peu de marchandises originales sur ce marché empoussiéré : des poteries d'usage domestique, des vases à lait au col mince, et des écuelles

1. Charrette légère en forme d'auge très évasée, et généralement à claire-voie.

vernies de vert, quelques articles en bois tourné et en corne, d'un travail grossier. Je suis frappé surtout par de grands étalages de poissons secs que les passants achètent, comme nous ferions des gâteaux, et dans lesquels ils mordent à belles dents. Dans les auberges, on boit de la bière et de la *vodka*; un peu partout, on s'abreuve de *kvass* jaune. Le *kvass* est une boisson de famille, que les ménagères préparent chacune selon sa recette. Les soldats de Napoléon la nommaient, s'il faut en croire Tolstoï et la légende : « limonade de cochon. » Le *kvass* est préparé avec des herbes diverses et du seigle que l'on fait fermenter dans l'eau chaude. Le goût en diffère avec chaque famille : tantôt il est doucereux, tantôt il est aigrelet; en tous cas, c'est une boisson rafraîchissante, et les Russes l'aiment beaucoup.

Çà et là, sur le chemin, de hideux mendiants des deux sexes, sales, dépenaillés, sinistres, sont accroupis, en rond dans la poussière, et chantent sur un ton suraigu de monotones litanies : les copecs pleuvent dans leur casquette ou leur tablier. La foule circule et se coudoie avec des rires, dans cette chaleur. Tout ce peuple s'amuse, bavarde, et grignote sans interruption des graines de tournesol; quelques-uns savourent des pâtisseries que des marchands en plein vent font frire dans de l'huile à brûler. C'est une vraie foire russe, crasseuse et bon enfant, regorgeant d'ivrognes, et empestant l'odeur du moujik jointe à celle de toutes ces choses liquides ou solides que consomment les passants. Les hommes sont vêtus de chemises-blouses roses ou écarlates; les femmes, des pieds à la tête, sont enveloppées d'étoffes aux couleurs voyantes : leurs jupes, leurs tabliers, leurs corsages, leurs fichus sont rouges, violets, bleus, jaunes, que sais-je encore! Ces tons criards blessent les yeux quand on les voit de près; mais d'un peu loin, ils se fondent dans la brume de poussière qui plane sous le soleil, et l'aspect est charmant de ce grouillement coloré au milieu de la grisaille des choses.

*
* *

Nous allons terminer la journée dans une gentilhommière du voisinage. Il nous faut traverser le village où réside le *maréchal de la noblesse* [1] de notre département, M. P. C'est un homme fort intelligent et puissamment riche : il est à la tête des nobles mécontents et de la ligue *contre* la distribution des secours. Je m'explique aisément son attitude : les paysans de son village ont l'air de petits bourgeois. Ils sont riches, et la sécheresse n'a pas touché leurs terres, d'ailleurs très fertiles. Leurs *isbas*, spacieuses, sont élégamment construites,

1. Ou mieux, le *président de la noblesse*. Il est élu tous les ans dans chaque département.

ornées de quelques sculptures, propres et avenantes. Elles n'ont pas de toit de chaume, mais pour l'instant, des planches solides, bien ajustées, les recouvrent. Même, un jardinet confine à chaque étable. M. P. est trop occupé avec ses 12 000 hectares de terre, pour entreprendre des excursions dans son département. Son village est heureux et riche; n'est-il pas naturel de sa part de déclarer qu'il en est partout de même, et que, si, en certains endroits, les paysans crient famine, c'est par paresse? Évidemment, M. P. est de bonne foi, quand il traite de *révolutionnaires* ceux qui soutiennent les plaintes des paysans. On devrait, pour l'éclairer, pouvoir le forcer à vivre huit jours dans tel village que j'ai visité avant-hier, à 100 kilomètres d'ici.

C'est chez un de ses jeunes voisins de campagne que nous descendons; la contrée, décidément, a changé d'aspect. Elle est devenue brusquement ondulée. Une rivière se montre au bout d'une descente, et le cottage où nous entrons est posé dans le site le plus frais qui se puisse rêver. De la terrasse où la table est mise, on domine la rivière, sur laquelle s'étalent à cette heure les reflets moirés du couchant; sur l'autre bord, une belle forêt sombre cache l'horizon. Je ne m'attendais point, après cette semaine de misère, à trouver, à quinze lieues de chez nous, la civilisation la plus élégante. Des dames nous reçoivent, en toilette claire d'une jolie coupe, et j'ai un peu honte de ma chemise rouge dont on sourit. Il me faut sortir du rêve de compassion où j'ai vécu depuis quinze jours. Sur cette terrasse vers laquelle monte la délicieuse fraîcheur de l'eau, nous prenons place à une longue table, où un maître d'hôtel nous fait passer les plats; il me faut, d'un brusque effort, oublier les impressions qui m'écrasent, et tâcher de causer, de répondre au joli français des femmes élégantes qui m'environnent. Mais, que dire à ces gens qui rient, qui plaisantent, qui m'interrogent sur les nouveautés de Paris? Entre Paris et moi, il y a le choléra, le typhus, la famine; tandis que la charmante société que voilà, oubliant tous ces fléaux, parce qu'elle vit au milieu d'eux, ne s'intéresse qu'aux choses parisiennes; elle a raison peut-être. Pour quelques heures, nous voici en pleine banalité de salon. Sur la terrasse fraîche, au-dessus de l'eau qui miroite, il me faut dire comment j'ai pu, moi Français de France, m'aventurer dans ces parages; puis on cause de Ravachol et du général Boulanger qui avait par ici des sympathies. Heureusement, un des jeunes gens tient à me montrer ses lévriers à loups : nous parlons chasse, et j'échappe ainsi à la conversation obligée sur l'entrevue de Cronstadt.

*
* *

Le choléra se rapproche. Il est à Nijni depuis plusieurs jours, et voilà que des fuyards l'apportent dans les villages. Les médecins et les infirmières sont devenus indispensables dans la capitale de la province, où la grande Foire annuelle est ouverte : ils nous quittent presque tous. Nous nous soignerons comme nous pourrons. Des nouvelles graves nous parviennent de la basse Volga : des émeutes y ont éclaté dans les villes, surtout à Astrakhan, où des médecins ont été tués, et où les Cosaques ont dû charger la foule. La populace, ignorante, accuse les médecins d'empoisonner les malades : les injections sous-cutanées contiennent, d'après elle, un poison subtil. Le bruit s'est répandu là-bas que le Tsar a vendu à l'Anglais le droit de dépeupler par ce moyen quatre provinces! De toutes parts les bruits les plus absurdes se redisent à l'oreille.

C'est aux médecins surtout qu'on en veut. L'autre jour, à Nijni, un homme a fait un speech, disant qu'il fallait leur courir sus. On l'a conduit devant le gouverneur : « Tu prétends qu'on enterre les malades tout vivants? Eh bien, je te condamne à servir comme infirmier dans l'hôpital des cholériques : tu verras de plus près ce qui s'y passe. »

Ici, les villages sont calmes : on attend.

Après dîner, le jeune étudiant en médecine, dont j'ai fait la connaissance il y a quelques jours, entre dans notre salle.

— Quel heureux hasard vous amène?

— Je pars.

— Où cela, grand Dieu!

— Pour Astrakhan! répond-il simplement. On cherche là-bas des médecins de bonne volonté : je me suis inscrit avec beaucoup d'autres.

Il est bien chétif encore, bien maigre, avec des yeux qui luisent d'enthousiasme. En reviendra-t-il, de ce terrible foyer de mort?... Nous parlons peu. Que se dire? Un serrement de mains exprime toutes nos pensées...

*
* *

Nous prenions le thé, ce soir, vers onze heures, dans la salle à manger de notre métairie. Une bonne qui accourt nous prévient qu'on aperçoit « un bel incendie »; nous sortons. La métairie s'élève au bord d'un plateau qui domine l'immense plaine de seigles moissonnés : on distingue admirablement. On dirait un feu de joie allumé à l'autre bord de la plaine, à trente kilomètres de nous : les flammes qui vont et viennent, s'abaissent et se ravivent par intervalles, n'ont pas du tout l'air sinistre à cette distance. Seulement, dans le ciel monte toute droite une énorme lueur, et par elle, on mesure l'importance de l'incendie. C'est une grande métairie qui brûle tout là-bas : chacun des points brillants, c'est une meule de paille, et les charbons qu'on entrevoit, sont autant de hangars consumés. Pas un bruit sur l'immensité, pas un son de cloche, pas un appel : seule, la lueur silencieuse anime la nuit. Je m'étonne de l'insouciance de nos gens, groupés en curieux autour de nous : « Bah! me disent-ils, nous sommes habitués à pareil spectacle, seulement, on ne voit pas toujours aussi bien. »

Oui! ce spectacle peut leur être familier. Avec la famine et les épidémies, le feu, *le coq rouge*, comme ils disent, est l'un des grands fléaux du paysan russe. Dans ces villages faits de bois sec couvert de paille, la moindre étincelle qui jaillit d'un poêle, la moindre cigarette que laisse tomber un ivrogne ou un voisin malveillant, suffisent pour enflammer les pauvres huttes. Dans chaque village on voit des toits percés à jour et des poteaux calcinés. A Potchinki, tout près d'ici, un incendie a récemment dévoré 400 *isbas*. Or, dans ce pays nu, le bois est hors de prix : les incendiés sont réduits à mendier un abri. On a bien introduit dans ces villages une espèce d'assurance mutuelle, mais on est long à en toucher les primes, quand on les touche. En attendant, il faut que le moujik s'endette, c'est-à-dire qu'il engage ses bras et sa récolte.

*
* *

A Loukoianof, par une chaleur atroce. Pas d'eau, pas d'ombre, rien de frais. Un seul remède, un unique consolateur : le thé.

Malgré une jolie église dressant la fraîcheur de ses murs blancs et de ses coupoles vertes sur la grisaille de la pente désolée où s'essèment les *isbas*, la ville, avec ses rues de gazon pelé où trottinent d'innombrables petits cochons noirâtres, n'a pas d'autre attrait que la célébrité éphémère que lui a donnée l'affaire des *zemski natchalniki*. J'ai conté plus haut comment ces fonctionnaires nobles s'étaient opposés à la distribution de vivres parmi les affamés.

La noblesse d'ici trouve en général qu'on s'occupe trop des paysans : en leur témoignant une bienveillance si marquée, on risque, dit-elle, de faire naître en eux d'insupportables prétentions. Les paysans, habitués à leur dure existence, ne souffrent pas autant que le croient les habitants des villes; si vous subvenez à tous leurs besoins, ils cesseront de travailler, et deviendront de plus en plus exigeants; familiers d'abord, bientôt arrogants.

Nous aurions tort de prendre ceux qui parlent ainsi pour une société d'hommes cruels et sanguinaires, à la façon des méchants planteurs, dans la *Case de l'Oncle Tom*. Il y a, sans doute, parmi eux, tel fonctionnaire cupide et méprisable; mais, quelques-uns sont de fort honnêtes gens. Seulement, ils connaissent peu les paysans au milieu desquels ils vivent; en outre, ils ont une terreur folle des innovations, parce que, pour eux, toute innovation est un pas vers le bouleversement social. Ils ne sauraient croire à des modifications progressives : d'après eux, toucher, même d'une main légère, à l'ordre de choses existant, c'est vouloir le renverser : voilà pourquoi ils s'y attachent désespérément. Dans le cas spécial du district de Loukoianof, cette théorie de la noblesse résidante n'a pas laissé d'avoir une conséquence curieuse. Cette année en effet, c'est le Gouvernement qui a patronné toutes ces tentatives généreuses de secours aux paysans; or, la noblesse, instrument chéri et préféré d'Alexandre III, s'est mise à lutter contre lui sur ce terrain, faute d'avoir su modifier à temps ses vieilles théories et renoncer à sa ridicule *nihilist-fever*. Depuis les affaires du mois de mars, tout le district est divisé en deux camps, et l'on s'observe.

L'arrivée d'un Français dans ces parages a causé une certaine émotion, faite de curiosité et d'inquiétude. On a su, en interrogeant les postillons, que je voyage avec un papier officiel; mais d'autre part, on a appris que je n'ai pas de métier manuel; on sait de plus que le propriétaire de la métairie où j'ai pris quartier, lit volontiers des ouvrages d'économie politique. De ces indices patiemment rapprochés, on a conclu que j'étais socialiste — pouvait-on moins faire? Pourtant, la raison de mon voyage reste encore inexpliquée. Tous m'interrogent là-dessus, et à tous je réponds : « Pure curiosité » ; — mais, depuis le postillon hilare, jusqu'au grand seigneur terrien, tous hochent la tête à cette réponse.

* * *

J'ai fait tantôt la connaissance de Mme D. Veuve d'un officier de marine, apparentée à la meilleure noblesse, cette dame s'est consacrée depuis de longues années à la propagation des travaux féminins parmi les paysannes. Aucun sacrifice ne lui a coûté : elle a même fait un long séjour dans l'Asie Centrale pour y étudier la fabrication des tapis et l'importer, s'il est possible, dans son pays. Depuis plusieurs mois, elle ne s'occupe que de la famine. Elle parcourt bravement la Russie en *tarentass*, pour le compte du Comité de secours. Cet hiver, elle a distribué aux paysannes des matières textiles dont la moitié leur appartiendrait, à condition d'en tisser l'autre moitié pour le compte des donateurs. « Je recueille en ce moment les tissus terminés, me dit Mme D., en fumant une cigarette ; il n'y a pas un fil perdu. » Le trait mérite d'être relevé, en ce pays-ci.

A voir cette femme qui s'expose aux cruelles fatigues d'un voyage dans la province russe, je songe à l'Angleterre, où l'on rencontre des caractères de ce genre. Seulement, une Anglaise eût vite fait de prendre des allures masculines, tandis que la grande dame russe a conservé sa distinction féminine, avec un peu de hauteur ironique.

*
* *

Ce matin, en passant à Potchinki, nous avons voulu déjeuner. Or, il existe dans cette petite ville un bon cuisinier : il est au service d'un moine, factotum du M[al] de la noblesse, qui fait préparer un dîner fin chaque fois que se réunissent ces messieurs du *Comité de résistance aux secours*. Nous avons mandé ce cuisinier; mais, quand on lui a dit nos noms, il a déclaré qu'il ne saurait venir prendre nos ordres, et qu'il fallait nous adresser ailleurs. Travaillant ici, les jours de marché, pour la noblesse de l'opposition, il ne veut pas chauffer ses casseroles pour des « agitateurs » comme nous. — On a des principes, que diable!

*
* *

Les fonds recueillis par le Comité de secours que préside le Tsarévitch, sont distribués en espèces à des personnes de confiance. Un propriétaire de nos voisins m'expliquait l'usage qu'il fait des sommes qu'on lui attribue. Il achète des chevaux, et les donne à des paysans qui n'en ont plus. Ces paysans, en échange, s'engagent à faire, une année durant, le gros travail des champs chez un voisin pauvre. Quant à Serge Ivanovitch, il achète des chèvres, et les distribue à des familles chargées de petits enfants. — J'aime voir l'imagination charitable s'exercer dans ce sens : il me semble que le mérite du cadeau en est doublé.

* *

Des chevaux sont commandés pour ce soir : je vais partir et regagner Nijni-Novgorod, puis Moscou. Serge Ivanovitch m'y rejoindra dans quelques semaines. L'idée de mon départ m'attriste. Au moment de quitter, probablement pour n'y jamais revenir, cette immense plaine jaunâtre et nue, où j'ai touché de si près la misère, la famine et la maladie, où j'ai causé avec tant de maigres moujiks sauvés par la charité, où j'ai vu en détail un coin si intime de la province russe, je sens, malgré ma fatigue, un violent regret. Par-dessus de mesquines divisions politiques, j'ai eu ici, pendant un mois, un spectacle triste, mais fortifiant : triste, comme l'est toute peine et toute souffrance; fortifiant, par l'exemple de la résignation avec laquelle ce peuple supporte sa misère. Puis, le dévouement de tous ces hommes qui sont venus assister les pauvres m'a pénétré d'admiration. Nous ne sommes pas habitués à voir des jeunes gens agir ainsi, de toute leur vigueur et de toute leur âme, en faveur d'une œuvre obscure dont les journaux ne sauront rien. Ceux-ci paraissent, en vérité, ne jamais s'être dit le décevant : « à quoi bon? » que les jeunes hommes de nos pays se répètent si souvent, au premier contact avec la vie. Dès qu'il s'est agi d'une œuvre utile et charitable, ils étaient là, modestement. Qu'est-ce donc qui les fait ainsi? et qu'est-ce qui les soutient? La religion, je le sais, leur est indifférente à la plupart, et le succès ne saurait les atteindre si loin. Il faut donc qu'ils trouvent en eux-mêmes le goût de la charité et la récompense du devoir accompli. Sans doute, leur fatalisme semi-oriental les garde contre toute crainte du danger; mais avant tout, ces dévoués sont dominés par la conviction que leur dévouement ne s'éparpillera pas en vain. Ils sentent, d'instinct, qu'ils travaillent dans une matière vierge, dans une molle argile, où leur empreinte se conservera, durcie par le feu. Ils savent qu'ils ne sont pas, comme on l'est dans nos pays faits, perdus dans l'immense complication d'un mécanisme social qui semble annihiler l'effort individuel. Ils ont conscience d'être, personnellement et sans intermédiaires, des créateurs de civilisation.

CHAPITRE VI

LE CHOLÉRA

Une semaine d'aventures : n'ai-je pas rêvé tout cela?

Après avoir quitté Serge Ivanovitch, je suis reparti au trot lent de mes chevaux, le long d'une route qui traverse d'un bord à l'autre l'interminable plaine nue. La moisson est finie, et rien n'est resté dans les champs, dont l'horizon monotone s'allonge, jamais plus proche, jamais atteint. Sur cette féconde *Terre noire*, les guérets énormes, en qui germe l'avenir de l'été prochain, ont des teintes sombres qui sont sinistres au crépuscule.

Je suis seul. Je n'ai, de tout le jour, rencontré personne, sauf une sœur de charité laïque. Elle attendait dans une maison de poste un docteur, rappelé comme elle à Nijni-Novgorod, où le choléra sévit. Je l'avais vue à l'œuvre ici même, auprès de typhiques ; elle est aussi calme aujourd'hui qu'hier ;

que lui importe le danger? y songe-t-elle, seulement? Nous causons devant le samovar, et nous partageons les provisions que l'on m'a fait emporter du *khoutor*. Il y a des mois que cette jeune femme subit la misère des paysans : elle n'a pas touché de viande depuis plusieurs semaines; elle est pâle, maladive, mais si enjouée, qu'on oublie toute crainte à son égard. Elle me donne en souriant rendez-vous à Nijni, où je lui promets de lui faire visite sur la barque-hôpital.

*
* *

Au bourg de K., dans une toute petite chambre nue de la maison de poste. Un orage montait, j'étais harassé de fatigue; après le thé, je me suis roulé dans ma couverture, et allongé sur l'unique banc de la station. Vers deux heures du matin, un bruit de voix m'éveille : deux hommes noirs sont là, tout près de moi, attablés sans gêne aux restes de mes provisions. Voyant que j'ouvre les yeux, l'un d'eux m'adresse la parole, et, frappé par mon accent étranger, il s'écrie :

— Tiens! vous n'êtes pas Russe?

— Non!

— Vous êtes Allemand?

— Peut-être bien! fis-je, éveillé complètement,

et agacé par le ton sur lequel ces questions m'étaient faites.

— Ah bien oui, Allemand! Vous êtes Français! vous êtes *ce Français*!

— Eh oui, je suis Français; qu'est-ce que cela peut vous faire?

— Vous venez de *Marécevski Khoutor*?

— Certainement!

— Où vous étiez avec G.

— Sans doute!

— Qui a voulu se battre en duel avec J.

— Ah çà! mais! fis-je, en me levant du banc, cela ressemble à un interrogatoire : êtes-vous ivres ou plaisantez-vous?

— C'est bien en effet un interrogatoire. Monsieur que voilà est le chef de la gendarmerie; moi, je suis le substitut du procureur de Nijni Novgorod — et nous sommes venus pour instruire, entre autres, une affaire à laquelle vous êtes mêlé.

— Une affaire? moi!

— Certainement, et une affaire grave. Oh! nous savons tout, allez! comment G. vous a fait venir pour lui servir de témoin contre J.; puis, comment, après que J. eut refusé de se battre, vous avez tenté de l'assassiner. On vous a vus — il y a des témoins dignes de foi, — lui dresser un guet-apens sur une route : vous avez caché vos chevaux dans des buissons, où vous vous êtes dissimulés vous-mêmes, le revolver au poing. Si une vieille dame, chez qui se trouvait J., prise d'une espèce de pressentiment, n'avait empêché son ami de partir cette nuit-là, c'en était fait de lui!

J'ouvrais de grands yeux, croyant rêver; était-ce là une sotte plaisanterie que se permettaient avec un étranger ces deux individus qui, évidemment, avaient bu?

— Je ne crois pas un mot de ce que vous me dites, m'écriai-je enfin.

— Savez-vous lire le russe? tenez, lisez ceci...

Et je pus me convaincre que ces deux hommes noirs étaient bien en effet le chef des gendarmes et le substitut du procureur de Nijni.

— C'est bien, fis-je. Je n'ai rien à vous dire à présent. Êtes-vous ou non chargés de m'arrêter?

— Non, pas pour l'instant. Il faut d'abord instruire l'affaire. Vous pouvez aller où vous voudrez; en Russie, on saura toujours où vous trouver. Quant à nous, nous serons dans quelques jours au *Khoutor* et nous entendrons G. et les témoins.

Leurs chevaux étant prêts, les deux hommes noirs partirent sous l'orage, et me laissèrent seul; seul dans cette chambre nue, dans un village éloigné de tout centre, connaissant mal encore le pays et ses habitudes, rien de ses lois. Toutes les histoires des luttes dont le district de Loukoianof avait été le théâtre me revenaient en mémoire — et peu à peu aussi, je me souvenais d'avoir entendu un moujik conter devant moi que M. J. avait cru que nous le poursuivions, un jour que nous étions passés dans un village où il se trouvait par hasard. Mais, quand on n'est pas maître d'une langue, on comprend mal les histoires que l'on conte devant vous; elles vous font à peu près l'effet d'une conversation entendue derrière une porte, et l'impression n'en reste pas nette.

Que faire? — J'attendis le jour et je me fis conduire chez un *zemski natchalnik*, un ami de Serge Ivanovitch, qui demeurait près de K. Je lui contai notre histoire, qu'il jugea sérieuse, et le lendemain, je repartais avec lui pour le *Khoutor*.

Serge Ivanovitch prit la chose en riant : il n'était pas fâché, peut-être, du piquant épilogue que ses ennemis politiques voulaient ajouter aux scènes qu'il avait vécues en ce pays. Il n'avait rien à craindre, m'assurait-il. Néanmoins, j'attendis l'enquête. Les hommes noirs arrivèrent, polis et dégrisés. Une dépêche du gouverneur leur avait sans doute prescrit la prudence. On leur conta la querelle, puis la promenade qui avait effrayé M. J. Ils prirent des notes et s'en allèrent. Une autre dépêche du gouverneur pria Serge de rédiger un rapport dans lequel il raconterait l'affaire — et, rassuré, je repartis avec mon obligeant compagnon.

*
* *

Tu es médecin, évidemment? me demandait tout à l'heure une grosse paysanne qui tient la maison de poste où je viens de m'arrêter.

— Non, *matouchka* !

— Eh bien alors, pourquoi vas-tu à Nijni, où le choléra est terrible? Tu vois bien, d'après le registre, que, depuis plus d'une semaine, aucun voyageur n'est passé par ici.

— C'est pour voir le choléra, *petite mère*.

— Tu trouves cela intéressant? fit la grosse femme, avec une mine incrédule.

— Sans doute! Sais-tu ce que c'est qu'un journal?

— Oui.

— Eh bien, je veux voir le choléra à Nijni pour raconter à mes compatriotes, dans un journal, ce que j'aurai vu là-bas.

— Tes chevaux sont prêts ! conclut la grosse femme.

* *

Ayant quitté Nijni-Novgorod depuis un mois, j'étais curieux de voir la physionomie nouvelle qu'elle avait dû prendre sous l'étreinte de l'épidémie. Je m'attendais à trouver sur mon passage des populations effarées ou consternées : il n'en fut rien. A mesure que mon *tarentass* se rapprochait de la ville, il me semblait trouver, au contraire, les paysans de plus en plus calmes, causant du choléra avec plus de sens et moins de frayeur. Voici enfin la dernière étape sur la grande route impériale. Les longues files de *télègues* chargées d'emplettes, que nous croisons maintenant, annoncent l'approche de la ville. La route gagne la berge de l'Oka, et l'on domine un immense horizon : le fleuve qui disparaît sous les péniches et les navires, et tout là-bas, la cathédrale, qui, au-dessus des bâtiments de la Foire, élève ses tourelles vertes, comme dans une attitude d'immobile bénédiction.

Dans la ville haute, rien n'est changé : l'herbe pousse toujours entre les pavés pointus sur lesquels circule un peuple paisible. Mais, dans la ville basse, de l'autre côté du fleuve, c'est une vie nouvelle, affairée et bourdonnante. Les misérables petites boutiques en bois que j'avais vues tristement closes de volets gris, ont maintenant ouvert leurs portes, et voici, rangés par genres et débordant sur le trottoir, les produits les plus bizarres et les objets les plus communs que livrent au commerce l'Europe et l'Asie. Les rues ne sont pas allongées au hasard : toutes les spécialités sont groupées, toutes les maisons concurrentes sont voisines entre elles. Voici la cité des fourrures, celle des thés, celle des samovars. Des soieries de la Chine chatoient ici, plus loin s'étalent de pimpants articles de Paris. Des mélanges bizarres, un coudoiement bouffon de marchandises hétéroclites. Les étalages ne sont pas brillants, ni savants : ce n'est pas pour attirer les passants que les grandes maisons louent une boutique à la Foire. L'importance du marché est due seulement aux grandes transactions commerciales, et tel bureau sans apparence fait des affaires pour plusieurs centaines de mille roubles.

Dans ces rues à angles droits, étroites et malpropres, où partout règne l'odeur du phénol, et où personne ne fume, la foule se presse insouciante; une foule bigarrée, mais non pas étrange, comme l'annoncent les Guides; si un Chinois y paraît de temps à autre, ou bien un Persan, il étonne davantage dans ce décor grisâtre que sur nos boulevards. La foule ordinaire du menu peuple russe est infiniment plus curieuse. Les petits marchands voient à leur devanture se presser un peuple sale et déguenillé de paysans, d'ouvriers, de débardeurs en gaîté. Des Tatares sont là en foule, avec leurs yeux obliques, leur crâne rasé couvert d'une petite toque crasseuse, et leurs grandes oreilles écartées. Tous ces hommes rient, s'amusent, s'enivrent sans souci. C'est parmi eux que le fléau choisit ses victimes.

A tout prendre, il n'y a pas d'affolement, comme on se le figurait dans les villages lointains; mais, en dehors du menu peuple, on devine pourtant, parmi les passants, une certaine contrainte. J'en ai saisi tout à l'heure la raison. Je m'étais arrêté sur le pont, regardant s'agiter la fourmilière des embarcations : bientôt je vis une longue barque, couverte d'une tente noire, se détacher lentement du quai : un timonier en blanc la conduisait, debout. « Qu'est-ce là? demandai-je. — On mène des cholériques sur la barque-hôpital », me répondit un agent de police. Et bientôt après, une nouvelle barque noire conduite par un grand timonier en blanc, prit à son tour le fil de l'eau, suivant de loin la première, dont on voyait encore la tache sinistre dériver tout là-bas, sous le gai soleil.

*
* *

J'ai revu le gouverneur; ce mois de lutte contre l'épidémie a été terrible pour lui : il n'est plus qu'une ombre : amaigri, les yeux creusés, les maxillaires saillants sous la peau; puis, les mouvements fébriles d'un homme qui n'a plus de sommeil : — Je dors quand j'ai le temps, m'avoue-t-il, une heure, deux heures par jour ; j'ai bien tenu jusqu'à présent, mais, voilà! je suis exténué! pourtant, j'irai jusqu'au bout. Mais, dites-moi, à propos, vous n'êtes pas encore en prison?

— Mon général, j'attends le mandat d'amener.

— C'est une misérable affaire. Une dame vous a dénoncés, dans une lettre où elle supplie les autorités de délivrer la province de *pareils brigands* (*étikh rasboïnikof*).

— Et qu'a décidé Votre Excellence?

— Une enquête sérieuse : rédigez-moi, vous aussi, votre déposition, elle sera jointe au dossier.

— Puis-je visiter les hôpitaux?

— Comment donc ! je vous y ferai accompagner.

*
* *

L'approche du choléra a surexcité les esprits. La grande émeute d'Astrakhan, où des médecins ont été assassinés par la populace, que le gouverneur n'a pas su tenir en respect, a été d'un funeste exemple. Les ferments de révolte ont remonté la Volga en même temps que les germes de mort. Un peuple ignorant accuse les médecins de propager le fléau, et veut exiger que les morts soient, selon la coutume russe, transportés à visage découvert. A Nijni-Novgorod, parmi cette population flottante de 300 000 étrangers [1] accourus pour la Foire, le péril était grand. L'attitude énergique du gouverneur a tout sauvé. Dans la ville et dans la province, on distribue et on affiche de petits bulletins blancs qui contiennent la proclamation que voici :

1. Le 28 août, la ville, dont la population, en temps ordinaire, est de 60 000 âmes, contenait 380 000 personnes.

« S'il arrive — Dieu nous en garde ! — que quelqu'un, exploitant la bêtise et la crédulité des ignorants, réussisse à troubler la tranquillité publique, je rétablirai l'ordre avec les forces militaires dont je dispose. Quant aux fauteurs des troubles et aux meneurs, je les pendrai immédiatement sur place : en outre, tous ceux qui auront pris part aux désordres, recevront, aux yeux de tous, un châtiment exemplaire.

« Ceux qui me connaissent savent que je tiendrai parole.

Signé : « *Le gouverneur,*

« Gal N. M. BARANOF. »

— C'est bien russe, bien cosaque ! m'a dit un Allemand.

— C'est illégal ! m'a dit un journaliste.

Illégale ou cosaque, je ne sais ; en tous cas, cette proclamation avait une fière allure. Ce n'est pas en se cachant dans les caves de son hôtel — ainsi qu'avait fait, dans le sud, un fonctionnaire — que l'on conjure une émeute qui gronde. N. Baranof a des défauts, sans doute, mais c'est un vrai soldat. d'une farouche énergie. Il a contenu sa ville ; on l'y connaît si bien, que nul n'a bougé et qu'il n'a dû pendre personne.

La double barque-hôpital installée sur la Volga, ne suffisant plus à contenir tous les malades, le gouverneur a donné son palais du Kremlin pour y installer le surplus des cholériques. Pour lui, durant la Foire, il se transporte au delà de l'Oka, dans un hôtel qui domine la frêle ville éphémère où bruit la foule, et où le commerce est en fièvre.

Je viens de parcourir ces hôpitaux cholériques. Ils sont très semblables à toutes les installations sanitaires que je vois partout depuis un mois, mais beaucoup plus grands. Ce qui frappe en y entrant, c'est qu'il y manque cette fraîcheur du linge blanc que nous sommes habitués à voir dans les salles des hospices. Ici, les malades sont roulés dans des couvertures grises. Ils sont là côte à côte, les uns ployés par la douleur, les membres convulsés dans un accès de souffrance muette; les autres, presque calmes, les yeux mi-clos, dans une attente résignée. Les enfants font peine à voir : le mal qui tord leur frêle charpente et décompose leur pauvre petit visage, me frappe tristement et me serre le cœur. Je demande au médecin qui me guide de me faire voir quelque malade perdu sans espoir : « Tenez, ce vieux moujik, là-bas. » Je m'approche; il est mort déjà, le visage noirâtre, la bouche entr'ouverte, tout le corps calmé subitement, après la dernière crise.

Parmi la nuée d'infirmières, je reconnais plusieurs de celles que j'ai vues aux villages où sévit le typhus. Celle qui m'avait, il y a huit jours, donné rendez-vous ici, est morte hier... Les privations sans doute, l'avaient épuisée, la pauvre fille souriante et bonne, et la contagion nouvelle a mis le sceau à sa vie obscure de sacrifice...

Cette promenade lente à travers les salles où les lits des malades se pressent les uns contre les autres, ne me produit pas, somme toute, l'impression brutale que j'en attendais. A coudoyer partout la souffrance et la mort, on en accepte l'idée, et bientôt, tous ces malheureux dont les formes se tordent sous les couvertures, ne présentent plus qu'un intérêt scientifique; la compassion à fleur de peau qui nous ferait reculer à la vue d'un seul cadavre, disparaît devant ce champ de mort : on s'intéresse à la marche du fléau, et l'on oublie les existences humaines qui en marquent les étapes. Mais, en même temps, ce spectacle est fortifiant; le spectacle de la mort produit toujours en nous une détente brusque de vie active et bruyante. Puis ici, l'exemple du dévouement est d'une puissance extrême : ils ont l'air si calmes, tous ces hommes et toutes ces femmes qui passent leur vie entre des rangées de mourants, dont le mal les guette à chaque attouchement!...

Le soir, à l'hôtel du gouverneur, on me fait voir des convalescents qui, dans leurs habits neufs (les autres ont été brûlés), viennent recevoir un rouble de gratification, et remercier le gouverneur.

— Comment as-tu pris le mal? dis-je à l'un d'eux. tu buvais de l'eau crue?

— Non! je ne buvais que du thé, mais j'ai mangé des concombres, c'est cela...

— As-tu souffert?

— Horriblement. Cela vous retourne les entrailles.

Ses traits amaigris montrent assez qu'il dit vrai.

*
* *

Demain, je vais quitter la province de Nijni-Novgorod. Quelques semaines passées ici m'ont mêlé à tous les fléaux qui déciment presque périodiquement la Russie. Partout la misère, la souffrance, la mort; partout aussi la résignation, qui couvre de son ombre calmante ces malheureux dénués de tout, même d'espérance. De quelle nature est cette résignation? Qu'est-ce qui la fait germer dans ces cœurs frustes? Je ne saurais le dire. Je ne me pique pas de deviner encore l'âme de ces paysans énigmatiques. Je vois seulement que, dans les campagnes, loin des parleurs de cabaret, ils se résignent et ne murmurent pas. Ont-ils le vrai secret de la vie? ou bien leur résignation est-elle seulement une apathie de bête blessée?

En tous cas, ce mois de contact avec la vie impitoyable vaut mieux qu'une année de méditations.

DEUXIÈME PARTIE

AU VILLAGE

Après tant d'impressions douloureuses et brutales, voici maintenant autour de moi la paix inaltérée du village russe.

Est-il joli, ce coin de Soukovo? Je n'ose l'affirmer, mais je l'aime. Une trentaine d'*isbas*, très grises et très pauvres, bordent la route qui conduit à notre maison : une colline les abrite vers l'est; du haut de cette colline surmontée d'un bois de tilleuls, la vue du village me ravit; sans doute parce que j'aime les grisailles de la campagne russe, et jusqu'à l'aspect misérable de ses huttes en bois, lorsqu'elles s'ombragent d'un bouquet d'arbres. Une mare couverte de lentilles d'eau, fait tache verte au bord du village, et c'est la seule couleur qu'on y découvre. Au loin, là-bas, des champs clairs de chaume, et quelques forêts basses à l'horizon.

Notre maison, ancien logis seigneurial, ne paye pas de mine : il en est partout de même dans ce pays. L'aristocratie russe, quand elle possédait encore la terre, ne cherchait point à déployer un grand luxe dans ses maisons des champs. En tous cas, un tel luxe eût été hors de la portée des hobereaux qui faisaient nombre à côté des grands seigneurs terriens.

Celui qui jadis possédait le village de Soukovo s'était élevé une habitation fort simple, mais il l'avait joliment nichée au fond d'un parc. C'est une grande maison de bois, en un rez-de chaussée surélevé. D'un côté, elle ouvre sur la ferme : une grande cour gazonnée, égayée de saules, et bordée par les bâtiments de l'exploitation : logements des ouvriers, écuries, remises, étables, porcheries, poulaillers, buanderie, menuiserie, *ambares* (greniers) pour le grain, pour les pommes et pour les concombres. Dans cette cour, vaguent des chiens : un léonberg doux et fort, et un petit *mopse* à museau noir, deux amis toujours en jeu ; puis, trois chiens de berger, un troupeau d'oies méchantes, des canards importants et défiants, une nuée de poules. Puis encore, de majestueux et roses porcs du Yorkshire ; soir et matin enfin, le troupeau qu'un pâtre en grise houppelande conduit, au moyen d'un fouet à manche court, dont la lanière, longue de 6 mètres, traîne derrière lui. Tout cela crie, aboie, mugit ; c'est, à certaines heures, un vacarme assourdissant, mais un vacarme vivant, que je trouve sain, qui fait du bien.

Sur l'autre façade, notre maison est une villa. Elle ouvre en plein parc, sur une pelouse fleurie, à laquelle de très vieux bouleaux font une ceinture argentée. Quelques grands arbres viennent toucher de leur ramille le toit de la véranda où nous nous tenons une partie du jour; plus loin, c'est le parc libre, le parc vierge. Quelques sentiers tortueux y sont tracés, mais peu à peu, les arbustes de la bordure ont allongé leurs doigts verts, et se sont donné la main par-dessus le passage de terre battue; — c'est pour nous un voyage de découverte qu'une promenade par ces taillis.

Les jours passent égaux, sans événements, mais peuplés de riens qui égaient. Si j'insiste sur ces impressions, très banales, je le sais, c'est parce que toute une part de la société russe les éprouve chaque année durant trois ou quatre mois. Dans notre vie encerclée de règles et encombrée d'obligations, nous avons bien, de temps à autre, à la campagne, comme une oasis de fraîcheur et de repos intellectuel; mais ce qui est pour nous l'exception, est la règle pour presque toute la classe aisée en Russie. Aussi bien, dans notre sagesse de vieux civilisés, ne savons-nous plus perdre du temps; nous ne savons plus flâner sans regretter les heures vaines qui fuient, ou du moins, sans les compter. Les Russes ne sont pas si avares de leurs moments; ils sont d'ailleurs, en toutes choses, bien plus entiers que nous ne sommes; ils se livrent plus complètement à chacune de leurs occupations : s'ils flânent, ils savent flâner avec un parfait abandon; s'ils jouent, le jeu les envahit tout entiers : natures plus robustes, moins flexibles au fond, moins capables de dilettantisme et d'indifférence, malgré la mobilité de la nature slave, et la plasticité de l'argile dont ils sont pétris.

*
* *

Voici les points de repère de notre journée, les heures entre lesquelles notre liberté est entière.

Le matin, entre sept et dix heures, qu'on se lève tôt ou tard, on trouve sur une table un samovar, une théière, du pain, du lait, du beurre. Vers midi, un lunch froid, suivi d'une longue dégustation de thé. Vers cinq heures, le dîner, l'*abiède*. Comme dans toutes les familles russes, aux jours ordinaires, ce dîner se compose : d'un potage, dans lequel nage un morceau de bœuf bouilli; d'un rôti entouré de salade ou de légumes; d'un plat doux ou d'un fruit. A l'*abiède*, on ne boit pas, ou presque pas. Cependant, une carafe est là pour nous permettre d'étancher une soif intempestive. Nous sommes dix-huit à table, et il y a quatre verres autour de la carafe : on prend sans dégoût celui de son voisin. Boire dans le verre d'un autre serait un supplice pour bien des Français de ma connaissance; en Allemagne, en Russie, personne n'y fait attention. — Après l'*abiède*, on se disperse rapidement; un silence se fait : un à un, les convives s'en vont faire la sieste; entre six et sept, tout dort dans le *barski dome* (la maison du maître).

Le soir enfin, vers huit ou neuf heures, le thé nous réunit autour d'une table couverte de laitage et de viande froide. Là, sous la fumée légère des *papirosses*, nous causons, seulement tourmentés par les moustiques, la grande plaie de l'été russe.

Tel est le plan d'une journée de campagne en Russie. Avec bien peu de changements, vous la retrouverez telle dans toutes les familles. Parfois seulement, les heures sont changées. Toutefois, que les heures des repas varient, comme aussi la quantité et la qualité des mets, du moins, dans l'intervalle des coups de cloche, chacun s'appartient absolument.

D'abord, pas d'élégance. On est vêtu la plupart du temps, dans la vraie campagne, d'une chemise-blouse (*roubajka*) de couleur claire, bouffant par-dessus le pantalon, lequel est lui-même enfoncé dans de hautes bottes imperméables. Presque rien alors ne nous distingue du simple moujik, sinon la qualité de l'étoffe et la propreté de la chemise-blouse. Les femmes sont vêtues aussi légèrement, sans nul souci d'élégance, sans nulle contrainte.

Grâce à ces costumes sommaires, on peut errer dans la campagne, par les routes dites naturelles, parmi des flots de poussière, ou des flaques de boue, par les taillis enchevêtrés, ou par les fossés pleins d'eau. Aucune gêne, personne à ménager que soi-même : on est aussi près qu'il est possible de la nature libre qui vous enveloppe. Un ruisseau me barre la route, trop large pour être franchi d'un bond : je le passe à gué, grâce à mes bottes imperméables. S'il est profond, j'ôte mes bottes et mon pantalon, et je traverse : le soleil, sur l'autre bord, m'aura bientôt séché ; d'ailleurs, qu'importe ? *j'ai le temps.*

A une portée de fusil de notre parc, une mince rivière, aux capricieux méandres brodés de saulaies vertes, serpente au bord d'une prairie. En une place, un bassin, profond de trois mètres, long de trente, y a été creusé, par qui ? je ne sais ; peut-être par l'effort des eaux printanières. C'est là que nous nous baignons, par escouades. La seule règle à observer est de ne pas se rencontrer avec les femmes de la maison : il suffit de se prévenir. Nous partons, le père, le gendre, les fils, les invités et moi, et, sur le sable fin de la berge, entre les saules, nous jetons bas chemise, bottes et pantalon, et, nus comme vers, nous sautons à l'eau. Je suppose que, si un touriste de France tombait là par hasard et, de l'autre bord, apercevait tout à coup ce père de famille à grande barbe blanche, entouré de jeunes hommes et d'adolescents, dans l'innocente, dans la belle et grave nudité antique, il s'étonnerait au point de s'indigner, peut-être. La fausse pudeur, la pudeur formelle et sans objet, qui bien souvent recouvre des idées malsaines, s'épanouit avec la civilisation : plus on va vers l'ouest, plus elle tient de place dans la vie, plus elle fausse les esprits.

La forêt est à nous, comme la rivière. Seulement ce n'est pas la forêt séculaire à laquelle chacun d'entre nous s'est plus ou moins attaché, dans un coin de France. C'est une forêt basse, formée par des taillis touffus. Il s'est fait en Russie, jusqu'à ces dernières années, une effroyable consommation de bois. D'abord, on a dépeuplé les forêts pour construire et pour se chauffer; puis, les grands propriétaires les ont coupées pour faire de l'argent, après une nuit de jeu ou un voyage à Paris; enfin, les prix de la terre venant à s'élever, on a déraciné les derniers troncs d'arbre pour faire, à leur place, pousser du seigle. Ç'a été un gaspillage inouï, un gaspillage d'enfants ou de sauvages, jusqu'au moment où une loi est venue réglementer les coupes de bois. L'incurie la plus étrange, la paresse la plus invétérée, et, aussi, la spéculation la moins scrupuleuse, ont dépouillé les champs de leur manteau d'arbres : de là, dans le centre, les sécheresses, les famines, — un peu partout, la misère plus pénible et plus froide.

Mais, si elles sont basses, les forêts qui avoisinent Soukovo sont, en revanche, fort étendues. Pendant des lieues, elles courent, en taillis épais, où les chercheurs de champignons et les lièvres ont fait des sentes parmi l'herbe haute. Cette forêt pourtant n'est pas, comme nos grands bois, propice à la méditation. On n'y va pas pour se promener, on ne s'y rend que pour affaire : ramasser des baies, des fraises, des champignons ; ou bien chasser. La chasse, en cette contrée, n'est le plus souvent qu'une promenade déguisée ; mais le souci du gibier possible, sinon probable, vous empêche de prêter attention aux piqûres des ronces et aux coups de fouet des branches flexibles. Le lièvre ne manque pas ; nous avons aussi du coq de bruyère et, au moment du passage, de la bécasse et du canard. Depuis quatre ans seulement, l'obligation du port d'armes a été introduite : ce port d'armes coûte trois roubles (8 francs), encore, beaucoup s'en passent-ils. Il n'y a pas de gendarmes dans ces ondoyantes solitudes. Les gendarmes russes sont moins occupés des braconniers que des studieux jeunes gens qui, dans les villes, étudient la chimie ou l'économie politique au fond de leur mansarde.

C'est le fusil à la main que j'ai exploré les environs. Je n'ai pas, certes, à me louer de grands exploits ni de tueries copieuses : un lièvre çà et là ; les grands jours, un canard ou un coq de bruyère. Je dois pourtant à ces promenades de chasse quelques heures charmantes et, ce qui vaut mieux, quelques tête-à-tête sans contrainte avec des moujiks.

*
* *

La vie rustique nous enveloppe, nous pénètre. Je n'ai jamais eu nulle part un pareil sentiment de liberté ; jamais non plus, je n'ai senti plus près de moi la nature, charmeuse ou menaçante. Cette vie sans entraves m'est si nouvelle que j'en oublie l'extérieure banalité ; l'effort que je fais pour la pénétrer la rend pour moi infiniment variée et riche d'enseignements.

Mais, dès que nous reprenons contact avec la vie civilisée qui coule là-bas, à quelques kilomètres de nous, sur la grande voie ferrée de Moscou à Odessa, aussitôt nous touchons du doigt l'inachevé, le hâtif de l'organisation russe. Les relations postales, par exemple, nous le font cruellement sentir.

Nous sommes à 80 kilomètres de Moscou, dans un centre de fabrication : ce n'est donc pas un pays perdu que le nôtre. Pourtant, nous n'avons pas de bureau de poste : le plus prochain se trouve à S., à 30 kilomètres d'ici ! Par tolérance, on permet au chef de gare de la station de L., dont nous dépendons, de retenir au passage du train-poste, le courrier destiné à cette ville et à ses environs. Il dépose lettres et journaux dans un tiroir, et, quand nous nous présentons, il feuillette devant nous son paquet de correspondances, pour voir s'il s'en trouve à notre adresse. Nous est-il arrivé une lettre? Le chef de gare ou son aide nous la délivre, mais pour sa peine, il réclame de nous 3 copecs (environ 8 centimes). Vous êtes un particulier, votre courrier n'est pas chargé, c'est une bagatelle : 1 fr. ou 1 fr. 50 par mois. Mais, pour les propriétaires d'usine qui, chaque jour, reçoivent cinquante lettres, c'est une dépense sérieuse.

Encore, si l'on avait des facteurs! mais, hors des grandes villes, cette classe de fonctionnaires est inconnue. Nous allons nous-mêmes chercher notre courrier à la station, ou nous y envoyons un homme : cela force les propriétaires à se priver chaque jour, pendant au moins deux heures, du travail d'un cheval et d'un ouvrier. On en prend son parti, bon gré mal gré, et chaque jour, vers cinq heures, à l'arrivée du train-poste, c'est dans la petite gare, un rendez-vous de tous les propriétaires des environs, de leurs hommes de confiance, et de leurs cochers.

Incommodité, perte de temps, dépense, manque de sécurité dans la distribution du courrier, irresponsabilité complète du chef de gare, en cas de réclamations — car s'il reçoit vos lettres, c'est par pure obligeance, — voilà les effets du système. Mais il ne s'agit, jusqu'à présent, que des lettres ordinaires. Or, telle est la confiance des Russes dans leur administration postale, qu'ils font recommander toute lettre qui présente quelque intérêt. Ces lettres, le wagon-poste ne les délivre pas au chef de gare, non plus que les colis postaux : il faut aller les chercher au bureau de poste, c'est-à-dire faire, à leur propos, le voyage de S., ce qui correspond à : 10 kilomètres en voiture, de chez nous à la gare; puis 30 kilomètres en chemin de fer de notre station jusqu'à la gare de S.; enfin, trois kilomètres de la gare à la ville de S., soit, en additionnant : 10 + 30 + 3 = 43 kilomètres pour l'aller! Nous voilà enfin au bureau de poste; après les formalités d'usage, notre lettre nous est délivrée. Mais que faire en attendant le train? Obligés de flâner dans la petite ville, jusqu'au soir. Alors, nous revenons. Notre lettre recommandée nous a fait perdre une journée, occupée par un trajet de 86 kilomètres dans des véhicules variés; de plus, elle nous a coûté : deux billets de chemin de fer (il n'y a pas d'aller et retour), soit environ 3 francs en troisième classe; 3 francs de cocher de la gare à la ville; 4 francs de déjeuner, et quelques francs de flânerie et de désœuvrement; soit en tout, de 12 à 15 francs. C'est pour rien.

*
* *

Dimanche matin, un grand soleil. Les jeunes filles et les jeunes garçons sont partis au village voisin, car le nôtre, simple hameau (*dérévnia*), n'a pas d'église. De ma chambre, située au premier étage d'un pavillon indépendant, je vois tout ce qui se passe dans la cour. En face de moi, la fenêtre d'une *isba* où logent quelques ouvriers, est ouverte toute grande, et je vois Piotre aller et venir dans sa chambre. Tout à l'heure, il s'est lavé dans la cour, au tonneau d'eau potable ; il s'est lavé d'eau claire versée dans ses mains ouvertes, et portée vivement à son visage ; puis il s'est essuyé, en partie avec sa manche, en partie avec le pan de sa chemise-blouse. Maintenant, il peigne ses longs cheveux jaunes, coupés *à l'écuelle*; il se lisse, et à chaque coup de peigne, rejette vivement la tête en arrière. Évidemment, il se soigne ce matin. C'est fini ; le voilà propre. Les talons joints, il se tourne vers le coin de l'isba où pend l'icône sombre aux reflets de cuivre : alors commence sa prière. Piotre fait à l'icône de profonds saluts qui plient en deux son corps souple ; pour chaque salut, deux signes de croix. Il exécute une dizaine de fois ce mouvement rythmique de balancier ; après quoi, souriant, il s'assied devant le samovar, avec Iévdakime et la cuisinière des gens. — Ce soir, Piotre, qui est d'ailleurs un chenapan et un ivrogne fieffé, aura avalé autant de petits verres qu'il a fait de saluts à l'icône, et on le rapportera ivre-mort. Combien de moujiks sont comme Piotre! le problème de leur piété me tourmente...

Le dimanche, ici, tout le monde flâne; on flâne aussi les jours de fête, et ils sont nombreux. Quelques moujiks, et surtout des femmes et des enfants, s'acheminent vers l'église d'un village voisin, et là, durant une heure ou deux, restent debout ou à genoux, en faisant des signes de croix. Dans l'après-midi, quelques-uns jouent aux cartes ou boivent de la *vodka*, et s'enivrent; les autres *bricolent* ou flânent, en bavardant, sur le gazon qui forme la rue du village. Surtout, ils fument. Très peu de pipes; la pipe est trop longue à fumer, sans doute; mais des cigarettes, qu'ils roulent eux-mêmes. Ils ont un tabac spécial, la *makorka*, que, chez nous, un collégien ne changerait peut-être pas contre les cordons de soulier qu'il fume en cachette. Ce tabac, qui provient de la dernière sorte produite dans les cultures de la Petite-Russie, est plus gros et plus grossier encore que celui qui sert à bourrer les grandes pipes allemandes; de plus, il répand une odeur extrêmement pénétrante et que tous déclarent infecte. Pour ma part, cette odeur ne me déplaît pas; en tous cas, elle est si forte et si spéciale qu'on peut, fût-ce dans une rue, suivre grâce à elle un moujik comme à la trace. Ce qui, je crois, rend cette odeur insupportable à tant de gens, c'est qu'elle est mêlée le plus souvent aux exhalaisons des vêtements malpropres que les paysans traînent partout avec eux, ne les quittant pas même la nuit, jusqu'à l'usure irrémédiable : toile grossière trempée de sueur, peaux de moutons dont la fourrure emmagasine toutes les émanations du corps, et dont le cuir, tourné à l'extérieur et exposé à toutes les intempéries, dégage à certains moments une odeur analogue à celle d'un chien mouillé. D'ailleurs, comme les enfants, les paysans russes paraissent insensibles à ce que nous appelons les mauvaises odeurs.

Pour rouler leurs cigarettes, les moujiks se contentent du premier morceau de papier qui leur tombe sous la main : les plus délicats achètent par feuilles une espèce de papier à chandelles, dont ils déchirent un morceau pour chaque cigarette. Au lieu d'y rouler leur tabac, ils se contentent de faire avec le papier un petit cornet dans lequel ils versent leur poussière de *makorka* ; le bout du cornet, qu'ils replient, sert de fume-cigarette, et remplace le bout de carton qui termine les *papirosses* des gens de la ville.

Fumer, c'est peu : à quoi passer encore ces longues journées du dimanche et ces innombrables jours de fête? Peu d'entre ces paysans savent lire ; ceux qui savent lire n'ont pas de livres. On comprend l'attrait que l'alcool exerce sur eux : trois, quatre petits verres de *vodka* avalés d'un trait, c'est l'ivresse, c'est le bon sommeil tout le jour, c'est l'oubli — l'oubli de soi, n'est-ce pas le bonheur?

Vers le soir des jours de fête, s'il ne pleut pas, les paysans se réunissent au milieu du village; tant qu'il fait clair, quelques jeunes gens dansent, ou plutôt miment la danse russe, la *pliasa*, faite de gestes amoureux ou grotesques, de trémoussements, de gambades ou de contorsions au son des furieux allegrettos que nasille un accordéon. L'accordéon semble, à l'heure actuelle, avoir envahi toute la Russie; c'est le seul instrument que, dans mes pérégrinations, j'aie vu aux mains des jeunes paysans. Il y en a toujours au moins un par village. L'accordéon nasillard et monotone, avec ses renflements faciles et ses interminables reprises, convient bien à l'espèce de bercement que les moujiks cherchent dans la musique. Le virtuose de village peut jouer une heure durant le même motif vingt fois repris : les danseurs, sans se lasser, continueront à s'agiter, et les chanteurs, s'il y en a, ne cesseront d'enfler leurs voix avec autant de sérieux. On se laisse d'ailleurs prendre à cette monotone et rudimentaire musique : ces harmonies primitives bercent les nerfs et les endorment.

Quand la nuit est tombée, les danseurs s'arrêtent, mais non pas l'accordéon. Je l'entends parfois vers onze heures ou minuit, quand la soirée est tiède. Assis sur le gazon rare, sans se voir, mais, je pense, non sans se toucher, garçons et filles prêtent l'oreille indéfiniment; de temps à autre, ils accompagnent de leurs voix un refrain connu. Les filles alors prennent un ton suraigu, une voix de fausset, discordante et sans expression, dont les éclats me faisaient, au début, croire à des rixes. — Ce qu'ils chantent, ces bons moujiks? — Le plus souvent, des chansons stupides ou des inconvenances à peine dissimulées, et qui font rire aux éclats les filles.

*
* *

En revenant de la chasse, j'ai aperçu le cimetière. Sans murs, sans haies, sans tombes, le champ de mort. Il est triste comme un retour résigné et sans espoir de souvenir, à la terre sur laquelle ces hommes se sont courbés toute une vie, mendiant le pain qu'elle veut bien donner. Çà et là, une croix de bois est restée droite; partout ailleurs, seuls de minces renflements indiquent, de tout près, que des croix furent à cette place, et que des hommes y reposent. Sur ce cimetière, la route, m'a-t-on dit, empiète durant l'hiver; alors, sous l'écorce de neige, plus rien n'est visible, plus un souvenir ne reste; c'est bien le néant souhaité, la nuit sans rêve.

*
* *

Il faut venir en Russie pour comprendre la poésie du bouleau. L'arbre vaillant et flexible illumine de son fût blanc marbré de mousse la profondeur des forêts russes. Qu'il soit tout seul ou qu'il se marie à d'autres essences, toujours il égaie le bois, et lui communique un peu de son insouciante élégance. Les Russes aiment le bouleau, le *bérioza*, et je comprends leur affection. La grâce alanguie de l'arbre argenté le distingue de tous les autres, et, soit en été, quand ses branches souples se courbent sous la frondaison, soit en hiver, lorsque ses menues ramilles ondoyantes se profilent sur l'horizon blanc, on le salue comme un ami tendre : « *Bérioza! bérioza!* »

Les paysans sentent mieux que nous, peut-être, la poésie du bouleau; mais ils en savent aussi l'utilité. Si le pin leur fournit des matériaux pour construire leurs demeures, le bouleau les défend de l'hiver plus continûment; c'est le bouleau qu'ils brûlent pour se chauffer; c'est aussi de son bois qu'ils se servent pour leurs outils. En outre, c'est au pied des bouleaux que croît ce fameux cèpe, le « champignon blanc » qui est le roi des cryptogames en Russie. Des Russes m'ont dit que, transportés dans des climats plus doux, ils avaient eu la nostalgie du bouleau. Rentré en France, j'y pense moi-même avec mélancolie. La forêt de bouleaux, aux futaies rares, presque toute en jeunes taillis, ce n'est pas seulement pour moi une forêt joyeuse, c'est aussi une forêt libre; dès que j'en vois une blanchir à l'horizon, je sens que là-bas, c'est la solitude simple et bonne, qui reposera des soucis et des mesquineries de notre vie civilisée. Le bouleau est l'arbre russe par excellence; il représente en outre pour moi, par association d'idées, un des caractères les plus attirants du pays russe : l'absence de contrainte, l'épanouissement de la sincérité.

*
* *

Ivan, notre cocher, est un moujik extrêmement soigné. Ses cheveux, qu'il porte longs, à la russe, lui font comme une calotte lustrée qui cache presque toute l'oreille, et tombe nettement sur la nuque rasée. Il a une moustache noire qu'il effile aux grands jours, et nul ne sait, comme lui, se coiffer du chapeau rond orné de plumes de paon, quand il faut aller chercher à la *station*, un hôte d'importance. Il a rarement aux pieds des *lapty*, ces sandales d'écorce tressée que traînent d'ordinaire les paysans : il est presque toujours en bottes, et cela déjà est un signe d'élégance. Il est vêtu, comme nous le sommes à peu près tous, d'une chemise rouge que serre à la taille une ceinture d'étoffe, et qui retombe librement sur le pantalon. S'il monte sur son siège, il endosse une espèce de paletot sans bras qui laisse voir les manches rouges de la chemise.

Ivan sait lire et écrire, assez correctement, ma foi. Et ce n'est pas un de ses moindres sujets d'orgueil que de servir de scribe à ceux de nos ouvriers qui veulent envoyer une lettre à leur femme restée au village natal. Ivan a même des notions de géographie : les paysans m'appellent tous l'*Allemand*, parce que, pour eux, ce mot ne désigne pas un peuple particulier, mais, d'une façon générale, tous les étrangers venus de l'Occident. Or, un jour, j'ai entendu Ivan reprendre un de ses camarades, en déclarant que je n'étais pas Allemand, mais Français; les autres, il est vrai, n'ont pas bien saisi la différence.

Ivan a appris, je ne sais où, peut-être en écoutant de son siège la conversation des maîtres, qu'il existe quelque part une grande ville, centre et capitale de tous les plaisirs, une ville que je connais et qu'on nomme Paris. Un jour que je contemplais les cochons sortis de leur étable, il m'a demandé si nous connaissions cet animal à Paris. J'ai répondu oui, sans rire. Alors, il m'a posé respectueusement une foule de questions sur la vie parisienne, en souriant de son sourire à la fois digne, naïf et futé. De tout ce que je lui ai dit, il a retenu ceci, qu'il raconte à tout venant : d'abord, que nos églises ne ressemblent pas à celles de S., notre sous-préfecture; ensuite, que, pour les Français, ce n'est pas, comme pour les Russes, un péché que de manger du pigeon. Depuis lors, Ivan connaît la France. Ne jugez pas cependant tous les moujiks d'après lui : sans le vernis d'instruction que lui a donné un séjour à la ville, Ivan serait un parfait imbécile : il y a, au village, de beaucoup plus ignorants qui le valent dix fois. Mais Ivan est un type.

*
* *

Tous ces paysans dont j'esquisse le profil dans ces notes de Soukovo ou des environs, sont très différents de ceux que j'ai vus au pays de la famine. Je trouvais là-bas une bien autre profondeur de sentiment et de réflexion, infiniment plus de sérieux, de dévouement et de bonté. C'est qu'ici, nous sommes près de la grande ville, et qu'en outre, des fabriques s'élèvent dans notre voisinage. Or, les Russes ont toujours soin de distinguer parmi les paysans ceux qui vivent près des grands centres industriels, et ceux qui vivent dans la vraie campagne isolée. Les premiers sont fort loin de la simplicité patriarcale qu'on rencontre chez les seconds. Les touristes qui ont passé un mois ou deux en

Russie, dont un mois à Pétersbourg, quinze jours à Moscou et quinze jours dans une villa de la banlieue, n'ont connu que ces paysans suburbains, roublards et canailles, avec un fond de bonhomie. Seulement, comme il est convenu chez nous de faire du paysan russe un être tout d'une pièce, ignorant, mais infiniment bon et infiniment dévoué à son tsar et à sa religion, les touristes dont je parle continuent à chanter les louanges du moujik ivrogne qui les a trompés ou volés. Or, il faut le dire bien haut : il y a, parmi les paysans russes, toutes les nuances de caractères, depuis le plus serein dévouement jusqu'à la pire canaillerie. C'est surtout près des villes que se rencontre ce dernier trait, mais la campagne la plus reculée n'en est pas non plus exempte.

L'influence des fabriques sur les villages environnants est déplorable. La promiscuité dans laquelle vivent ces centaines, et souvent ces milliers d'ouvriers et d'ouvrières, n'est pas faite pour relever le niveau moral de ces natures frustes. Par le séjour à la fabrique (et aussi au régiment) se propagent parmi la population villageoise les plus terribles maladies, et, comme les secours médicaux laissent à désirer, on voit des villages entiers rongés par une contagion secrète qui se transmet de famille en famille et laisse sur presque tous son indélébile flétrissure.

Puis, l'ouvrier de fabrique apporte à la campagne une notion nouvelle de l'argent. Dans une grande partie de la Russie, il ne se fait entre les paysans aucune transaction monétaire; tout récemment, je voyais, près de Kharkof, un propriétaire terrien vendre à des moujiks ses concombres contre des journées de travail. Tout au moins, quand on le manie au village, l'argent a-t-il une valeur tout autre qu'à la ville ou dans les milieux industriels. Or, l'ouvrier de fabrique, habitué à toucher directement en espèces son salaire de la semaine, du mois ou du trimestre, est aussi plus enclin à le dissiper. J'ai vu de jeunes ouvriers faire au village, par bravade ou par insouciance, de stupides générosités. Leur exemple est suivi : eux-mêmes se marient et fondent une famille. Ainsi, peu à peu s'introduisent dans certains villages des habitudes de dissipation, et en même temps, une âpreté au gain qu'on n'aurait pas constatée il y a vingt ans.

Le serrurier de Soukovo, moujik intelligent et à son aise, avait placé son fils dans une usine voisine pour y travailler aux pièces; très adroit, le jeune homme réalisait des gains relativement élevés. Le père fut tenté et s'en alla prendre de l'ouvrage dans la même usine. Depuis ce moment, il est rare qu'il revienne au village sans être gris : voilà une famille désorganisée; l'usine est coupable, et le cas, très banal, que j'ai cité, est malheureusement celui de milliers de chefs de famille. Je ne sache pas, d'ailleurs, un seul exemple d'influence bienfaisante exercée par une fabrique sur les villages avoisinants. Il semble que la somme de civilisation que représente l'organisation mécanique des grandes industries, soit trop considérable pour des natures primitives, et qu'au lieu de les affiner, elle les bouleverse. Hélas! elles se multiplient rapidement, les usines démoralisantes, et déjà Moscou, la ville sainte, est encerclée d'une armée de hautes cheminées qui vomissent sur elle leur fumée noire.

* * *

Michel Fiodorovitch, mon hôte, est un tout jeune homme; vingt-trois ans au plus; de petite taille, mais robuste et bien pris; la poitrine bombée; très myope, portant lunettes. Il a fait ses études dans une école d'agriculture, et il aime les champs, les hommes simples, le grand air, et les chevauchées par les villages où des chiens hurlent à vos trousses. C'est une nature transparente, malléable, infiniment droite et bonne, mais livrée aux influences les plus diverses, quand elles sont appuyées seulement d'un sourire aimable ou d'un amical serrement de mains. Orphelin de très bonne heure, il présente ce mélange d'exubérance et de tristesse pensive, ces brusques sautes d'humeur qu'on observe parfois chez ceux dont l'enfance n'a pas été guidée, adoucie, aimée par une mère. Avec cela, étourneau, bavard, amusant, conteur d'histoires fantaisistes et de gasconnades, incapable de tenir en place et de suivre longtemps une idée. Un brouillon, mais un cœur d'or.

Il a toutes les qualités et tous les défauts nécessaires pour devenir la proie des paysans et des accapareurs de village. Il connaît trop son métier pour être à chaque instant sur ses gardes, et il est trop droit pour voir partout des embûches. Qui sait le prendre obtient tout de lui; or, ceux qui le savent prendre, ce sont quelques rusés compères de Soukovo, des popes madrés, des *koulaki*, de ces paysans qui, au moyen d'affaires louches et d'usure, arrivent à s'édifier une fortune sur la ruine d'un village et de quelques petits propriétaires. Or, il faut être en contact perpétuel avec tous ces gens. La propriété de Michel Fiodorovitch comprend 400 hectares, environ; mais elle touche de tous côtés aux terres que son prédécesseur a dû céder aux paysans, au moment de l'affranchissement des serfs. Il a en outre des forêts, situées à une couple de lieues de sa maison. De là de perpétuels litiges. Le troupeau du village, lorsque Michel est absent, s'en va paître sur ses prés, ou piétine ses jeunes seigles. Les paysans, sans vergogne, fauchent l'herbe de sa forêt, et la charroient à sa barbe, sous les murs du parc; d'autres lui volent son bois.

En outre, Michel Fiodorovitch a souvent avec eux

des rapports d'affaires : avec les paysans, pour un travail à fournir, du seigle à rentrer, un fossé ou un étang à creuser; avec les *koulaki*, pour vendre son grain, son bois, ses porcs; avec les popes, pour toutes sortes d'affaires d'entremise et de commission, ébauchées derrière un samovar ou une blanche carafe de *vodka*, de ces affaires indéfinissables où le pope conseille gravement, propose ses bons offices, promet d'arranger les choses à l'amiable, bien décidé d'ailleurs à tout embrouiller, jusqu'au jour où il sera sûr de recevoir des deux côtés la récompense de ses conseils de pasteur désintéressé.

La chasse à l'argent est âpre dans ces contrées, surtout depuis l'afflux de la civilisation occidentale. Les nobles d'autrefois se sont pour la plupart ruinés par leurs prodigalités; l'affranchissement des serfs leur a porté le dernier coup. Nombre d'entre eux ont dû céder leurs terres à des représentants de la classe commerçante. Or, ceux-ci, partis souvent de très bas, sont d'autant plus difficiles à contenter : ils ont un appétit de parvenus. Puis, il en est beaucoup, parmi les nouveaux installés, qui ont mis dans l'acquisition d'un bien toute leur fortune; ils attendent du sol une rente, faible, il est vrai, mais sûre. Malheureusement, le prix des céréales baisse chaque année, à mesure que renchérissent les produits nécessaires à la vie. Chaque année marque un déficit; ceux qui ne veulent pas sauter, les yeux fermés, dans la ruine béante, sont obligés de recourir à des spéculations hasardeuses. Ils se sauveraient peut-être à force d'économie. Mais n'oubliez pas que ce sont des natures slaves, pour qui la vie n'a de prix que si, de temps à autre, on donne aux instincts libre carrière. Un Russe n'est guère capable d'imposer à ses appétits une sévère retenue, comme font dans nos pays tant de nos frères pusillanimes et réguliers. Natures plus sanguines, plus bouillonnantes, il leur faut, par moments, une saignée; or de telles saignées coûtent cher.

De tous côtés, dans notre district, ce sont des plaintes incessantes sur la vie qui renchérit, tandis que le prix du blé diminue, et que la culture peut à peine nourrir son homme. Mais, comme il arrive, ceux qui se plaignent le plus haut ne sont pas les plus malades, mais souvent les plus avides. C'est entre des hommes de ce genre que Michel Fiodorovitch se débat. Il laisse dans la lutte, j'en suis assuré, un peu du sien, car on n'a que le choix : être dupeur ou dupé ; or, il est trop droit et trop jeune pour assumer le premier de ces rôles. Il ne se plaint pas, mais je surprends parfois dans son regard comme un regret de la Russie du Sud, où il est né, et où il ne croit pas avoir rencontré encore de pareils exemplaires d'humanité rapace. Non, il ne se plaint pas, il défend même contre moi les moujiks qui le volent, les accapareurs qui le roulent, les popes huileux qui le vendent. Et quand j'insiste, il fait un geste qui veut dire : *vsio ravno* (c'est égal, ça ne fait rien) ; c'est la seule parole des Russes devant l'inévitable.

*
* *

Un des écrivains les plus en vue parmi la jeune génération, Antone Pavlovitch T., possède un bien, à deux lieues du nôtre. Par cet après-midi de dimanche incertain, j'ai jeté mon fusil sur l'épaule, et je suis parti pour lui faire visite. Une petite rivière à passer à gué, le village du « Prince », notre voisin, à traverser dans un océan de boue, puis des champs, puis des bois ; voici enfin le bourg de M. On m'indique un grand enclos de bouleaux ; j'y pénètre, et après avoir erré dans une cour de ferme où une légion de chiens jappent à mes trousses, je découvre la maisonnette où loge le maître du lieu. Il vient à moi, de son pas traînant et comme inarticulé, suivi de deux bassets cérémonieux et drôles. C'est un homme d'un peu plus de trente ans, grand, mince, avec un front clair, des cheveux longs qu'il rejette en arrière par un mouvement machinal des doigts, et un regard droit, scrutateur, à la fois très ouvert et très malin. Son abord est un peu froid, mais sans contrainte : évidemment, il regarde à qui il a affaire, et il sent que je l'examine. Bientôt, la glace est rompue; nous parlons de ce que les Français savent des Russes et les Russes de la France, et nous voilà en pleine discussion, car je reproche aux Russes de ne pas nous prendre au sérieux, de n'avoir de respect que pour l'Allemagne, et de considérer la France comme un vaste lieu de plaisir dont le centre est, selon les bourses, le Jardin de Paris ou le Moulin Rouge. De son côté, comme beaucoup de ses compatriotes, Antone Pavlovitch est persuadé que nous méprisons les Russes et, à part nous, les traitons de « barbares ».

— Si nous allions cueillir des champignons? propose-t-il tout à coup.

Précédés des bassets qui, subitement déridés, folâtrent sur l'herbe, nous nous rendons dans l'enclos.

— Voyez-vous, le long de la haie, vous trouverez des *petits rouges*; tout à l'heure, au pied des bouleaux, nous ramasserons des cèpes.

Et penchés sur la terre, très occupés par notre cueillette de petits champignons rouges, nous continuons à causer de graves questions.

— Et, l'hiver, vous restez ici, Antone Pavlovitch?

— Non! l'hiver, je vais à Pétersbourg ou à Moscou, et je *vis*...

En revenant, je songeais à la condition respective d'un écrivain russe comme T., et d'un écrivain de nos pays. Sans grande peine, le premier a pu acquérir un bien de quelques centaines d'hectares, avec des champs et des bois. Son jardin, son étable et sa basse-cour le nourrissent, au pis-aller; sa forêt le chauffe; et même si la crise des céréales l'empêche de réaliser sur sa culture des gains suffisants, il a du moins, dans ce nid de campagne, un toit où abriter les siens et lui, et où vivre sans grands frais jusqu'à de meilleurs jours. Si ses succès littéraires suffisent, rien ne l'empêche d'aller passer à la capitale ou à l'étranger une ou deux saisons, au cours desquelles il prendra contact avec ses confrères. Du moins, ici, il s'appartient nettement, absolument : sa maison, sa terre, ses chevaux sont à lui, et comme tout cela ne représente pas une fortune anxieusement amassée sou à sou, il doit en disposer bien plus librement, avec bien plus d'aisance que ne ferait chez nous un propriétaire rural. Je n'apprécie pas seulement les agréments que peut procurer une telle vie : j'estime en outre qu'un écrivain placé dans de telles conditions doit avoir dans l'esprit beaucoup de fraîcheur et de laisser-aller : il n'est pas enserré comme on l'est chez nous, par la vie étroite et besogneuse, qui trop souvent, coupe à l'originalité ses ailes. Je ne pense pas que de telles conditions d'existence puissent faire d'un cuistre un homme original; mais elles favorisent à coup sûr le libre développement d'une personnalité.

*
* *

Retourné chez T. J'avais trouvé en lui, l'autre jour, quelque chose de si attirant, que j'avais besoin de le revoir.

Cette fois, son accueil est plus net : ouvert, cordial, avec un humour de pince-sans-rire. Il y avait déjà assez longtemps que j'errais par la campagne : une conversation plus relevée que celle où, chaque jour, j'essaie mes solécismes, était devenue pour moi un besoin; je la trouve ici, dans ce même décor simple, agrémentée de ce même sans-gêne qui donne tant de prix jusqu'aux plus banales manifestations de la vie russe. Et nous causons...

T. est arrivé à la littérature en passant par la médecine. Il est docteur, mais il n'exerce plus que durant l'été, à la campagne, pour les paysans de ses environs. Un médecin cultivé est une des sociétés que je préfère; lorsqu'ils s'élèvent jusqu'à la littérature, jusqu'à la bonne littérature, ils font vite ma conquête. Le sens pratique et la rigueur des études médicales laissent dans l'esprit de celui qui les a faites, s'il est intelligent, des traces profondes : on ne se trouve pas impunément mêlé, plusieurs années durant, aux plus graves questions que fait naître le problème de la vie. Un écrivain qui a passé par la médecine, garde le plus souvent quelque chose de rigoureux et de *sérieux* dans l'esprit : ses idées sont moins floues que celles d'un littérateur de profession, parce qu'il a abordé de plus près les problèmes capitaux. En même temps, le contact de la vie réelle doit donner à ses affirmations beaucoup de souplesse et de variété : il n'y a que les philosophes en chambre pour formuler des théories immuables : ceux qui ont vu couler et ondoyer la vie, conservent de leur vision plus de douceur, et plus d'indulgence dans la décision. Antone Pavlovitch est de ces derniers ; voilà pourquoi, sans doute, sa conversation, bien que peu suivie et capricante, me fait plaisir. Et puis, c'est un homme qui a regardé beaucoup et beaucoup vu.

Étendu sur le sofa de son cabinet, après un gai dîner en famille, je laisse mes yeux vaguement errer par la chambre avant de m'endormir. Autour des murs, règne une bibliothèque chargée pêle-mêle de livres de médecine et de littérature russe. Un peu partout, des bibelots, bronzes fins et ivoires sculptés rapportés de l'Extrême-Orient. Sur l'appui d'une vaste baie, des flacons pharmaceutiques. Çà et là des portraits, dont un, de Tolstoï ; au mur, au-dessus du divan où je suis couché, une aquarelle minuscule représentant dans une clairière trois bouleaux qui profilent leur tronc argenté sur le rougeoiment d'un ciel d'après soleil couché.

J'ai fini par prendre dans un rayon un volume de nouvelles d'Antone Pavlovitch. Il n'a pas, je crois bien, fait encore de roman : son domaine est la nouvelle. Je ne pense pas que ce soit là une forme d'art complète, mais dans ce domaine, il occupe une place enviée. Doué d'une observation singulièrement aiguisée, et relevée par une pointe d'humour, il sait peindre surtout, avec une surprenante intensité, des tableautins d'intérieur. Il a débuté par des nouvelles amusantes ; je connais des gens qui ne voient plus en lui que ce don d'égayer, et qui le lisent après dîner, pour s'épanouir. J'en sais d'autres, en revanche, qui font profession de le dédaigner, parce que, disent-ils, « il n'a pas de conception de la vie. » Peu de mots jouent un rôle aussi brillant que celui-là, dans les soirées littéraires d'Allemagne et de Russie. Ce mot est fort prétentieux et fort vague : il n'est pas toujours clair dans la bouche d'un penseur, mais il donne comme un vernis de réflexion aux jugements d'un sot. Me l'a-t-on assez répété, là-bas, ce mot souverain qui consacre les réputations ou les mine ! Chaque fois qu'on l'employait devant moi à propos d'un ouvrage de littérature légère, je pensais involontairement à cette jeune Allemande qui, un soir, dans un grand dîner, entra en conversation avec moi, au milieu du potage, par ces mots : « Dites-moi, monsieur, quelle est donc votre conception de la vie ? »

Le talent de T. est un peu grêle, mais il a une singulière vigueur d'expression et de réalité. C'est un talent amer, malgré les éclats de rire, et la lecture de ses nouvelles n'est guère réconfortante : j'en sais peu qui me fassent plus cruellement sentir l'implacable monotonie de la vie. La vie qui coule uniforme, la vie-horloge dans un horizon borné, ce rêve des petites gens, et cette torture de tant de cœurs que l'inquiétude a effleurés, voilà ce qu'il ne se lasse pas de peindre. S'il appuyait le trait, ses nouvelles seraient illisibles; mais c'est avec une délicate et impassible cruauté, qu'il détaille tous les moments des humbles existences sur lesquelles il a brusquement jeté un rayon de lumière; et quand, brusquement, tout est rentré dans l'ombre, un sentiment nous dit que ces existences entrevues se poursuivront ainsi, sans hâte, sans élans, sans mirages, jusqu'au fossé qui termine leur désert. Voilà ce que je sens dans l'œuvre d'Antone Pavlovitch; d'ailleurs, je n'ai pas tout lu, je n'aime pas même tout ce que j'ai lu.

Ce matin, tout réconforté par cette visite, je suis parti sous un ciel bleu d'automne. J'ai fait un long détour, et, tout en rampant çà et là parmi la bruyère pour surprendre des sarcelles sur les étangs de la forêt, j'ai longuement pensé au hameau de M., à l'enclos herbeux où l'on cueille des champignons roses, et à la mare dormante, qui luit là-bas, au milieu du jardin, toute mouchetée de petites feuilles jaunes que les bouleaux y ont secouées.

* * *

Sacha, Pétia et moi prenions nos ébats dans la rivière. Arrive un de nos moujiks, avec un cheval qu'il veut baigner. En un tour de main, il a mis bas sa chemise écarlate et son pantalon de toile rose, et, nu comme un ver, il s'est élancé sur le dos du cheval qu'il pousse à l'eau. Son corps souple, que le travail des champs n'a ni alourdi, ni déformé, a des lignes pures comme celles d'une statue, et l'harmonie est belle de ce blanc corps d'homme avec les formes fines de l'alezan qui, renâclant d'inquiétude, courbe son cou veineux. Subitement, je retrouve devant mes yeux l'adorable Vision antique où Puvis de Chavannes a mis des cavaliers grecs chevauchant nus au bord d'un golfe azuré. L'illusion est complète dans cet infini décor; seulement, ce ciel du nord est d'un bleu trop pâle, trop discret : il y faudrait la triomphante lumière des pays du Matin.

Tandis que nous nous séchons au soleil, étendus sur le feutre lourd du sable fin, Pétia nous conte ceci. Dans un village du gouvernement de Toula, pendant la sécheresse de l'an dernier, les paysans vinrent un jour trouver le pope, et lui dirent :

— *Batiouchka*, si le bon Dieu n'envoie pas de pluie, c'en est fait de la récolte de l'an prochain, les semences vont périr en terre. *Batiouchka*, dis des prières pour obtenir qu'il pleuve.

— Mes enfants, fit le pope, je regrette beaucoup ce qui vous arrive, seulement, mes avoines ne sont pas rentrées, la pluie me les gâterait.

— *Batiouchka*, nous te donnerons de l'argent, fais des prières.

— Et combien me donnerez-vous?

Les moujiks se consultèrent, offrirent une somme. Le pope discuta, marchanda. Enfin, il convint d'un prix.

— Soit, dit-il, j'organiserai des prières, mais je ne demanderai qu'une petite pluie, pour que mon avoine ne soit pas toute perdue.

Les moujiks partirent pleins d'espoir ; les prières furent dites. Une pluie de quelques heures vint à tomber le lendemain, juste assez pour humecter la terre, sans gâter l'avoine du pope, restée en gerbes dans les champs.

— Il obtient tout ce qu'il veut, notre pope, dirent les moujiks! — et depuis lors, ils le payent grassement, quand il fait sa quête.

* * *

Ce soir, les cloches des villages voisins bourdonnent dans le crépuscule, et l'air est si calme qu'on entend d'ici leur grondement. Elles sonnent en l'honneur de la fête du tsar : une belle occasion pour les paysans de se croiser les bras, et de se griser. Malgré l'humidité, des femmes, réunies dans la rue gazonnée du village, chantent avec un accompagnement d'accordéon, et j'entends, par ma fenêtre ouverte, leurs voix de fausset qui percent étrangement la nuit.

A dîner, le pope de N. était notre hôte : borgne, crasseux, cheveux blonds bouclés, barbe blonde et sale, l'air bon enfant, surtout lorsque la *vodka* qui précède les hors-d'œuvre, lui a délié la langue. Il est placé à côté de moi, et je suis incommodé par l'odeur qui se dégage de sa soutane d'un jaune passé par places au rouge brun, râpée et tachée par endroits. Il mange goulûment, sans cesser de sourire et de bavarder. Il a mauvaise langue, et débite sur ses collègues des histoires qui tendent à prouver qu'ils sont tous des ivrognes et des voleurs. Après la sieste, on s'est mis à jouer aux cartes ; c'est pour cela surtout que le pope est venu. Au souper, vers dix heures, quelques verres de *vodka* l'ont achevé, ainsi qu'un pauvre hère d'instituteur qui s'est trouvé là avec lui. Tous deux sont ivres, mais le pope se tient assez bien, tandis que le maître d'école dit des sottises. Néanmoins ils ont continué à jouer jusqu'à deux heures du matin : on vient de les mettre en voiture, calés l'un contre l'autre, et dans la nuit noire, Ivan les reconduit.

* * *

Michel Fiodorovitch nous a conté sa tournée d'hier. Le pope de S. est venu le chercher sous prétexte d'une affaire à traiter. Ils sont allés avec une *troïka*, à huit lieues d'ici; quelqu'un les a hébergés et fortement chauffés. Au retour, le pope se tenait bien, il était lucide; un ressaut de la voiture ayant cassé une dame-jeanne pleine de *vodka* qu'il avait achetée en route, il a déclaré à son compagnon qu'il voulait la voir remplacée demain matin sans faute : il ne saurait dîner sans son eau-de-vie, et Michel enverra un homme à la ville pour lui en procurer. Ce pope est gros et gras, onctueux, insinuant. Il est proprement mis, et ses allures sérieuses inspirent la confiance au premier abord. Mais il aime l'argent : tous les moyens lui sont bons pour s'en procurer. Il trempe dans vingt affaires louches, et roule en même temps les plus fins, comme les plus naïfs; c'est un maître.

* * *

Un sombre soir d'hiver, une neige épaisse sous un ciel noir d'eau-forte. Je suis venu dans un traîneau de paysan, un traîneau large, en forme de V, pour chercher Michel Fiodorovitch, qui s'est attardé chez le pope de N. J'entre dans une petite pièce chaude et enfumée, après avoir traversé une espèce de hangar ou de chambre de débarras bien close, où la femme du pope est étendue à terre sur un mince matelas ; dans la pièce, le pope et Michel sont en grande conversation. Ils fument en buvant du thé. Les murs sont tapissés de gravures découpées dans un journal illustré dont un vieux volume traîne sur la table, enfumé, encrassé, déchiré par des doigts d'enfants et par des impatiences de grandes personnes. Il fait chaud. Le pope se montre très aimable avec moi, et veut, à toute force, m'offrir un petit verre. Je n'accepte que du thé, et il m'interroge avec un petit clignement d'yeux souriant. Il n'est pas sot ; il a quelque lecture, connaît les États de l'Europe, et çà et là, a dû parcourir un journal. Mais c'est une nature vulgaire, terre à terre, sans élans, incapable d'enthousiasme, et dont la foi est toute mécanique : un moujik à peine dégrossi, et pas bien doué.

*
* *

Ivan Vladimirovitch me parlait de ce village de K. où j'ai failli être arrêté par deux hommes noirs, en revenant de mon voyage au pays de la famine. Dans ce village, se dresse une très grande église en briques, dont le crépi, çà et là, tombe en miettes, faute d'entretien. Cette église a été construite jadis par le seigneur du bourg. Mais, pas un paysan n'y met les pieds. Ils appartiennent à une secte dite, je crois, « autrichienne » : l'orthodoxie ne les touche pas. Néanmoins, un pope orthodoxe vit chez eux et fait sa quête à l'ordinaire.

L'an dernier, ce pope fut changé. Celui qui le remplaça était un homme de mœurs sévères et simples, ne buvant jamais d'alcool, et ne fumant pas de tabac. Au bout de peu de temps, sa conduite, qui tranchait si vivement sur celle de ses prédécesseurs, frappa les moujiks — et ils l'admirèrent. Vint la fête de Pâques. Au lieu, comme ses confrères, de parcourir les isbas pour faire la quête, le prêtre resta chez lui. Les moujiks, étonnés, l'attendirent plusieurs jours, puis se consultèrent. Quelqu'un proposa de faire la quête à sa place, et de lui en porter le montant ; la quête donna, le bourg étant considérable, près de 150 roubles. Ils allèrent trouver le pope.

— *Batiouchka*, dirent-ils, tu es un brave homme : tu ne bois pas d'alcool, tu ne fumes pas, et tu fais du bien aux pauvres. Nous avons fait pour toi la quête : tiens, prends, il y a 150 roubles.

— Mes enfants, répondit le prêtre, vous ne venez pas dans mon église, vous refusez mes services, je n'ai donc pas gagné votre argent : gardez-le et donnez-le à d'autres qui auront faim.

Les moujiks insistèrent, mais le pope fut inflexible.

Le lendemain, lorsqu'il fut à l'église, les moujiks vinrent trouver sa femme.

— *Matouchka*, lui dirent-ils, notre pope est un brave homme, mais il est têtu. Il n'a pas voulu accepter le produit de la quête pascale. Nous savons pourtant qu'il est bien pauvre. Tiens, prends cet argent, et soigne bien ton mari; c'est un brave homme, nous l'aimons, et nous ne voulons pas qu'il souffre de la misère...

Ce trait prouve mieux, peut-être, que ne ferait une description directe, combien peu la plupart des popes édifient leurs fidèles. Pour que les paysans de K. aient été si profondément touchés par l'attitude simple et digne de leur curé, il faut que de pareils hommes soient bien rares chez eux. Aussi, dans la Russie orthodoxe, le pope n'est-il respecté que quand il le mérite par son caractère et son attitude *personnelle*. Le droit au respect des fidèles ne fait pas partie des attributs qu'il reçoit avec la prêtrise. Je ne sais pas de pays où l'on parle plus mal du prêtre (et aussi des moines) qu'on ne fait en Russie, dans la *sainte* Russie. Cependant, les souples âmes slaves ne s'effraient pas, en la matière, d'une contradiction : entre soi, on traite les popes de filous et d'ivrognes, mais, sans répugnance, on a recours aux services de leur ministère. Le pope, après tout, n'est guère considéré par les paysans comme un ministre de Dieu, mais bien plutôt, ce semble, comme une espèce de commissionnaire qui a le monopole des choses religieuses. Sa moralité, fût-elle douteuse, n'altère en rien la qualité des objets dont il trafique : d'ailleurs, son commerce est indispensable, et il n'a pas de concurrent. Les moujiks sont d'humeur indulgente, ils n'attachent pas grande importance à des peccadilles dont ils se rendent si souvent coupables eux-mêmes, et puis, à tout prendre, que leur importent les vices du voyageur de la maison, pourvu que le fabricant soit honnête?

Un prêtre dont la conduite est édifiante et la charité soutenue, est rare dans la campagne russe : il faut le dire, mais il serait injuste de s'en irriter outre mesure. Le bas clergé est, en Russie, dans un état d'infériorité dont il n'est pas coupable, somme toute [1] : il est si pauvre! D'après M. Anatole Leroy-Beaulieu, deux tiers des popes sont à la charge des fidèles et ne reçoivent pas de l'État la plus minime allocation. Non seulement ils sont obligés de vendre à leurs paroissiens le moindre des sacrements, et d'en débattre âprement le prix, mais, aux grandes fêtes, ils doivent parcourir le village pour faire la quête de maison en maison. La vie est très dure pour beaucoup d'entre eux, et leur condition est

1. Je renvoie le lecteur aux belles pages que M. Anatole Leroy-Beaulieu a consacrées à cette question dans le troisième volume de son admirable *Empire des Tsars*.

souvent humiliante parmi les paysans dont ils dépendent jusqu'au dernier sou.

Une autre raison de leur peu d'élévation morale, c'est l'isolement intellectuel dans lequel ils se trouvent. « Vous nous plaindriez, me disait un tout jeune prêtre de campagne, si vous pouviez vous bien représenter ce qu'est notre vie au village, lorsque nous y arrivons de la ville avec quelques idées et quelques sentiments autres que ceux des paysans qui nous entourent. » Personne avec qui s'entretenir, si le *pomiéchtchick* (propriétaire) voisin n'a, comme c'est souvent le cas, d'autre souci que son blé, les cartes, et l'eau-de-vie. Pas de livres, pas de journaux : la solitude la plus complète. L'intelligence s'étiole vite à ce régime, et le sens moral s'émousse. Peu à peu, ils se font paysans, ils oublient ce qu'ils ont appris, et ils bornent leur idéal au bien-être matériel de leur famille. Ce jeune homme disait vrai. Les popes de campagne, quand ils ont de l'instruction et une foi éclairée, trouvent rarement dans leur cure une société qui les soutienne. Peu à peu, ils sombrent dans l'indifférence ou la grossièreté, et la *vodka* devient pour beaucoup d'entre eux ce qu'elle est pour tant de moujiks : la suprême consolatrice.

*
* *

Jacob, un jeune moujik chargé des soins de l'écurie, s'est follement épris d'un de nos chevaux, Vasca; il le cajole, et l'embrasse; il lui parle, et nous assure que Vasca comprend ses paroles. Récemment, il a pleuré parce qu'on a attelé Vasca à la charrette où repose le tonneau qu'on va remplir d'eau potable à la source du jardin : aller chercher l'eau, c'est une besogne indigne du bon vieil alezan, et Jacob en a pleuré pour lui.

Tantôt, il abreuvait Vasca dans l'étang : je m'arrêtai près d'eux.

— Eh bien, Jacob, Vasca va bien?

— Non! cette brute d'Ivan l'a mené trop vite.

— Comment vas-tu faire, mon pauvre Jacob, pour te passer de Vasca, lorsque tu vas partir au régiment? Te décideras-tu à le quitter?

— *Nitchévo-o-o!* répond Jacob, de son ton nasillard et bête; *nitchévo*, Iouli Antonovitch! Vasca est vieux; *j'espère* bien que d'ici là, il sera crevé. — Et il rit de son rire vague.

L'âme du moujik est dans cette réponse : cette race ne semble pas s'être éveillée encore de son sommeil inactif; au travers de ses paroles transparait souvent tout un long passé de misère, et l'on sent qu'elle caresse encore le rêve résigné qui là-bas, tout au bout du chemin, lui montre l'oubli. On est surpris de voir un moujik de vingt ans souhaiter, avec son rire vague, la suprême consolation des blasés, la mort.

* * *

Je chasse de temps à autre avec un paysan de notre village. Il est, à vrai dire, ouvrier de fabrique, car il s'en va, durant des semaines entières, prendre de l'ouvrage à façon dans une usine du département. C'est un jeune homme de vingt-huit ans, grand, bien pris, le visage régulier et large, avec une barbe d'un blond clair, taillée avec quelque soin, et frisottant au menton. Ses cheveux sont coupés beaucoup plus court que ceux des autres paysans; c'est que Valodia, étant à la fabrique, se croit presque de la ville, et veut le faire sentir par sa tenue. Dernièrement, il s'est marié. Sa femme est une charmante petite paysanne, toute gracieuse d'apparence, toute sérieuse et timide; quand je lui adresse la parole, elle semble gênée, et trouve toujours un prétexte pour s'éloigner : elle n'est pas habituée à une façon de parler polie; elle ne se trouve bien que dans le rôle de ménagère bête de somme qui est celui de la paysanne russe.

Valodia connaît tous les coins de la grande forêt qui nous borde à l'ouest : depuis l'enfance, il en examine en toute saison les moindres touffes. Il sait où l'on trouve des lièvres, où se tiennent les coqs de bruyère, où tombent les bécasses au moment du passage, où les canards sauvages viennent se baigner. Nous avons fait connaissance à la chasse, dans un petit bois isolé au milieu de la plaine, et dans lequel, je ne sais comment, s'était développée une compagnie de perdreaux. J'avais tué un perdreau, une rareté dans ce canton, et j'y tenais; seulement, il était tombé dans un fourré où je ne pouvais le retrouver. Après avoir longtemps cherché, je vis passer un moujik suivi d'un chien.

— Écoute, lui dis-je, je viens de tuer un perdreau; mais je le cherche en vain. — Un sourire entr'ouvrit ses lèvres. — Veux-tu me suivre avec ton chien? il saura bien le trouver, lui.

Le paysan, qui était Valodia, consentit, incrédule. Au bout d'un instant, son chien apportait l'oiseau. Depuis ce jour, Valodia paraît me *croire* quand je dis quelque chose, et nous sommes devenus amis. Il entremêle, en me parlant, le *vous* et le *tu* : j'ai observé qu'il me tutoyait surtout pour affaires de chasse, et qu'il me disait plutôt *vous* dans la conversation ordinaire. Cette conversation n'est en réalité qu'un mutuel interrogatoire, car, pour un paysan, même dégourdi, l'étranger qui arrive de 3 ou 4000 verstes, est un être trop bizarre pour qu'on puisse comprendre et seconder l'intérêt qu'il porte aux choses locales. Au lieu d'échanger avec lui des impressions, on l'interroge sur son pays. C'est d'ailleurs là une des formes les plus communes de la conversation du peuple en Russie. Entre inconnus, par exemple, on ne s'aborde pas par des phrases banales et neutres sur le temps qu'il fait, mais par une franche question : « Qui es-tu? D'où viens-tu? Où vas-tu? pourquoi faire? » C'est sans doute ainsi qu'on s'abordait au temps d'Homère. Au premier moment, cette curiosité vous froisse; mais peu à peu, on s'y fait, on y trouve même un certain charme.

Le fusil dont se sert Valodia, est à baguette : un peu long à charger, mais si sérieux, et portant si bien, lorsque le coup n'a pas raté! Valodia est beaucoup plus braconnier que chasseur, et cela se comprend, puisque la chasse est pour lui autre chose qu'un passe-temps : un paysan russe ne consentirait pas, sans intérêt, à marcher durant des heures à travers bois; il aime trop le plaisir sans fatigue pour goûter celui-là! Comme les lièvres abondent dans nos parages, c'est le lièvre que Valodia sait surprendre et tirer. Parfois, nous allons, sans chiens, sur la lisière des taillis, ou par les sentiers à peine tracés de la forêt rare. Parfois, il racole, je ne sais trop où, un chien hargneux qu'il amadoue d'un morceau de pain, et, à peine entrés sous bois, ce chien donne de la voix. Valodia et son père, un vieux tout gris, à figure longue et chafouine, m'ont enseigné le moyen de tuer le lièvre au passage d'une allée : « Tu le vois venir, tu l'attends, et, quand il va passer, tu siffles un peu, comme ça; il s'arrête brusquement pour écouter, et tu le tues. » Lorsqu'un oiseau de proie se rencontre à portée (ils pullulent dans ce pays), Valodia m'appelle pour le tirer : d'abord, cela me fait plaisir; c'est de plus une bonne action, si je tue l'oiseau, et puis cela lui épargne, à lui, une charge de poudre. Aussi bien n'est-il pas avare; quoiqu'il vende son gibier, je l'ai vu, un soir que nous rentrions, lui chargé de butin, moi bredouille, m'offrir une pièce de gibier à mon choix. Et comme je refusais, disant qu'un chasseur n'achète pas de gibier :

— Mais je ne te le vends pas, je te le donne, fit-il.

— Merci, je n'accepte pas.

— Pourquoi? prends donc, personne n'en saura rien!

Il a dû tenir mes scrupules et mon refus pour une incompréhensible sottise; mais son intention m'a fait plaisir.

*
* *

Notre berger m'a éveillé dès l'aube, et je suis allé prendre Valodia. Tout dormait encore au village et chez lui. Son chien blanc est venu me caresser; j'ai ouvert la porte de la hutte et, dans l'enchevêtrement des dormeurs et des dormeuses, étendus par terre, pêle-mêle et tout habillés, j'ai en vain cherché mon compagnon. A la fin, la voix du vieux père, partie du haut du poêle, sur lequel il était juché, m'a appris que Valodia se trouvait dans une autre pièce. Il est là étendu, lui aussi, par terre, tout habillé, côte à côte avec sa femme qui dort bruyamment. Je l'éveille et aussitôt, il se lève en souriant. Il enfile ses bottes de chasse, vérifie les godets qui contiennent ses munitions divisées en charges, endosse une blouse par-dessus l'autre, passe sur son visage un peu d'eau fraîche prise dans le creux des mains — et le voilà prêt, sa toilette est faite. Nous partons.

Valodia sait dans les environs cinq ou six étangs, à divers endroits de la forêt. Nous allons les visiter, nous courbant au ras de terre pour les approcher sans être vus des canards. Je tire un col vert, qui va tomber au milieu d'un étang encombré de nénuphars.

— C'est bien! dis-je, laissons-le là, puisque nous n'avons pas de chien.

— *Nitchévo*, répond Valodia, tu vas voir.

En quelques secondes, il s'est déshabillé, et bientôt il me rapporte le canard, après avoir pataugé jusqu'aux genoux dans la vase qui lui fait des bottes boueuses. Tout en se lavant, exposé nu à l'air piquant du grand matin, il ajoute avec une évidente satisfaction :

— Vous voyez, un *homme russe* ne craint pas le

froid! donnez-moi une cigarette, Iouli Antonovitch!

Cette nuance d'orgueil national, je la remarque plus en Russie que partout ailleurs; non, sans doute, que cet orgueil y soit plus vif, mais l'expression en est plus naïve, ou moins adroitement masquée. Allemands, Anglais, Français, Russes, tous se croient supérieurs à leurs voisins : les Russes le disent peut-être un peu plus souvent que les autres, tout en se faisant fréquemment le reproche d'un excès de modestie. Cet orgueil national des Russes n'a pas, d'ailleurs, de formes pénibles pour les étrangers; le plus souvent, c'est la force, l'endurance, la bravoure, la piété, qu'ils croient supérieures chez eux à ce qu'elles sont en Europe, plus rarement il s'agit des qualités intellectuelles.

... Après avoir inspecté des étangs frisés de rides sous la brise matinale, après avoir fureté par les genévriers sur lesquels planait une buée transparente, après nous être coulés entre les touffes d'une coupe de dix ans, dont les branches, poussées dru et en tous sens, nous égratignaient au passage, la pluie vint à nous surprendre.

— Si nous allions chez Siméon?

Siméon est un vieux moujik qui fait fonction de gardien dans une forêt de Michel Fiodorovitch. C'est un très grand vieillard, aux yeux perçants, au front haut, sous ses cheveux blancs lustrés : un des paysans les plus intelligents que je connaisse dans ces parages.

— Bonjour, *grand-père* ! Nous venons te demander abri.

Et nous entrons, courbés sous la porte basse, dans l'*isba* chaude où le vieillard vit avec sa femme infirme. L'isba est assez spacieuse : une antichambre qui sert de débarras, une première pièce, dont la moitié est occupée par un énorme poêle en maçonnerie, et une seconde pièce qui sert de salon et de chambre à coucher. Tout au fond, se voient deux lits formés de planches ajustées sur des supports, et recouvertes de peaux et de vieux habits : un vrai nid de vermine.

Pendant que nous prenons place sur un banc, Siméon a déjà empli d'eau le samovar; puis il a allumé des brindilles de bois qu'il a jetées dans sa cheminée de cuivre ; il y a ajouté quelques charbons puisés à deux mains dans un seau; puis, il a coiffé la minuscule cheminée d'un petit tuyau de poêle qui s'adapte à un appel d'air; en peu de minutes, le samovar bout, et lance par sa soupape un grand jet de vapeur : le voilà posé sur la table. Tandis que nous échaudons la théière, Siméon est allé chercher une miche de pain noir et des champignons qu'il appelle, si j'ai bien entendu, des *vanoutchis* (puants).

— Ce n'est pas pour vous, *bârine*, ces champignons-là : vous ne pourriez pas les manger !

Siméon, Valodia et la vieille infirme s'extasient à me voir, en dépit de leurs craintes, me régaler de *vanoutchis*.

— Ce n'est pas possible, Iouli Antonovitch, que vous puissiez manger cela; c'est bon pour des moujiks... Tenez, piquez donc celui-ci, celui-là encore, et ce petit noiraud. Mangez, mangez, ne vous gênez pas.

Valodia et moi, armés chacun d'une fourchette, piquons fraternellement, à même le plat de champignons. Nous causons. De chasse, d'abord : y a-t-il du gibier dans cette zone de la forêt? Puis, de mon pays. Me montrant un couteau, Valodia me dit : « Nous avons trois mots pour désigner cela; et, vous n'en avez qu'un : *Messer*. »

— C'est là un mot allemand, Valodia; or je ne suis pas Allemand, moi, je suis Français.

Valodia ne comprend guère, car pour lui qui a touché la vie d'usine, le mot russe *némiets* (étranger, ou allemand) ne désigne personne autre que ces Allemands qui possèdent tant de fabriques dans la province. Mais Siméon intervient.

— Non! non! dit-il, ce n'est pas la même chose : j'ai vu des Français, moi, en Crimée.

— Tu étais à Sébastopol, *diédouchka*? (petit grand-père).

— J'y étais! Et Siméon nous raconte en mots rares et mesurés ses impressions du siège. Il en a surtout vu la misère, la souffrance endurée; il ne parle pas du sentiment du danger.

— Tu aimes mieux être ici que sous la pluie de balles, hein, grand-père?

— *Nitchévo!* j'étais jeune alors, répond Siméon avec un faible sourire énigmatique.

— Ils se battaient bravement, ces Français? demande Valodia, que le récit du vieillard intéresse, et qui reste bouche bée, attendant la réponse, sa soucoupe pleine de thé, soutenue en équilibre sur les cinq doigts réunis en forme de coupe.

— Bravement! fait Siméon, redevenu sérieux; bravement! je dois le dire. — Et, comme ça, maintenant, vous voilà devenus nos amis, à ce qu'on dit? fit-il, se tournant vers moi.

— Mais oui! à ce qu'il paraît.

— La Russie est forte, l'homme russe est fort! conclut Siméon... Puis il reprit : Ça coûte cher, pour venir de chez vous ici?

— 100 roubles à peu près.

— 100 roubles! et autant pour retourner! avec cela, nous serions riches, nous... Et chez vous, les paysans sont habillés comme nous? Et leur nourriture?... Pourquoi êtes-vous venu ici? vous êtes parent de Michel Fiodorovitch?...

Sous ce flot lent de questions, auxquelles je réponds de mon mieux, je bois mon thé par intervalles, n'usant, par discrétion vis-à-vis de mon hôte, que d'un tout petit morceau de sucre que je tiens entre les dents. Dans cette *isba* chaude et tranquille, autour de laquelle la forêt s'enveloppe d'une brume grisâtre striée de pluie, j'éprouve entre ces deux hommes simples une pénétrante sensation de bien-être. Physiquement et moralement, ce sont tous deux de beaux représentants de la race grande russienne; inégalement intelligents, sans doute, mais sobres tous deux, ne buvant pas d'alcool, bons ouvriers, honnêtes, respectueux du bien d'autrui. Ce vieillard surtout m'attire, avec sa belle tête blanche, où l'expérience et la misère d'un demi-siècle écoulé depuis son adolescence, n'ont pas creusé une ride de douleur ou de mauvaise passion; et aussi avec ses yeux clairs et droits, où se lit cette bonté sérieuse, mais non pas banale, qui ne livre sa compassion qu'à bon escient. Ce blanc vieillard, qui vit là tout seul au fond de la forêt, entre sa femme infirme, son chien, et son icône dévotement éclairée, me pénètre d'admiration. Tout est mesure chez lui; mais derrière sa prudence, veille la charité, comme chez tant d'autres l'égoïsme. Certes, nous n'avons guère d'idées communes : sa longue expérience, il l'a amassée grain à grain, au cours d'une longue vie, au milieu des villages tranquilles et des calmes travaux des champs; mon peu d'expérience à moi vient d'observations faites au milieu d'une vie bourdonnante et d'une société qui tourbillonne. Ce qui chez lui est venu naturellement, sans effort, est chez moi l'effet d'un hâtif travail d'abstraction : de là, sans doute, la tranquille expression de son regard, tandis que nous autres, inquiets, nous courons la vie sans fixer nos yeux. Pourtant, je sens que j'aimerais à venir souvent causer dans sa cabane et qu'il ne s'y refuserait pas. Qu'y a-t-il donc, au fond, de commun entre nous, qu'est-ce qui nous attire l'un vers l'autre, et nous retient, sinon cette simplicité du cœur qui lui est naturelle, et vers laquelle son influence m'incline? En quittant la cabane sous le ciel éclairci, j'ai eu, après cette visite à Siméon, l'impression d'étonnement joyeux qu'on éprouve, quand, au milieu d'une collection de pièces usées, noircies, souillées par l'usage, on en trouve inopinément une, du même millésime, qui s'est, par un hasard de circulation, conservée neuve et pure.

*
* *

Notre voisin, le *Prince*, est venu tantôt chez Michel Fiodorovitch; je suis descendu faire sa connaissance. C'est un colosse à petite tête, avec des traits fins, une poitrine bombée en cuirasse, et de petites mains blanches de femme grasse. Il a, parmi cette bourgeoisie, un air un peu froid et retenu; aimable, certes, mais avec une réserve. Cette nuance de fierté, dernier vestige d'un orgueilleux passé, ne me déplaît pas, chez un représentant de cette aristocratie russe qui perd peu à peu ses privilèges et sa fortune.

Comme tant de *pomêchtchiki* (propriétaires ruraux) de la noblesse, le Prince (*Kniaze*) C. a débuté dans l'armée. Puis il s'est retiré, aux environs de la trentaine, dans son bien mutilé, qu'il fait valoir. C'est un homme doux, avisé, accueillant. Il prend à cœur, et non sans raison, son rôle de propriétaire, et, ce qui en ce moment l'intéresse par-dessus tout, ce sont les questions de culture. Il sent bien qu'il y a d'autres choses à tenter que ce que ses ancêtres ont fait depuis des siècles sur la terre qu'ils lui ont léguée appauvrie. Mais, pour tenter du nouveau, il faudrait un capital de réserve ; c'est ce qui manque le plus. Des hangars, dans sa ferme, sont éventrés ; l'aile principale de sa maison menace ruine, et il ne la répare pas. Faute d'argent, il est forcé de continuer à produire du seigle ; mais le prix du seigle baisse chaque année. Le prince Ivan Serguiévitch se débat entre les mailles d'un réseau qui, chaque année, le serre de plus près : les propriétaires du voisinage s'y débattent comme lui, mais avec plus d'indifférence ou de mollesse.

Dans le gouvernement de Moscou, où nous sommes, la terre n'est pas particulièrement fertile, et les récoltes sont maigres. En outre, le voisinage d'une capitale et d'un grand centre de fabriques y fait monter le prix de la main-d'œuvre. En suivant la routine séculaire, la plupart des *pomêchtchiki* de notre canton marchent à la ruine, puisque leur production, d'année en année, leur coûte plus cher et leur rapporte moins. Peu à peu, ils verront les paysans enrichis, les marchands et les accapareurs de toute sorte, leur arracher la terre, sillon par sillon. Les paysans n'ont pas, en effet, ce train de maison qui tue les propriétaires ruraux; quant aux marchands, ils possèdent ailleurs une source de revenus.

D'autre part, le voisinage de la grande ville et la proximité d'une gare de chemin de fer constituent, ne l'oublions pas, un grand avantage; le rapide écoulement des produits agricoles est assuré par là. Seulement, il faudrait, pour profiter de ces avantages, que les propriétaires se fussent transformés en même temps que la grande ville marchande; il leur eût fallu comprendre que l'ouverture de voies ferrées amènerait bientôt sur le marché, à des conditions très avantageuses, les grains des provinces lointaines. Le prix de la main-d'œuvre qui écrase leur production, la fertilité limitée de leur terre, ne sont plus compensés par leur proximité du centre, depuis que les chemins de fer suppriment en partie l'éloignement. Il leur eût fallu modifier leur exploitation, à mesure que cette ligne ferrée s'étendait plus avant dans le sud; au lieu de cela, ils s'en sont tenus à la routine séculaire : beaucoup par incurie, beaucoup par ignorance, beaucoup faute de capitaux.

Pour profiter du voisinage de la ville, il faudrait produire ce que les provinces lointaines ne peuvent pas produire, ou ne peuvent pas amener à temps sur le grand marché : du laitage, des légumes. Seulement, pour un grand nombre de vaches, il faut des pâturages étendus et une main-d'œuvre considérable. Il est vrai qu'en revanche, un grand troupeau fournira beaucoup de fumier, permettant de cultiver des légumes. Pour la transformation de la culture routinière actuelle en une culture raisonnée et intensive, il faut une première mise de fonds qui nécessite, en dehors du bien, un capital liquide. Malheureusement, quand un propriétaire russe a, en dehors de son bien, quelques milliers de roubles disponibles, il s'empresse de les dépenser. Recourir aux banques de crédit et aux hypothèques, c'est se ruiner à bref délai.

Voilà ce que sentent fort bien Ivan Serguiévitch et Michel Fiodorovitch ; mais, tandis que le second, bien que plus jeune, s'est déjà résigné, et s'est livré pieds et poings liés à sa destinée, le *Prince*, au contraire, voudrait lutter : il le dit du moins. — La pomme de terre pousse fort bien en certains endroits : si l'on essayait de la produire en grand?

— A Moscou, répond Michel, nous ne saurions la vendre, puisque les maraîchers qui ont, aux portes de la ville, d'immenses champs de pommes de terre, suffisent à la consommation. Quant à la plus prochaine usine d'amidon, elle a ses fournisseurs, et refusera nos produits.

— Mais les choux! reprend Ivan Serguiévitch

Vous savez l'essai que j'ai fait, et comme ils prospèrent ici. Que n'essayez-vous? La vente en est assurée à la ville.

— Bah! les moujiks me les voleraient, et je perdrais tout...

Et j'entends recommencer l'antienne tant de fois reprise : « Le prix du seigle baisse, les prétentions des ouvriers augmentent : où allons-nous? où allons-nous? »

Pour changer quelque chose à ces cultures, il faudrait un homme instruit, intelligent et de volonté ferme. Il ferait une enquête sérieuse, pour ne pas s'engager à la légère; puis, ses informations prises, s'il avait à sa disposition un capital de départ, il transformerait du coup son exploitation; si, au contraire, l'argent lui manquait, il réduirait ses dépenses, changerait son train de maison, vivrait de peu pour commencer, et petit à petit, entamerait l'affaire. En un mot, ce qu'il faudrait ici, ce n'est pas un Russe, mais un Allemand... Patience! l'Allemand viendra peut-être...

* * *

Serpoukhof, une sorte de sous-préfecture, à 30 kilomètres de chez nous : moitié ville, moitié village, avec des faubourgs de masures en bois qui se perdent sur des confins indécis, parmi de sablonneux terrains vagues. Elle est située, comme il convient à toute bonne ville russe, à trois kilomètres de la gare qui la dessert, et à une demi-lieue du fleuve qui l'arrose. Son intérêt pour nous est de contenir le bureau de poste dont nous dépendons, et l'officier de police, l'*ispravnik* dont nous sommes les administrés.

Après une demi-journée passée à errer en petit fiacre découvert, sous un soleil brûlant, par ses rues montueuses et ses environs dénudés, où la roue enfonce dans le sable fin, le souvenir qui me reste de la ville est une impression de blanc. Seulement, je serais fort empêché de la justifier dans le détail, car, en reprenant mes souvenirs un à un, je ne retrouve que des couleurs mêlées : trois ou quatre très jolies petites églises, blanches avec des toits verts, ou grises avec des toits blancs, au-dessus desquels s'épanouit une floraison de bulbes dorés qui étincellent au soleil. Puis encore, la place du marché, bossue, caillouteuse, empoussiérée, bordée de grandes bâtisses en briques rouges et blanches, d'un effet cocasse et charmant. Enfin, sur tout cela, peuplant l'air de taches tour à tour sombres et claires, et de vols, qui parfois, jettent de l'ombre comme un nuage, des centaines de corbeaux gris et des milliers de pigeons, tourbillonnent, se posent, se lèvent avec un bourdonnant frémissement d'ailes.

On m'a fait visiter du haut en bas une grande fabrique d'indienne qui occupe 5000 ouvriers. Nous avons suivi par étages les transformations du fil, d'abord tordu, puis tissé, puis devenant une longue bande de toile qu'on lessive, qui passe ensuite au séchoir, puis à la teinture, puis sur des rouleaux de cuivre qui y impriment des dessins et des fleurs.

Les ouvriers diffèrent beaucoup entre eux : le travail des uns est doux, celui des autres, par exemple de ceux qui restent demi-nus dans les étuves, le visage cramoisi, et le corps couvert de sueur, au milieu des courants d'air, est accablant, et fait pitié. Pourtant, chez tous, on retrouve le même type de moujik décrassé et affiné. Ce sont bien les mêmes hommes qu'au village, mais avec quelque chose de plus léger dans l'attitude, de plus pâle dans la physionomie, de plus hardi et de moins franc dans le regard. Il y a là déjà quelques bellâtres d'usine, avec une jolie raie au milieu du front, et une sorte d'élégance canaille. Assurément, ces derniers ne valent pas grand'chose, mais je ne crois pas surprendre dans leurs yeux l'expression de haine sourde tant de fois remarquée en visitant des usines d'Occident. Quant aux femmes et aux jeunes filles, elles sont lamentables d'asservissement, d'hébêtement et de cynique flétrissure.

Serpoukhof est un grand centre usinier : on peut se faire idée de l'influence qu'exercent les ouvriers sur une ville de 25 000 habitants, et sur la campagne d'alentour.

*
* *

— Dites-moi, Iouli Antonovitch, chez vous, en France, y a-t-il des champignons?

— Assurément!

— Oui! mais vous n'avez certainement pas de *champignons blancs*!

Le champignon blanc (une variété de cèpe) croît au pied des bouleaux : pour cette raison, les Russes le considèrent comme un bien national, et n'admettent pas qu'il en existe, en dehors de leurs frontières, une espèce aussi succulente. Avec les choux et les concombres, les champignons font partie de toute alimentation vraiment russe, et tous en sont, là-bas, extrêmement friands. C'est, au village, une des grandes occupations de l'été finissant, que d'aller au bois faire la cueillette des champignons, et l'on s'y accoutume de si bonne heure, qu'il n'est bambin de sept à huit ans, qui ne sache distinguer les espèces comestibles des vénéneuses. Durant plusieurs semaines, les forêts se remplissent de femmes, d'enfants et de vagabonds qui, munis de corbeilles, cueillent le précieux cryptogame; si l'on est en chasse, on rencontre parfois des hameaux entiers en tournée par les taillis, se hélant de temps à autre pour ne pas s'égarer, riant, chantant parfois, mais avares de leur temps, et ne s'arrêtant guère à faire la causette.

Les immenses forêts dont est couverte la Russie du Nord et de l'Est regorgent de champignons : il en pousse sous tous les arbres et sous les moindres buissons, parmi la mousse. C'est là, pour les populations rurales, un garde-manger, en même temps qu'une source de profits. Le champignon est, en effet, très nourrissant; en outre, étant *maigre*, il constitue le fond de la nourriture des paysans durant les interminables jeûnes de l'église orthodoxe : les gens pieux, certains moines, par exemple, entre autres ceux du couvent de Solovietzk, sur la Mer Blanche, s'en nourrissent toute l'année. Pour conserver leur récolte de champignons, les paysans les disposent sur de petites planchettes, et les font sécher au four : le chapeau et la tige se racornissent; on les trie alors, et on les perce d'une ficelle, puis on les suspend aux solives du plafond, en lourds chapelets, qui diminuent chaque semaine.

Les habitants des villes et ceux de la plaine déboisée ne goûtent pas moins les champignons que ne font les paysans du nord. Ils sont contraints d'en acheter. On estime à une dizaine de millions de francs la somme que rapporte ainsi aux paysans forestiers une récolte moyenne de champignons.

*
* *

J'ai sous les yeux un paysage russe bien caractéristique : une plaine immense, toute plate, sans couleurs, infiniment triste et monotone; puis, tout à l'horizon, la silhouette blanche et verte d'une petite église qui prie au-dessus d'un invisible hameau de huttes. Je comprends l'affection que gardent à l'église la plupart des moujiks. Dans l'infinie grisaille où leurs yeux ne trouvent rien, le petit clocher aux couleurs fraîches attire leur regard, le fixe et le console. Quand je suis las, et incertain de la route, j'éprouve, moi aussi, une tendresse pour la petite sentinelle blanche et verte qui se dresse sur l'écrasant infini de l'horizon morne : il me semble qu'elle est amie et accueillante; j'y vois comme le sourire de la plaine grise.

*
* *

Je sais près d'ici, sur le plateau, une chapelle, que j'ai découverte peu de jours après mon arrivée, et que je ne puis revoir sans émotion. C'est par delà des bois. Au milieu d'un champ, à une verste d'un pauvre village, se dresse cette église très humble. Sans doute, on n'est pas assez riche pour la peindre, et pour habiller ses murailles en bois : les planches en sont nues, brunies par la pluie et la neige, qui les pourrissent lentement, sous la garde d'un petit dôme surmonté de la croix grecque. Comme on prierait dévotement, dans cette chapelle inconnue, si petite dans l'immensité du plateau, et si glorieuse, à force d'être chétive en face de la nature colossale qui l'encadre! Comme on y prierait ardemment! Mais la religion orthodoxe ne semble pas mêler à ses prières la poésie de la méditation.

*
* *

De temps à autre, le dimanche, je vais à l'église de N. Elle est toute petite, étayée par des piliers, coupée en son milieu, comme toutes les églises russes, par une paroi ornée de tableaux saints, l'*iconostase*. Au milieu de cette paroi, les *portes impériales* donnent accès dans le sanctuaire où le sacrifice de la messe s'accomplit loin des yeux des fidèles; par intervalles, ces portes s'ouvrent pour laisser passer le pope, notre joyeux voisin : il m'en impose presque alors, par la majesté de son port de tête et de ses longs cheveux répandus sur son étole, d'une étoffe rigide lamée d'argent. Tous les fidèles sont debout et prient à leur façon, par des signes de croix et des révérences. Je n'aime pas cette dévotion de gestes; je la trouve trop machinale; je me sens incapable d'y retrouver l'âme ardente de la prière.

*
* *

Me voici de nouveau dans le gouvernement de Nijni-Novgorod, près d'Arzamas, une ville morne, peuplée d'églises et de couvents. Mon *tarentass* avance lentement sur une route que la pluie a tout engluée; il fait un temps de juillet pluvieux : chaleur lourde, sous des nuages à fleur de terre qui, dans le gris, suintent des gouttelettes.

Arrivé avant le lever du maître de la maison, Ivan Vladimirovitch, que je ne connais pas, et pour qui j'ai une lettre de G. qui, lui-même, ne l'a vu qu'une fois — j'ai tranquillement demandé une chambre pour faire ma toilette, ôter mes bottes et ma chemise rouge. Ivan Vladimirovitch paraît sur ces entrefaites : l'hospitalité russe est telle, à la campagne surtout, qu'il eût été extrêmement surpris et mécontent, si je ne m'étais pas aussi rapidement mis à l'aise dans sa maison. Il me surprend dans le moment qui sépare mon costume de route de mon costume de ville, et dans ce simple appareil, je fais connaissance avec un des plus aimables hôtes et des plus gais compagnons que j'aie eus dans ce pays.

Ivan Vladimirovitch est gentilhomme terrien et *zemski natchalnik* (chef de district rural). Petit, d'un blond roux, les yeux pétillants de malice accueillante; un esprit fin, orné et qui observe. Bientôt, je fais connaissance avec sa femme et sa sœur, la première souriante et toute en dehors; Mlle de S., au contraire, sérieuse et concentrée en elle-même.

Notre vie, conforme en apparence à celle que je mène d'ordinaire aux environs de Moscou, en est, en réalité, très différente par la qualité intellectuelle de ce milieu nouveau. Peut-être la campagne y perd-elle un peu, mais que la conversation y gagne! Je trouve que le parc, avec sa grande pièce d'eau, est pour moi, ici, une promenade suffisante : c'est un prétexte pour ne pas m'éloigner trop de la maison. Même liberté qu'hier, mais je me sens retenu par d'invisibles liens qui sont doux, et je sacrifie de moi-même, sans regret, une partie de cette liberté.

On aime ici se coucher tard : notre souper a lieu entre une et deux heures du matin : nous causons longtemps encore après; de la sorte, notre journée ne commence guère que vers onze heures ou midi. Mes hôtes n'ont pas voulu s'adapter sans restriction à la vie de campagne; en vrais Russes, ils aiment à se lever très tard. Au moins, leur innocente manie est-elle favorable aux longs tête-à-tête, à la lecture, à la musique, à la vie de société, que d'ordinaire la campagne désagrège.

*
* *

J'ai causé longtemps au parc, sous la charmille, avec Mlle Alexandra Alexievna de S. Nous avons d'abord échangé des souvenirs d'Allemagne, quelques visions de Dresde avec ses trésors d'art, son beau fleuve et ses montagnes. Puis, insensiblement, nous nous sommes mis à causer du peuple russe. Alexandra Alexievna aime les humbles d'un amour profond et concentré, comme l'est sa propre nature. Elle aime le peuple parce qu'il est pauvre et parce qu'elle le croit bon; elle est persuadée de l'efficacité de ses efforts pour jeter un peu de lumière et d'apaisement sur la misère de ces êtres primitifs. Puis, elle me parle du comte Tolstoï et de sa campagne de régénération morale, à laquelle, de tout cœur, elle se voudrait associer. Au travers des brochures du grand Liov Nikolaévitch, repensées par elle et augmentées de tous ses songes humanitaires, elle conçoit un vaste plan de révolution chrétienne, faite de tolérance mutuelle, d'amour du prochain et d'infinie bonté. Ses yeux, où brille une belle flamme d'intelligence, s'allument à cette idée, et sa voix a un tel accent, que, pendant une minute, j'ai cru moi-même à la réalisation de son rêve généreux.

Alexandra Alexievna n'est pas un apôtre qui se

laisse griser par ses paroles, et à qui l'éloquence tienne lieu d'action. Je suis étonné de voir de quelle trempe est la volonté de cette jeune fille, et de quelle ardeur son dévouement. A son avis, tout ce qu'on tentera pour améliorer le sort des moujiks, ne sera rien sans l'école. C'est l'école qui doit jeter dans ces cœurs primitifs le premier ferment de vie consciente. Comme je lui objecte l'exemple de civilisations plus mûres où l'instruction n'a eu pour effet que de développer l'égoïsme, et de lui donner des armes, elle me répond : « C'est parce que, dans ces pays, l'instruction a voulu marcher sans le secours de la religion. » Je n'oserais pas affirmer que sa religion à elle soit de la pure forme orthodoxe; qui pourrait d'ailleurs oser une affirmation au sujet de la nuance religieuse du Russe même le plus pieux? L'orthodoxie grecque, si prodigue de formes, semble laisser à ceux de ses fidèles qui sentent et qui pensent, une certaine latitude d'interprétation. Pour Alexandra Alexievna, la religion paraît être quelque chose à la fois de plus sublime et de plus humain que ce qu'elle est pour le commun des fidèles. La foi qui, pour elle, doit *guider* notre vie, ne va pas sans la charité qui doit *remplir* cette vie et lui donner un but. L'amour du prochain se présente ainsi, non plus comme un corollaire de l'idée chrétienne, mais comme une fin à réaliser. Et chez elle, cet idéal d'humanité est, chose rare, absolument exempt de bigoterie.

Sans doute, si l'amour du peuple qui fleurit dans le cœur de cette jeune fille, s'allie à tant de douceur et de simplicité, c'est que toutes ses idées sont bien venues de son propre fond et non pas d'une imitation étrangère. Elle m'a parlé de Léon Tolstoï; mais comme elle est loin de tels disciples du grand écrivain, de ceux qui obéissent à la lettre de sa prédication, et qui deviennent aussi intolérants, aussi durs dans leur nouvelle foi humanitaire, que les pires inquisiteurs du Moyen Age l'étaient dans leur foi catholique! Chez elle, la théorie, au lieu de tuer le sentiment de la vie, l'a, au contraire, fortifié en l'épurant. C'est qu'elle agit de tout son cœur, tandis que tant de sectaires du grand Mystique n'agissent que par raison démonstrative et au nom d'un *principe*. La célébrité de Tolstoï a peut-être plus nui à la cause de la charité en Russie, qu'elle ne l'a servie; trop de cœurs émus par sa grande voix n'ont point compris qu'il ne prêchait pas un Évangile, et qu'il n'entendait donner ni formules, ni règles de conduite; ils l'ont copié extérieurement et n'ont fait ainsi que dessécher sa doctrine, au lieu de la féconder par l'action. La Russie produit naturellement à tous les rangs de la société beaucoup de ces âmes que la souffrance attire et qui ont soif de dévouement : elles auraient suivi leur pente sans les brochures de Tolstoï; ces brochures n'auront peut-être pour effet que de rendre quelques-unes d'entre elles fanatiques au rebours.

Alexandra Alexievna n'a pas seulement fondé une école dans le village où elle habite : elle a peuplé de classes primaires les hameaux du voisinage; voilà que tout récemment s'est ouverte la trentième école qu'elle a fait sortir des ténèbres de la campagne. Ses moyens sont très limités, mais il lui faut si peu, quand le conseil d'un village consent à l'aider, et quand on lui prête une *isba*, où chaque famille, à tour de rôle, apporte, l'hiver, la brassée de bois qui sert à chauffer l'énorme poêle! Elle a commencé modestement : l'idée de fonder une véritable école ne lui est venue qu'après avoir constaté avec quelle impatience d'apprendre les enfants du voisinage se réunissaient autour d'elle. Le premier pas fait, elle s'est vue sollicitée par des villages voisins. De proche en proche, son œuvre a gagné, et les paysans des environs ont pu apprendre à lire [1]. L'œuvre de Mlle de S. a pris une telle extension, qu'on a commencé d'en parler en Russie, et que la très modeste jeune fille qui l'a entreprise, a pu devenir l'occasion de discussions passionnées.

La question des écoles est une des plus graves parmi celles qui préoccupent la Russie éclairée. D'un bout à l'autre de l'empire, des hommes et des femmes unissent leurs efforts pour jeter un rayon de lumière parmi le *tchiorni narod*, le *peuple noir*

1. Une de ces écoles a même été entretenue quelque temps avec des secours que des Français charitables m'ont prié de faire parvenir jusqu'ici.

des campagnes. En apparence, tous sont d'accord sur ce point, depuis le comte Tolstoï jusqu'à M. Pobédonóstsef, Haut Procureur du Saint Synode, ancien précepteur et conseiller favori d'Alexandre III. Mais, conservateurs et socialistes ont beau paraître unir leurs efforts sur ce domaine commun, en réalité, les discussions sont vives sur ce prétendu terrain neutre, et les luttes y sont ardentes.

Oui, tous sont d'accord pour dire qu'il faut instruire le peuple, mais ils se querellent sur le but et sur le moyen. Peut-être ceux qui ont conseillé à Alexandre III la réaction religieuse qui caractérise son règne, eussent-ils préféré laisser les paysans dans leur séculaire ignorance. Mais, d'une part, le caractère du tsar était plus généreux que celui de ses conseillers, et il se fût opposé, je pense, à un système d'obscurantisme méthodique. D'autre part, les conservateurs à outrance ont bien compris que s'ils n'entreprenaient pas eux-mêmes l'instruction du peuple, d'autres s'en chargeraient à leur place, publiquement ou secrètement. Ils ont compris que le plus sûr moyen de conserver leur influence morale sur la population illettrée était de prendre en mains son éducation intellectuelle, afin de la conduire ensuite dans telle direction qu'il leur plairait. Il y a donc, en dépit de toute réaction, un système d'écoles officielles.

Il serait téméraire d'affirmer que le but principal de ces écoles soit le désir d'arracher le peuple à l'ignorance; elles ont avant tout un caractère offensif; elles font partie d'une tactique gouvernementale; au lieu d'avoir été établies *en faveur* des pauvres, elles semblent bien avoir été surtout dirigées *contre* le mouvement libéral. Aussi sont-elles éminemment religieuses; tout l'enseignement y est subordonné aux notions d'histoire sainte que l'on donnera aux enfants, et aux maximes de loyalisme qu'on tâchera de leur faire retenir; peu importe que leur intelligence ne se développe que médiocrement, pourvu qu'ils soient en état de louer Dieu selon les rites, et qu'ils donnent au tsar le tribut de respect et de reconnaissance auquel il a droit. Tel est, résumé avec toute la modération possible, le caractère des écoles dites *tserkovno-prikhodskia* (religieuses et paroissiales).

A l'autre extrémité de la chaîne politique, on aime les écoles beaucoup plus sincèrement, mais non sans une arrière-pensée d'intérêt. Pour les libéraux avancés, instruire le peuple, c'est l'amener au libéralisme. Tant qu'il est ignorant, il supporte sans murmurer la plus lourde oppression. Qu'il s'instruise, qu'il apprenne à lire, et il entrera en communion d'idées avec la partie pensante de la nation; il comprendra qu'il n'occupe pas le rang auquel il a droit, il sentira une gêne là où, jusqu'ici, son joug ne lui avait point pesé : or la gêne, « c'est le principe du mouvement. »

Entre ces deux tendances opposées se placent

une infinité de nuances auxquelles correspondent autant d'écoles. L'initiative privée qui, en matière d'instruction primaire, a un vaste champ où s'exercer, met dans toutes ses entreprises le caractère spécial de sa conviction. Le mal n'est pas si grand, après tout. En dépit de tous ces tiraillements, les enfants apprennent les éléments; l'instruction la plus humble, mais aussi la plus solide, se diffuse et se fixe parmi eux. Quand, plus tard, ils auront des livres, le temps fera son œuvre lentement, mais sûrement, en dehors et au-dessus de toutes les factions politiques.

Il y a en Russie des ennemis déclarés de l'école primaire : ils se trouvent en général dans le déchet de la haute aristocratie. Il y a quelque temps, par exemple, un neveu du plus grand poète russe, un certain M. P., noble seigneur et *predvoditiel* (président) de la noblesse dans un canton du gouvernement de Nijni-Novgorod, est devenu tristement célèbre par une lettre dans laquelle il déclarait à un ami que : « grâce à ses efforts, dans l'école dont il était curateur, le nombre des élèves était tombé de 60 à 40, et qu'on finirait bien par n'en plus avoir. » Mais les exemples d'un tel cynisme sont rares, et ne s'allient jamais qu'à une profonde inintelligence ou à de bas calculs. C'est un honneur pour la Russie que la faveur dont jouit dans la société la question scolaire. Dès qu'une famille éclairée n'est plus uniquement préoccupée de ses grossiers instincts de jouissance, elle donne ses soins à une école. A la campagne, les femmes cherchent là une dérivation à l'ennui; à la ville, ce sont surtout les hommes qui travaillent pour l'école, mettant de leur argent, de leur temps et un peu de leur cœur dans cette œuvre si obscure et si belle.

*
* *

Un ami d'Ivan Vladimirovitch avait prêté à un moujik fort intelligent une traduction du *Looking backward*[1] de Bellamy; il se demandait quel effet allait produire sur un paysan cette rêverie socialiste. Le paysan est venu rendre le livre aujourd'hui après l'avoir gardé six mois. J'étais là.

— Eh bien, Vasili, demanda mon hôte, es-tu content? (*Khorocho, chto li?*)

— Oui, oui, très content! (*nitchevo, khorocho*).

— Voyons, qu'en dis-tu, de ce livre?

— Eh bien, Ivan Vladimirovitch, fit le vieux moujik, après un moment de silence, eh bien! c'est la vraie vie chrétienne : ils vivent chrétiennement, ces gens-là (*oni jivout po khristianski*)! Nous sommes des pécheurs, nous autres, nous ne vivons pas comme il faut...

Il ne faut pas entendre par là que ce paysan

1. Traduit en français sous le titre de : *En l'an 2000*.

russe fût prêt à suivre le premier communiste venu. Mais ce tableau enchanteur d'un idéal socialiste avait agi sur son imagination. Fort incapable apparemment de comprendre et d'apprécier cette vie urbaine que Bellamy décrit avec des couleurs si riantes, le paysan avait sans doute médité sur l'idée plutôt que sur les détails du roman. Il l'avait adaptée, *mutatis mutandis*, à la vie russe, et trouvait tout à fait conforme aux intentions de la Providence et à l'esprit chrétien, un partage rigoureux *de la terre* entre le *pomêchtchik* (propriétaire) et les moujiks. Les paysans russes ont une peine infinie à comprendre que la terre ne leur appartient pas tout entière; ils se résignent devant le fait, mais je doute qu'on leur puisse faire admettre qu'en droit un propriétaire puisse posséder à lui seul 10 000 hectares de terre, tandis que tout un village de 300 feux ne possède pas le quart de cette superficie. Aussi, dès qu'un événement un peu considérable émeut la quiétude des villages, voit-on chaque fois se répandre avec persistance le bruit d'un nouveau partage des terres. Dans presque toute la Russie, la seule richesse que puisse comprendre le paysan est celle qui provient de la possession du sol et de ses revenus. L'inégale répartition de la terre le touche d'autant plus qu'elle est plus évidente, et que chaque pas qu'il fait hors de son *isba* sert à l'en convaincre mieux. Le paysan russe aime la terre plus que tout au monde; non pas seulement sa terre à lui, celle où il est né et sur laquelle il a courbé son maigre corps, mais d'une façon plus générale, il aime la terre : plus elle est étendue et plus elle est fertile, plus il l'aime, s'il la possède. « Donnez-leur, dit Léon Tolstoï, dans n'importe quel pays, une terre un peu plus étendue et un peu plus productive que celle de leurs ancêtres, ils quitteront celle-ci sans regret et s'expatrieront avec joie [1]. »

*
* *

Au cours d'une promenade, nous traversons un village dont la vue m'étonne, car les maisons y sont en pierre. Ivan Vladimirovitch m'explique comment l'absence de bois et l'abondance de grandes pierres meulières a fait des paysans de ce village des maçons, dans un pays où tous naissent charpentiers. Contraints par la nature du sol à assembler des moellons à la place de troncs d'arbres, ces moujiks se sont trouvés avoir entre les mains une spécialité assez rare dans ce pays du bois : ils l'exploitent. Dès la fin de l'hiver, quelques-uns d'entre eux s'en vont en éclaireurs chercher de l'ouvrage sur quelque point du pays russe. Quand ils en ont trouvé, ils font venir leurs camarades, et toute la population masculine adulte de

1. *L'Esprit chrétien et le patriotisme.*

ce bourg s'engage en bloc pour une même entreprise. L'automne venu, on remet la paye aux chefs d'*artièle* (corporation d'ouvriers) et ceux-ci la répartissent parmi leurs hommes, au prorata des aptitudes et du travail de chacun d'eux.

Pendant l'été, le bourg se trouve ainsi complètement privé d'hommes adultes : les femmes y restent seules avec les vieillards et les enfants. Elles accomplissent à la place de leurs maris tous les travaux des champs, et font valoir le lopin de terre que leur a dévolu la commune. En ce moment, les hommes sont occupés en Sibérie à des travaux de maçonnerie que nécessite la construction du chemin de fer, et partout j'aperçois des femmes ; elles moissonnent, font les gerbes, et les chargent sur des charrettes ; elles travaillent seules jusque dans ces moulins à vent qui, sur les collines dépouillées, tournent avec lenteur leur étoile grise.

Il se trouve en Russie des milliers de villages qui sont ainsi, durant des mois, abandonnés aux femmes. Tous les hommes valides des localités qui bordent la côte occidentale de la Mer Blanche s'en vont, par exemple, durant l'été, pêcher la morue dans l'Océan Glacial ; dans des provinces plus centrales, comme celle de Kostroma, pour n'en citer qu'une, c'est surtout l'influence de la capitale qui attire hors du village des générations d'ouvriers, dont la spécialité se transmet de père en fils : ailleurs, un simple miroitement d'espérance détermine les moujiks à laisser la terre à leurs femmes pour s'en aller par le monde en quête d'un gain réel ou imaginaire. Lorsque ces émigrations se font en masse, par villages ou par cantons, c'est, en général, qu'elles rapportent un avantage assuré; le paysan, qui sait fort bien compter, n'hésite pas à négliger à propos son champ, quand il sait trouver à côté un gagne-pain plus rémunérateur. Mais, bien souvent aussi, ces sorties vagabondes se font par tout petits groupes d'aventureux ouvriers que l'on voit chaque printemps s'égrener par la campagne. L'hiver, ils reviennent se calfeutrer dans leur *isba*, pour repartir ensuite dès la fonte des neiges; plus d'un pourtant reste à demeure dans un emploi trouvé en ville ou chez un propriétaire rural. Souvent, des années se passent sans qu'ils revoient leur femme et leurs enfants, et ils ne semblent pas en souffrir. Faut-il voir là une sorte de pli héréditaire qu'auraient laissé dans ces pauvres natures les années de servage, où le caprice d'un seigneur séparait comme des bêtes les familles de son troupeau de moujiks? Habitude d'insouciance ou résignation passive? qui le saurait dire? J'assistais un jour, chez un médecin de campagne, à la consultation du soir; un à un, les malades défilaient devant lui, humbles, malpropres.

— Et toi, comment t'appelles-tu? es-tu marié?

— Je suis marié.

— Ta femme vit encore?

— Elle vit.

— Où cela?

Elles vivaient à des centaines de kilomètres, les femmes de ces paysans, au fond de villages perdus — et, bien que malades, ils ne semblaient guère s'en inquiéter.

— Et où couches-tu? demandait le docteur à l'un d'eux, à un moissonneur miné par la phtisie.

— Eh! *batiouchka*, je couche par terre, dans la grange.

— Mais tu as une maison?

— Oui, dans le gouvernement de Toula. Ma femme s'y trouve avec mes six enfants.

Souffrait-il à ce souvenir? Je ne sais. Sa figure amaigrie n'exprimait, à travers les quintes de toux, rien autre chose que le souci d'un soulagement immédiat, et ce souci était tempéré encore et comme voilé par cette apparence de résignation qu'on retrouve en ce pays autour de la souffrance et de la misère.

Le paysan russe n'est pas rivé comme le nôtre au coin de terre qui l'a vu naître. L'immense plaine sans couleurs et presque sans accidents où ses regards ont toujours erré, ne lui offre point de ces nids familiers et chauds auxquels notre cœur s'attache. Durant l'été, c'est, à perte de vue, la forêt basse ou la jaune ondulation des seigles mûrs; l'hiver, l'interminable linceul de neige efface à l'horizon jusqu'à la trace de ces grises taupinières qui sont les villages. Que lui importe, au maigre moujik, de manger ici ou là son pain sec? Pourquoi cette *isba* plutôt que cette autre toute pareille, aussi chaude, aussi bien close? Il faut bien peu pour contenter son corps; son âme, qu'est-elle? Vague besoin d'un *ailleurs* qui pousse au déplacement les habitants des grandes plaines mornes, complète insouciance de ce que donnera cet *ailleurs* rêvé : telle est la cause de cette émigration gaiement entreprise et insouciamment recommencée. Pourquoi ce fataliste paysan russe resterait-il à couver sa misère au foyer natal? Ne porte-t-il pas avec lui tout son bien? sa langue, partout comprise, sa religion, partout la même, avec des signes de croix et des révérences devant l'icône, sa confraternité doucement résignée qui lui fera partout rencontrer des frères, et enfin, sa foi dans la *vodka*, la bonne verseuse d'indifférence et d'oubli.

*
* *

Ce soir, lorsque je suis parti, au coucher du soleil, dans une voiture attelée d'une *troïka* vigoureuse, Mme de S. et sa belle-sœur ont voulu m'accompagner jusqu'au relai prochain. Elles s'élancent à cheval par les chaumes qui bordent la route, et dans une course échevelée où mon cocher rivalise de vitesse avec elles, nous filons au milieu d'un nuage de poussière. Je me sens gêné de cette ironique escorte au rebours, et j'ai honte de mon immobilité, entre ces deux amazones dont la forme se détache en contre-haut sur le flamboiement du couchant. En même temps, j'ai bien conscience que ce dernier trait achève la silhouette d'Alexandra Alexievna, la douce fondatrice d'écoles. Son rêve d'une révolution chrétienne faite d'amour mutuel et d'infinie bonté, n'a pas consumé les forces vives de son énergie. Elle va au peuple, au peuple grossier, elle, la délicate fille d'une race affinée, elle va au peuple avec tout son cœur; mais la songerie humanitaire n'a pas en elle, comme chez les déclamateurs à théorie, tué le sentiment de la vie réelle. Dans cette chevauchée par les chaumes poussiéreux, dans cette griserie de vitesse et de danger qui la prend, au crépuscule d'un jour de pieux travail et d'humble enseignement, dans cet élancement de sa vigueur, je la retrouve plus complètement femme. Je saisis bien alors la raison du charme qu'exercent ces belles natures dans lesquelles la vie coule à pleins bords, et où la passion de l'idée n'a pas étouffé le besoin d'une expansion active.

*
* *

Me voici, un jour d'automne, chez un propriétaire du gouvernement d'Orel. C'est ici encore un pays de blé : c'est la *Terre noire*; je ne saurais dire avec des mots l'accablante nudité de l'horizon plat. Les champs s'en vont à perte de vue, sans un arbre, tout nus, tout gris sous les chaumes, entre lesquels les semences hivernales font çà et là des reflets verts, et les labours, de grandes plaques sombres. Les routes sont noires comme en un pays de charbon. Dans cette contrée, le bois est une denrée précieuse jalousement épargnée; aussi les *isbas* sont-elles si petites qu'on les distingue à peine au loin. Les huttes sont grises, sous leur revêtement de briques en terre, et sous leurs calottes débordantes de vieille paille. A distance, les villages semblent formés de petits tertres écrasés, tout gris et tout ronds, sans adhérence avec la plaine où ils sont posés, sans lien entre eux. Tout ce paysage est d'une écrasante tristesse; mais il est si chétif d'apparence, si disgracié, si misérable, qu'on finit presque par l'aimer.

Le propriétaire qui m'offre l'hospitalité a planté de ses mains, il y a quelque trente ans, un vaste parc autour de sa maison des champs. C'est, en été, le seul carré d'ombre qu'offre la plaine; en ce moment, les platanes, avec leurs feuilles d'un jaune éclatant, y donnent, même par les temps gris, l'impression triomphante d'un coup de soleil.

Au bord du parc coule une rivière profondément encaissée, et nous sommes assis dans une allée qui la surplombe à pic. A l'horizon de la plaine, comme en mer, le soleil est descendu dans une gloire; et maintenant, une buée rougeâtre de crépuscule automnal enveloppe les contours des choses; nous nous taisons dans la lumière qui s'éteint. Tout à coup, un vol de canards sauvages s'enlève à nos pieds, et le son d'un accordéon parvient jusqu'à nous : ce sont nos batteurs qui, leur journée finie, repassent la rivière pour regagner leurs villages. Gaiement, un jeune garçon marche à leur tête en jouant de l'*harmonica* (accordéon), et, tandis que les barques font sur l'eau assombrie un va-et-vient avec leur charge silencieuse, il reste sur la rive, sans cesser de jouer, et ne s'embarque qu'au dernier passage. Le long de la berge opposée que le crépuscule efface, il marche ensuite, jouant toujours, et d'ici nous entendons ses refrains monotones peu à peu s'affaiblir, puis languir, puis s'éteindre...

On me demande parfois, en Occident, si j'ai remarqué parmi le peuple russe des grondements d'orage. Je ne sais si mon expérience est trop limitée encore; du moins, ce que j'ai perçu jusqu'à présent y ressemble rarement : ce sont tantôt des chants criards et vides, tantôt des gémissements de misère impuissante; ce n'est pas un grondement de menace que j'ai entendu, par ce doux soir d'octobre, tandis que des moujiks, leur journée finie, défilaient au bord du parc, aux accords vifs d'un *harmonica*. Ce peuple rêve encore : il a parfois des cauchemars; mais, seuls, là-bas, ceux qui savent lire, sentent le fardeau.

*
* *

Pas de forêts en ce pays : il y a longtemps qu'on les a déracinées pour couvrir de seigle la bonne *Terre noire*. Le bois se vend ici, devinez comment!... *au poids*! Oui, dans cette Russie qui nous apparaît comme hérissée de forêts vierges, voici qu'à 300 kilomètres au sud de Moscou, on est réduit à acheter son bois par kilogrammes [1]... Ce fait qui, au premier abord, ressemble à une mystification de touriste, s'explique par la difficulté des transports. Placés en dehors du grand système fluvial qui pourrait leur apporter par la flottaison les bois du Nord, les habitants de ces cantons se voient réduits à transporter sur des charrettes, à de longues distances, les moindres rondins dont ils ont besoin.

— Mais, pensez-vous, ils meurent de froid durant l'hiver?

— Nullement; ils se chauffent avec le seul combustible qu'ils aient sous la main, avec la paille.

Pour comprendre comment la paille peut remplacer le bois pour combattre un hiver russe, il faut connaître la forme des poêles en usage dans tout le pays. A proprement parler, ce sont des fours plutôt que des poêles. Imaginez une énorme masse

1. Exactement, au *poude*, poids de 16 kg.

de maçonnerie; chez le citadin, elle occupe tout un pan de muraille et fait dans chaque pièce une saillie de 0 m. 80 centimètres; chez le paysan, elle envahit la moitié de l'*isba*, et prend la forme d'une énorme caisse oblongue, sur le haut de laquelle une dizaine d'hommes peuvent s'étendre côte à côte. Au bas de cette maçonnerie, une ouverture est pratiquée, avec une porte en cuivre qui la ferme à peu près hermétiquement. A la partie supérieure, une autre ouverture permet d'enlever ou de remettre un couvercle en fonte qui bouche la partie creuse enfermée dans la maçonnerie.

Pour faire du feu, on commence par enlever le couvercle; puis, par l'orifice inférieur, on allume dans la cavité du poêle une brassée de bois qui flambe librement, car la porte en cuivre est grande ouverte. Lorsque le bois est réduit à l'état de charbons ardents, on remet là-haut le couvercle, puis on ferme soigneusement la porte inférieure. Les gaz qui se dégagent dans la cavité du poêle, ne trouvant plus d'issue vers le dehors, échauffent peu à peu la maçonnerie. Au bout de quelques heures, les briques réfractaires ou la porcelaine qui en forment le revêtement, deviennent si chaudes qu'on a peine à y poser la main. Petit à petit, l'air de la pièce s'échauffe au contact de cette large surface, et la température s'élève graduellement : les doubles fenêtres, qui sont lutées aux jointures, ne donnent plus accès au moindre vent coulis, et la triple ou quadruple porte qui donne de l'antichambre vers l'extérieur, ne laisse guère passer d'air froid.

Le poêle reste chaud de vingt à trente heures : on n'a donc pas à se préoccuper de le fournir sans cesse de combustible. Une fois la brassée de bois consumée, on n'y brûle plus rien jusqu'au lendemain. Il est, dès lors, aisé de comprendre comment la paille peut suppléer le bois. On apporte quelques bottes de paille (il en faut 6 environ, pour chauffer un poêle); la domestique fait avec cette paille, qu'elle tortille vivement, une espèce de gros câble sans fin, qu'elle allume et introduit dans la cavité, au fur et à mesure de la combustion. Lorsque tout est brûlé, elle ferme les ouvertures du poêle, de même que s'il s'agissait de bois.

A défaut de paille, on brûle aussi parfois du fumier sec, ou encore un produit bien spécial à ce pays où l'on consomme tant de blé noir; ce produit (*louzga*) n'est autre chose que la cosse triangulaire et dure dans laquelle sont enfermés les grains de sarrasin. Cette espèce de son rigide se sépare, à la meule, des graines qu'il enveloppe, et on le recueille à part. Il brûle facilement avec une flamme claire qui crépite. Pour l'utiliser, on suspend une espèce d'entonnoir en toile au-dessus de l'orifice inférieur du poêle : les vides que forme la combustion font descendre la *louzga* jusqu'au niveau du foyer ardent. Le son de blé noir se vend par grandes quantités; mais, en dépit de la consommation que font les

Russes de sarrasin ou *kâcha*, le prix en reste élevé : pour chauffer un poêle en hiver, il faut environ 15 copecs (environ 0 fr. 35 centimes) de *louzga* : on trouve ce mode de chauffage vraiment dispendieux.

*
* *

A Soukovo. Je suis tout seul dans la maison muette. Maîtres et domestiques, en tout 18 personnes, viennent de partir. Le *barski dome* (maison du maître) est vide ; seuls, quelques moujiks sont restés, pour s'occuper de la ferme. Les chiens, inquiets de cette solitude inusitée, m'assiègent de caresses.

On ne m'a rien laissé pour la table : j'ai déclaré que je me pourvoirais de gibier ; aussi, en partant de grand matin pour la forêt, ai-je éprouvé un sentiment singulier : pour manger demain, il me faut tuer un lièvre ou un coq de bruyère : tuer pour manger, devoir sa subsistance à un effort personnel de grande marche et d'adresse, c'est bien la nécessité dans laquelle se trouvent placés maintes fois les paysans du Nord russe. L'habitude me manque apparemment pour sentir exactement leurs impressions. La nécessité du succès me rend nerveux : je tire mal ; une bécasse que j'abats pourtant tombe dans un fourré où elle m'échappe. Je marche, je marche toujours par le matin bleu; je marche, et je m'égare. Perdu dans la forêt basse, toute pareille, sans un point de repère, je sais que si je ne tombe pas du bon côté, là où sont les villages voisins de Soukovo, je puis errer sous bois durant des lieues, durant des jours, sans rencontrer un être humain. Le sentiment qui m'obsède n'est pas celui d'un retard possible, la crainte d'un rendez-vous manqué. Non! personne ne songe à moi : c'est justement ce qui me préoccupe. Livré à moi-même dans la forêt basse, je m'aperçois que ces taillis dont je riais m'ont fait prisonnier, et qu'ils sont tenaces. En outre, j'ai faim. Me nourrir d'abord, échapper ensuite à l'accablante forêt, voilà mon seul désir. Après trois heures d'efforts qui, ajoutés à une matinée de chasse, m'ont brisé, je désespère de voir réaliser cet humble souhait. J'ai dû m'asseoir à terre pour réfléchir. Mais, comment s'orienter dans ces taillis tous pareils, et sous le ciel qui s'est couvert? Pas un bruit qui me guide; rien autour de moi que le silence de la forêt.

Il faut en finir pourtant, m'enfoncer plus avant ou sortir de là avant la nuit. Il m'a semblé entendre comme un lointain écho de chemin de fer : la voie est si loin que j'ai dû me tromper; mais c'est au moins une *raison* de me diriger dans un sens déterminé. Je suppose là-bas la ligne ferrée; la lisière du bois lui est perpendiculaire, j'irai donc ainsi. Deux heures après, je suis sorti de la forêt, bien au-dessus de Soukovo, mais dans la plaine si ardemment désirée. Des paysans m'ont donné du pain et du lait, et, le soir, en rentrant épuisé, le carnier vide, j'ai surpris dans notre parc un passage de grosses grives : elles m'ont approvisionné pour deux jours.

Cette chasse accidentée, à la veille d'un départ, m'a semblé un avertissement. Je n'avais guère vu encore, durant l'été, que la nature paisible et libre autour de moi : ce rude contact avec le forêt traîtresse m'a fait comprendre la force dissimulée, mais implacable de cette nature russe, qui prend l'homme et l'étouffe, impassiblement.

*
* *

Je viens de passer quelques jours à *Iasnaia Poliana,* dans la campagne du comte Liov Nicolaévitch Tolstoï. Il me semble que ce séjour a clarifié les impressions que j'avais conservées du grand Mystique après quelques visites que je lui avais faites à Moscou. Je l'ai abordé avec le recueillement d'admiration qu'impose son œuvre littéraire, mais aussi avec une secrète impatience contre la doctrine qui à présent l'immobilise. Peu à peu, cependant, je l'ai mieux compris : je l'ai écouté longuement, j'ai causé de lui avec ceux de son entourage, et surtout avec la comtesse sa femme, dont l'intelligence supérieure et la rare pénétration m'ont captivé. Et maintenant, lorsque je ferme les yeux pour évoquer devant moi l'image du grand vieillard, je retrouve épanouies en lui quelques qualités dont le germe m'a frappé déjà chez certains Russes d'élite.

D'abord, c'est la bonté : une bonté simple, qui adoucit par moments l'acier dur de ses yeux embroussaillés; une bonté attirante, qui vous calme et vous rend un instant meilleur. Je voudrais définir cette bonté; je voudrais surtout la distinguer de cette indulgence naturelle ou apprise, que nous confondons si souvent avec elle. La pure indulgence me paraît trop passive; la vraie bonté, au contraire, est essentiellement active. L'homme vraiment bon, c'est celui qui, sans renier, au nom d'une théorie, sa propre individualité, sans même en surveiller toujours les écarts, se laisse guider par une propension naturelle qui l'incline *vers* autrui et *en faveur* d'autrui. Or je crois bien qu'en écrivant ces lignes, je n'ai d'autre modèle que l'auteur de *Guerre et Paix*. La bonté que je souligne me paraît ainsi un don de nature. Elle n'est pas abstraite, mais vivante; elle se confond avec la vie, au lieu d'être avec elle en conflit, comme l'est souvent la charité chrétienne : elle n'exclut pas les violences, et par suite, n'éteint pas les tempéraments.

Voilà justement ce qui distingue Tolstoï de la plupart de ces Tolstoïsants que l'on rencontre çà et là en Russie, pâles, les mains calleuses, haineux à qui ne les imite point. Ces hommes obéissent à une doctrine qu'ils n'ont pas créée, qui leur est extérieure; en y conformant leurs actes, ils perdent ce caractère de vivacité naturelle qui distingue leur grand modèle : ce sont presque tous des exclusifs, des rigides, des doctrinaires : chez Tolstoï au contraire, la pensée est encore mobile et agissante; elle s'informe, elle sent, elle juge, elle vit. Tolstoï se défend avec énergie de vouloir jouer un rôle d'apôtre. « Si j'écris, me disait-il, ce n'est pas pour prêcher la charité, la non-résistance au mal, le travail manuel, le régime végétarien; c'est seulement pour dire à mes frères : « Voyez! ces choses m'ont fait du bien : si votre cœur vous y pousse, faites-en à votre tour l'expérience. »

Grâce à cette manière de comprendre son rôle, Tolstoï évite de tyranniser ceux qui l'approchent. Tels de ses disciples sont d'une farouche intolérance et aspirent à l'abêtissement. Pour lui, au contraire, toutes les manifestations de l'intelligence sont significatives; il les étudie et il les pèse. Sa conversation est une des plus souples et des plus variées, sa curiosité une des plus éveillées que je connaisse. Loin d'être, comme on le croit, d'un abord difficile, il est, au contraire, souverainement accueillant.

A ces traits que je note rapidement, s'ajoute enfin un complément indispensable : la sincérité. Léon Tolstoï est une âme sincère, et ce qu'il hait le plus au monde, c'est le mensonge. Assurément, il croit souvent trouver le mensonge là où il n'est pas, et il s'emporte en des indignations sans objet; mais l'amour de la vérité, le besoin d'exprimer sans réserves tout son cœur, n'en guide pas moins actuellement sa vie.

On se représente au loin le grand Mystique comme le plus bizarre et le plus intolérant des hommes. Il faudrait que ceux qui le pensent ainsi vinssent quelques jours dans sa campagne, à l'automne finissant, quand le vent plus froid détache les dernières feuilles des bouleaux de l'allée, et effarouche les derniers hôtes. Ils verraient l'intimité paisible qui règne dans sa famille; ils sentiraient le charme unique de ces réunions sous la lampe, autour du grand homme, de qui partent des liens qui aboutissent au monde entier; et ils se laisseraient pénétrer par cette invincible douceur de la famille dans ce milieu patriarcal où la discussion des plus hauts problèmes de l'intelligence est interrompue, çà et là, par des rires et des jeux d'enfants. — Pour moi, ces soirées calmes m'ont ému fortement, et le souvenir s'en est gravé au plus pur de ma reconnaissance.

TROISIÈME PARTIE

QUELQUES VILLES

CHAPITRE PREMIER

VARSOVIE

Je n'ai eu de la Pologne et de sa capitale que des visions rapides, bien que souvent renouvelées. Varsovie me séduit peu : c'est une ville grisâtre, mal bâtie, et dans laquelle tout semble sur le qui-vive. Au seuil de la Russie, quand on vient d'Europe, au seuil de l'Europe, quand on vient de Russie, la capitale polonaise a pris de sa position avancée un caractère hybride : trop européenne, à mon sens, pour une ville russe, trop russe pour une ville européenne. A Varsovie, on se sent mal à l'aise entre trois populations distinctes qui s'observent et se haïssent : les Polonais, les Russes et les Juifs. Pas de fusion entre les vainqueurs et les vaincus :

les Polonais — et c'est là le plus beau trait de leur caractère indécis — n'ont pas désarmé. Eux qui se sentent si près de l'Occident libéré, de l'Occident qui marche, qui travaille, qui écrit, qui lit, qui parle, à sa convenance et dans la langue qui lui plaît, ils sentent vivement ce qui manque à la Russie, et ce qui leur manque à eux dans l'intérieur des frontières russes. Ils sont ainsi amenés à exagérer les défauts russes et à en souffrir plus que de raison. Ils se croient infiniment supérieurs à ceux qui les ont écrasés à coups de talon, ils ne sauraient juger leur vainqueur avec liberté d'esprit. Ils repoussent ou méprisent tout ce qui est russe; ils affectent d'ignorer la langue sœur ou bien l'écorchent dédaigneusement.

Les Russes rendent aux Polonais haine pour haine, mépris pour mépris. Il m'est arrivé plusieurs fois de reprocher aux Moscovites leur manque de générosité envers le vaincu brutalement terrassé! ils répondaient tous : « Que voulez-vous faire avec un *tel* peuple! » Le plus grand reproche qu'ils adressent aux Polonais, c'est de n'être pas Russes; ils leur en veulent aussi d'avoir les yeux fixés sur l'Occident et non sur la naissante civilisation du vainqueur. Les Russes, en Pologne, sont plus dépaysés qu'à l'étranger; ils ont beau n'en rien dire, se fréquenter entre eux, courir les plaisirs de la grande ville, ils sentent bien qu'ils ne sont pas chez eux, et ne tardent pas à s'ennuyer.

Mille petits détails leur font sentir la résistance du peuple, et si les petites gens n'ont pas, à leur égard, la hauteur dédaigneuse qu'affecte une partie de la bonne société, les sentiments de ces humbles n'en éclatent pas moins à toute occasion. Un jour, je marchandais quelque menu objet à une jeune fille dans une petite gare polonaise : elle me disait et me répétait le prix en polonais; ne comprenant pas, je lui dis en russe : « Mais je ne suis pas Russe, moi! dites-moi le prix dans une langue que je comprenne! » La jeune fille sourit, et, sans hésiter (ce qui prouve qu'elle savait bien la langue), me fit *en russe* la réponse que je demandais.

Entre les Polonais et les Russes, pullulent les Juifs. Les Juifs polonais sont les plus misérables représentants de la race errante. Le Juif ne peut prospérer, se décrasser, devenir presque semblable aux hommes d'Occident, que là où il est à peu près isolé dans un milieu étranger. C'est pour cette raison que l'Europe leur sert de crible, et qu'en passant de Varsovie à Berlin, de Berlin à Paris, de Paris à Londres, ils perdent peu à peu la plupart des traits qui nous les rendent antipathiques. Mais, dans les agglomérations juives de la Pologne, la misère, la saleté et l'abjection règnent en maîtresses. Trop nombreux pour ne pas se faire tort dans leur pauvre commerce, trop fiers pour se mêler à ces chrétiens méprisés qui les dominent, ils continuent à vivre dans la tradition séculaire de leur négoce, de leurs mœurs et de leur costume. Le salut, pour eux, est dans la fuite : l'Europe les formera, ils deviendront médecins célèbres en Allemagne, officiers et préfets en France, lords-maires à Londres, gros banquiers partout. Mais s'ils restent sur la terre natale, ils continueront à porter la longue lévite qui traîne sur les pieds, la casquette de soie et l'accroche-cœur sur la tempe, qui les font reconnaître dans toute la Pologne. On se figure malaisément combien ils sont sales, quand ils circulent dans les rues basses de Varsovie, et combien aussi ils font parfois pitié. Ils ne la mendient pas, cette pitié, car leur orgueil égale leur courage, mais la compassion, parfois, nous échappe malgré nous....

Varsovie, partagée entre deux races et entre trois nations ennemies, manque d'unité, de cohésion : je m'y sens mal à l'aise. Le hasard des voyages ne m'a d'ailleurs jamais fait voir un coup de soleil sur la capitale polonaise, et j'aurais peur, en notant l'impression de tristesse grise que j'y ai chaque fois ressentie, d'être injuste pour elle. De jolis visages aperçus dans un jardin public et dans les rues, une pittoresque dégringolade de toits rouges sur une pente abrupte qui tombe au fleuve, voilà mes seuls souvenirs caressants. Quant à la Vistule, que traversent deux grands ponts de fer, j'ai toujours vu son vaste lit presque à sec, avec des filets d'eau parmi des bancs de sable.

CHAPITRE II

ODESSA

Une charmante cité, qui ressemble à s'y méprendre à une ville de nos pays : rues droites, magasins, étalages, pavage soigné, autant de traits qui la distinguent des ordinaires villes russes. Elle s'étale sur une hauteur qui domine la mer, et de sa délicieuse promenade, le *Boulevard*, on voit au loin un golfe bleu pointillé de voiles blanches. C'est un ravissant coup d'œil, et la ville plaît dès l'abord.

Odessa est toute récente; sa fondation date d'un siècle à peine; sur l'emplacement d'une bourgade turque, une cité marchande s'est développée, qui croît et prospère. Malheureusement, à qui cherche ici des impressions russes, elle n'offre presque rien : cette ville qui charme un Moscovite las de son pavé pointu et de ses rues tortueuses, déconcerte un touriste venu ici pour faire diversion aux monotones souvenirs des grandes villes de l'Ouest. Odessa, malgré tous ses avantages et son incomparable site, n'a rien du charme pénétrant d'une vraie ville russe. D'ailleurs, elle est si peu russe! Sur trois cent mille habitants, il y a cent mille Juifs et vingt mille étrangers. On chercherait en vain dans ses rues la population avenante à laquelle les villes du centre vous ont accoutumé. Des étrangers partout; quant aux Juifs, ce ne sont plus ici de ces humbles et sales Juifs polonais dans leur éternelle lévite, avec leur casquette et leur accroche-cœur; ce sont des messieurs et des dames, de gros marchands, ventrus, nasus, et extraordinairement impudents. Un juif d'Odessa qui a ventre sur rue est le plus insolemment orgueilleux de tous ses coreligionnaires : l'audace et la suffisance lui poussent avec l'embonpoint. Toutefois, la population juive aisée fait ici bon ménage avec les Russes, commerçants et fonctionnaires : l'antisémitisme de plus d'un *tchinovnik* va jusqu'au million — exclusivement.

Odessa, ville frontière, puisqu'elle est un port, fait sentir très vivement au nouvel arrivé la puissance du gratte-papier et de la police en Russie. Une petite aventure que j'ai subie peut servir à montrer ce qu'est, loin du centre, l'administration russe.

J'arrivais avec un fusil de chasse qui, mentionné sur mon passeport, avait traversé sans encombre les douanes suisse, autrichienne, serbe, bulgare (en dépit de la rigueur des gendarmes de M. Stamboulof) et roumaine (en dépit de la misère du préposé à la douane de Giourgiou). Notre navire, à peine ancré en rade, est accosté par six ou sept *tchinovniks* (fonctionnaires) qui s'installent au salon, autour de quelques bouteilles de bière, tandis qu'un employé subalterne vérifie lentement les passeports. Nous avons l'air d'une bande de prisonniers aux mains de gardes-chiourme indifférents. Au bout de deux heures d'attente, on nous permet enfin d'accoster à quai. Visite de douane, plutôt aimable; mon fusil, dans sa boîte, eût passé sans encombre, s'il n'eût été mentionné sur mon passeport : cela m'apprendra à trop bien respecter la loi! Un conciliabule a lieu entre deux officiers de douane; un vieux qui boite va aux renseignements, et revient pour m'intimer l'ordre de laisser mon fusil entre ses mains. — Mais un reçu? — Nous ne donnons pas de reçus! — Que me faut-il faire? — Voir le gouverneur.

Le lendemain, à l'audience du général Z., gouverneur militaire d'Odessa. Autour d'une grande salle, nous sommes assis sur des chaises; des messieurs sont là, des dames en toilette, des moujiks, des Juifs. Entre le gouverneur, petit, sec, l'air dur — suivi de deux secrétaires. Tout le monde se lève. S'adressant à chacun, à tour de rôle, le général demande à son interlocuteur, qu'il tutoie, s'il est mal mis, l'objet de sa requête. L'homme ou la femme répond en tremblant.

— Et toi?

— Excellence, je viens vous supplier...

— Et ta pétition? elle n'a pas de timbre! (Chaque pétition doit être munie d'un timbre de 80 copecs, environ 2 fr. 50.)

— Je ne savais pas...

— *Vone otsouda!* (Fiche-moi le camp!)

— Et toi?

C'est une femme juive, proprement mise; elle vient demander un sursis pour son fils qui est expulsé d'Odessa en vertu de la nouvelle loi [1]. Elle est digne dans sa douleur suppliante. Le général fronce le sourcil.

— J'en ai assez de tous ces chiens de Juifs... Non! vous dis-je!

— Excellence, c'est que...

— Taisez-vous!... qu'est-ce que cela signifie? allons, fichez-moi le camp!

C'est le tour de mes voisins: une mère et son fils, encore des Juifs. En s'approchant, le général remarque que le jeune homme a un regard étrange, et baisse la tête d'une façon singulière; il fait brusquement un pas en arrière, et, d'une voix tonnante: « Et toi! qu'est-ce que tu regardes? je veux qu'on me regarde en face, quand je parle! »

— Excellence, mon fils est aveugle, dit la femme...

1. La scène se passait en 1892.

Le général, rassuré, prend la pétition qu'on lui tend et la donne à un secrétaire.

La revue des solliciteurs continue autour de la salle muette, où tonnent par instants de furieux éclats de voix. Le général disparaît enfin, et, tandis que la chambre se remplit d'une nouvelle foule résignée, un employé m'apporte un papier sur lequel il me fait coller pour cinq francs de timbres : c'est fini, j'aurai mon fusil.

En quelques bonds, je suis à la douane : il est midi. Je montre le permis du gouverneur.

— Revenez dans une heure, me dit-on, ces messieurs déjeunent en ce moment.

Le règlement ne prévoit pas ce déjeuner; mais rien à dire : j'attends. Une pluie d'orage survient, et je regarde tomber la pluie. Enfin, vers une heure, le vieux douanier qui a pris mon fusil hier, se montre dans un couloir. Je vais à lui avec mon papier.

— Votre fusil est dans les magasins, dit-il. Il faut aller le peser, mais nous ne pouvons faire ça en ce moment, voyez...

Les magasins de la douane ne sont séparés des bureaux que par une rue en pente; seulement, lorsqu'il pleut, cette rue, qui mène à la mer, sert de déversoir à tous les caniveaux de la ville; c'est-à-dire qu'elle se transforme en un torrent dans lequel un homme se noierait. L'eau boueuse descend bruyamment de la ville haute, et le port entier en est inondé...

Au bout d'une demi-heure, pourtant, des cochers s'y aventurent, et établissent, moyennant un bon prix, le va-et-vient d'un bord à l'autre de la rue. Je loue un fiacre pour traverser mon douanier et moi-même. Au milieu des caisses de toutes sortes, mon fusil se retrouve ; on l'a si brutalement manié qu'il s'est bosselé dans son étui. N'importe, on le met sur la balance, malgré mes protestations, pour le peser avec sa boîte ; on ne m'autorise même pas à retirer des poches ménagées sur les côtés, divers objets lourds que j'avais placés là de peur d'accident, entre autres un presse-papier : « *Nitchévo! nitchévo!* » répondent ces messieurs à toutes mes protestations. Le fusil, grâce à ces additions, se trouve peser un poids énorme : un bon douanier en sourit d'aise.

Ensuite, je repasse à la douane. Là, durant deux heures et demie, j'erre de guichet en guichet, attendant que mes papiers soient visés à tour de rôle par une dizaine d'employés. Quelqu'un à la fin prend pitié de moi : « Venez », dit-il. Il s'approche d'un guichet.

— N'avez-vous pas le dossier de monsieur? et il fait voir quelques pièces blanches que je viens de lui remettre...

En dix minutes, grâce à ces pourboires, mes papiers étaient sortis des dossiers, où on les avait enfouis à dessein, et la dernière signature était donnée. Il me restait à payer les droits de douane pour un fusil dont les canons datent de trente ans ;

ces droits se montaient modestement à 57 francs : « Vous avez de la chance, me dit le caissier, qu'on ne vous applique pas le tarif allemand, il est triple du vôtre. » Le caissier attendait, sans doute, une effusion de reconnaissance.

En sortant, je découvris au fronton du bâtiment de la douane une statue. J'eus le temps de l'examiner et d'y reconnaître une statue de Mercure !

Voilà le souvenir qui me reste du Marseille russe...

CHAPITRE III

KIEF

Kïef, la ville sainte, s'étage sur de grasses et voluptueuses collines, au bord desquelles le Dnièpr roule mollement son flot bleu. Moscou a une beauté triomphante, et nous subjugue par ses splendeurs et ses débauches de coloris; la beauté de Kïef est charmeuse; elle ne nous brusque pas, elle enlace doucement le cœur. Il semble que sur cette ville flotte une atmosphère de grâce et de plaisance dont les plus insensibles même se sentent enveloppés. D'où vient ce charme étrange? Il est, en Russie, d'autres villes qui dominent un large fleuve et une plaine fertile; pas une, pourtant, ne donne l'impression délicate de Kïef la ville sainte. Il semble qu'un peu de la vivacité sympathique et douce des Petits-Russiens soit passée dans leur capitale, et se manifeste à nous par ces verdures tachetées de blanc, par ces églises aux flamboyantes coupoles d'or fin, par ce fleuve bleu qui s'épand au loin dans une plaine luxuriante, par ce ciel éclatant et clément et doux. L'horizon n'a que des nuances tendres et fondues, rien de heurté; l'air est léger, la vie calme et gaie. On est loin de l'avidité qui dresse autour des villes modernes son armée d'usines, et loin aussi de la résignation un peu apathique de la Russie septentrionale. Kïef est une ville de sourires et de chansons fredonnées : la gaîté trop bruyante, aussi bien que la tristesse, dans son cadre mollement gracieux, ferait tache.

Le détail exact de toutes ces grâces paraîtrait insignifiant; beaucoup de murailles blanches et de toits rouges parmi la verdure, beaucoup d'églises fleuries de leurs coupoles multicolores; n'est-ce pas là ce qu'on retrouve dans toutes les villes russes? Nijni-Novgorod, à tout prendre, a plus de pittoresque grandeur que Kïef; mais ce n'est pas Kïef, la ville sainte épanouie, où tout n'est que douceur et harmonie : l'horizon, le ciel et les hommes.

J'ai vu plus d'une fois, du haut du Kremlin de Nijni, le crépuscule tomber sur la Volga : l'impression était grandiose et sévère. Mais, regardez à Kïef, du haut du mont Saint-Vladimir, le couchant jeter sur le Dnièpr ses flammes changeantes; l'impression est infiniment calme; la tombée du soir ne semble pas interrompre une journée d'activité fiévreuse; on dirait plutôt qu'elle vient ouvrir de nouvelles merveilles, et la foule attend, paisible, l'épanouissement d'une de ces adorables nuits petites-russiennes que Gogol a célébrées. Peu à peu, le sombre se fait sur la plaine; le fleuve y met encore longtemps une traînée de lumière; puis il s'éteint lui-même, et l'on n'aperçoit plus, dans le silence des choses, que des barques à vapeur qui passent et repassent en vomissant des étincelles.

La *Lavra* (couvent) de Kïef est la plus sainte du pays russe. Les pèlerins, durant toute l'année, y affluent par milliers. Pour nous, ce monastère n'a rien de bien spécial : un amas d'églises sombres où l'or et l'argent étincellent sous la lumière des cierges; dans la pénombre, des formes debout, qui se signent et font des révérences; c'est là le caractère de toutes les églises russes, d'un bout à l'autre de l'Empire. Je ne veux point m'attarder à décrire ce flamboiement de métaux précieux dans des iconostases tous pareils. Je préfère noter mes impressions de flâneur.

... Sous la porte voûtée qui ouvre sur la rue, un moine est assis, longue barbe et longs cheveux, soutane crasseuse. Près de lui est un seau de métal; il tient dans la main un gros pinceau à détrempe. Un fidèle s'approche; le moine, avec nonchalance, mouille son pinceau et en peinturlure le front du moujik; celui-ci se signe dévotement et s'en va; un autre prend sa place... Pratiques, les moines russes!

La grande curiosité de la *Lavra* de Kïef, ce sont les grottes de Saint-Antoine et de Saint-Théodose, étroits couloirs creusés dans la pierre noirâtre. Un moine vous y précède, tenant à la main un petit cierge, et citant, tous les deux ou trois pas, le nom des saints qui sont enterrés dans l'épaisseur de la paroi.

Le moine qui me guide est tout jeune; il a de longs cheveux blonds et une jolie figure douce.

— Saint Anselme! fait-il en me désignant un enfoncement dans la muraille; puis il ajoute, se retournant à demi vers moi dans l'étroit couloir où son cierge fait des ombres : Et vous, d'où venez-vous donc?

— De Paris!

— Saint Vladimir! saint Cosme! fait le moine, sans arrêter sa marche. Saint Grégoire!... De Paris! reprend-il pensif; c'est loin cela?

— C'est très loin.

— Saint Nicolas!... Et où ça se trouve-t-il? au delà du Caucase, sans doute?

— Non! de l'autre côté, au delà de l'Allemagne, au delà de l'Autriche, dis-je, ne sachant trop que répondre à cette bizarre géographie.

— Saint Athanase! saint Basile!... C'est bien loin!... En quel pays est-ce, cela, Paris?

— C'est en France; je suis Français.

— Ah! Et les Français, sont-ils chrétiens?... Saint Anselme! saint Serge...

— Mais oui, ils sont chrétiens!

— Mais ce ne sont pas de véritables orthodoxes?

— Ils sont cependant chrétiens.

— Et vous, qu'est-ce que vous faites ici?...

— Je me rends à Moscou.

— Pour y vivre?

— Non! pour y apprendre la langue russe.

— Est-ce que vous comprenez ce que je dis? (Notez que toute la conversation avait lieu en russe et que je la répète textuellement!)

— Mais oui, vous le voyez bien; seulement, je veux mieux apprendre encore; j'ai là-bas des élèves et je leur enseignerai votre langue.

— Saint Hilarion! saint Ignace... Alors, là-bas, ils ne comprennent pas le russe? Que parlent-ils donc?

— Le français!

— Ah! le français!... Paris!... murmure le moine blond tout pensif; et il continue à m'énumérer, sans autre commentaire, les tombeaux des saints.

A la sortie, tandis que je dépose mon offrande dans l'assiette surveillée par un moine gras, mon compagnon a le temps de raconter que je viens de Paris. Ce nom, sans doute, réveille dans leur esprit à tous deux de confus souvenirs de choses entendues ils ne savent où; en tout cas, ce doit être loin, ce Paris d'où je viens, car je ne parle pas comme les gens d'ici. Le gros moine, toutefois, ne veut pas laisser voir sa surprise; il veut montrer qu'il s'intéresse à ce pays. Il me dit :

— Vous venez de Paris? comment ça va-t-il là-bas?

— Ça va bien.

— *Et la moisson?*

— La moisson? pas mauvaise, Dieu soit loué!

Et le moine gras répète : Dieu soit loué!

L'idée de ce moine s'enquérant de la moisson qu'on a faite à Paris m'a paru gaie d'abord, et j'en ai souri. Puis, à la réflexion, j'ai trouvé une certaine beauté dans cette question. Si le blé a bien poussé chez nous, Dieu nous a comblés, pense ce moine, ce paysan; tout le monde, chez nous, aura le pain quotidien. On ne comprend ces mots que lorsqu'on a vu de près la famine.

CHAPITRE IV

ARKHANGEL

Au bord de la Dvina, qui coule magnifique entre des rives distantes de deux à trois mille mètres, Arkhangel s'effile comme un mince ruban de maisons brunes et grises enfouies dans la verdure. Trois rues parallèles forment toute la ville; mais ces rues ont dix kilomètres de longueur. Elles sont faites, pêle-mêle, d'habitations et de magasins en bois, avec des monuments publics en brique, crépis de blanc. La ville est charmante aux saisons extrêmes, en été, lorsque tous ses arbres épanouissent leurs frondaisons; en hiver, lorsque le froid met à ses bouleaux blancs des mitaines de givre, et jette sur l'horizon du fleuve l'apaisement splendide de la neige.

A l'embouchure d'un grand fleuve qui lui permet de communiquer par eau avec *Saint-Pétersbourg* et avec *Astrakhan*, Arkhangel est une importante ouverture de la Russie sur la Mer Blanche. Malheureusement, son port n'est libre que durant les quatre mois d'été; huit mois d'hiver viennent l'immobiliser sous la neige et la glace; le thermomètre descend parfois alors jusqu'à 50° centigrades; cette saison n'est qu'un long sommeil sous les fourrures.

Durant l'été, au contraire, une fiévreuse activité règne sur la ville. Dès que la Dvina, délivrée des glaces, rétablit les communications avec le centre de l'Empire, d'énormes gabares se confient aux remorqueurs, et apportent au grand port septentrional le blé qui sera ensuite réparti dans toutes les localités de cette immense province, où les céréales ne croissent plus. Dès que les ice-bergs qui flottaient sur la Mer Blanche, se sont disloqués et fondus, toute la flottille de pêche qui dormait à Arkhangel s'élance vers l'Océan Glacial, pour pêcher la morue sur la *Côte mourmane*. Il faut que dans ce très court été, le travail de toute l'année soit accompli, il faut que le grain soit amené du sud avant que les basses eaux du mois d'août viennent entraver la navigation et tripler les prix de transport; il faut que le commerce d'exportation soit terminé avec les navires étrangers avant les premières gelées de septembre qui les retiendraient prisonniers; il faut surtout que la pêche de l'Océan Glacial soit menée à bonne fin, et qu'on ait le temps d'apporter la morue à Arkhangel, de la saler, puis de l'expédier dans toutes les bourgades qui bordent la Mer Blanche; durant toute l'année, en effet, ces populations ne se nourrissent de rien autre chose que de champignons et de morue salée.

Arkhangel n'est pas seulement un port marchand; c'est surtout le centre d'approvisionnement de tout le Nord russe. C'est la seule ville importante qui se trouve à mille kilomètres à la ronde, c'est la vraie capitale des régions polaires. Toutes les races de la zone des forêts et de la *toundra* glacée se coudoient dans ses rues, depuis les Caréliens, ces Finnois au teint blanc et aux yeux bleus, jusqu'aux sordides Samoyèdes conducteurs de chiens et pasteurs de rennes. La vie estivale y est gaie, animée. On canote sur la Dvina, on va faire des pique-niques dans l'herbe sur la rive d'en face, située à trois kilomètres; on se promène joyeusement en barques, garçons et filles, avec des accordéons, l'inévitable accompagnement des gaîtés russes. On se baigne dans le beau fleuve lent dont l'eau est douce au corps. On se réunit dans le Jardin d'Été (nous autres, nous avons des jardins d'Hiver!), autour d'un kiosque où la musique d'un régiment monte sous les blancs bouleaux échevelés; enfin, on passe des soirées au théâtre.

Il est charmant, ce petit théâtre d'Arkhangel : une salle oblongue toute peinte en blanc, avec un filet d'or et des draperies rouges aux rebords des galeries. Les sièges de l'orchestre sont mobiles; on a chacun son fauteuil canné; on est à l'aise, et, comme tout le monde se connaît ici, on échange des saluts aimables avec tous les coins de la salle. L'éclairage est fait aux bougies : soixante bougies (je les ai comptées) versent sur les spectateurs leur lumière intime et discrète. J'ai vu jouer dans ce joli théâtre blanc un gros mélodrame du boulevard : « Les Mendiants de Paris », drame en cinq actes, traduit du français : les acteurs avaient de l'aisance et du naturel. J'ai causé aussi avec une actrice; elle m'a appris que sa troupe jouait toutes les pièces en vogue dans l'Europe occidentale : les pièces de Sudermann, des pièces de Dumas, d'Ibsen, de Sardou et de Blumenthal; l'œuvre qui avait toujours eu le plus grand succès, c'était *Orphée aux Enfers* : « Vos pièces françaises, ajouta l'artiste, finissent toujours bien; c'est monotone! » L'hiver, la troupe s'envole vers les quatre coins de la Russie : impossible de rester dans cette ville, car « les Arkhangelois » n'ont pas le sentiment artistique » — ce n'est pas moi qui le dis, mais bien la jeune première; elle a ajouté : « Et puis, merci! en hiver, il fait nuit presque tout le temps, dans ce vilain pays. Nous filons dans un mois : les uns vont à Astrakhan, les autres à Omsk en Sibérie; c'est là qu'il fait bon vivre l'hiver! il y a du mouvement, des promenades, des bals ! — et puis, les messieurs nous couvrent de fleurs... »

Oh ! le rêve d'une petite jeune première, maigrichonne et phtisique, des théâtres d'Arkhangel et d'Omsk en Sibérie !

CHAPITRE V

SAINT-PÉTERSBOURG

Saint-Pétersbourg est la ville la plus grosse, mais la moins russe de tout l'Empire. C'est un immense Versailles, un énorme Potsdam : fondée par une fantaisie de Pierre le Grand, elle n'a grandi et ne s'est solidement assise que grâce à la faveur constante des tsars. C'est avant tout une cité de cour; on n'y vit que par le palais, ou pour le palais. Tout y est artificiel, la nature comme les hommes; tout y dépend d'un caprice du souverain. Sans doute, à la longue, il s'y est développé un réseau d'industries et de grand commerce; mais tout cela est né d'un calcul ou d'un effort de volonté, et non pas des conditions naturelles du sol.

J'ai visité trois fois Saint-Pétersbourg, et trois fois j'ai eu la même impression morose. Des rues à angles droits; une interminable avenue toute droite, l'insipide et célèbre *Perspective Nevski* —

ou plus précisément, le *Nevski prospect*, — bordée de magasins où l'élégance vraie s'allie au clinquant berlinois, voilà la ville. Les maisons, hautes et tristes, sont bâties sur pilotis, et l'on dit que Saint-Isaac, une grande cathédrale toute en marbre, s'enfonce lentement dans la vase. Partout, on sent une ville d'hommes d'affaires, de courtisans et de *tchinovniks*, où chacun se surveille, où une opinion politique est cent fois plus dangereuse que les pires débauches.

Saint-Pétersbourg ne manque pas de monuments : le plus célèbre est le Palais d'Hiver, une grande masse de briques rougeâtres, à l'ornementation tourmentée, et beaucoup trop basse pour sa largeur. L'intérieur, en revanche, recèle, dit-on, toutes les magnificences que la puissance des tsars peut répandre sur leurs appartements. Je ne les ai pas vues : j'ai peu de goût pour ces palais somptueux. Pourtant, le Palais d'Hiver m'est cher parce qu'il touche à la fois aux deux plus beaux joyaux de la capitale russe : à l'Ermitage, qui contient une admirable galerie de tableaux, et aux quais de la Néva.

Les habitants de Pétersbourg sont fiers de la Néva, et ils n'ont pas tort. On dirait un bras de mer qui passe avec de petites vagues bleutées entre les admirables quais de granit rose. Tout au fond, une forêt de mâts ; en face, sur l'autre rive, l'aiguille dorée d'une église, qui domine la terrible et mystérieuse forteresse de Pétropavlovsk, d'où un criminel d'État n'est jamais revenu... Au loin, tout là-bas, infiniment, le clapotement de l'eau sombre dans une brume. C'est un admirable coup d'œil; de pareils quais, sur un pareil fleuve, suffiraient à la gloire d'une capitale.

Tout, à Pétersbourg, donne l'impression d'une ville artificielle. La présence d'une cour soupçonneuse et d'une police inquiète y fait taire cette joie bruyante qui caractérise les vraies villes russes. On s'y observe, et l'on sent qu'on y est observé.

Saint-Pétersbourg est la plus grande fenêtre que la Russie ouvre sur l'Occident; nulle part l'influence de la civilisation étrangère n'y est aussi caractérisée, et rien n'est plus déplaisant. Je suis de ceux qui aiment voir les peuples suivre leur voie et se montrer discrets dans l'imitation étrangère. Sur les bords de la Néva, le patriotisme mis à part, c'est tout juste si l'on ne rougirait pas d'être Russe. Tout ici est faux et emprunté; l'extérieur comme une partie des coutumes; on sent partout le plaqué.

C'est l'Allemagne qui envahit Saint-Pétersbourg. Le voisinage des provinces baltiques, et la faveur longtemps accordée par les tsars aux grands fonctionnaires allemands, expliquent cette invasion. Dans la rue, on entend, dans les groupes de gens bien mis, presque autant parler l'allemand que le russe; les magasins allemands, les restaurants allemands foisonnent dans les grandes rues, sans parler encore des fabriques de la banlieue qui appartiennent à des Allemands. Si vous écorchez le russe, soyez sûr que l'on vous répondra en allemand. Un détail typique enfin : au lieu de boire du thé, comme la plupart des Russes, les Pétersbourgeois boivent du café — comme les Allemands.

Cet envahissement étranger déplaît certes aux touristes; mais, au point de vue des affaires, il a du bon. Sans doute, le grand centre commercial de la Russie, c'est Moscou; mais Pétersbourg est peut-être plus indépendant de la routine séculaire, que ne l'est sa rivale, et je suis tenté de voir là une influence allemande. Des villes artificielles, comme Berlin et Pétersbourg, peuvent exercer sur leur pays respectif une grande influence, parce que, n'ayant pas de traditions, elles peuvent s'assimiler plus vite les nouveautés avantageuses. Toutefois, cette assimilation rapide peut avoir des inconvénients; pour Berlin, ils sont atténués par la force de volonté du peuple allemand; à Pétersbourg, ils sont plus sensibles, parce que les natures slaves sont plus capables d'imitation que d'assimilation réelle. Je crains que cet afflux de civilisation allemande, tout en stimulant l'industrie, n'ait des suites fâcheuses pour l'intégrité du caractère russe. La haine des Russes pour les Allemands n'est peut-être au fond qu'un sentiment instinctif de cette dénationalisation : on ne hait bien que les races à l'envahissement desquelles, faute de cohésion ou de personnalité accusée, on se sent incapable de résister. Les Allemands, qui ont civilisé la Russie, s'y considèrent trop, à l'heure actuelle, comme dans un pays annexé : pour leur emprunter une expression, ils s'y font « trop larges », ils y prennent trop d'importance. Pétersbourg qui, par sa position géographique, et à cause de son histoire, s'est toujours trouvé en contact immédiat avec eux, leur doit bien des avantages, sans doute, mais leur doit aussi de paraître presque étranger dans le pays russe.

QUATRIÈME PARTIE

A MOSCOU

En passant, ce matin, au trot allègre de ma *troïka*, par la blanche forêt de bouleaux qui nous sépare de la gare, il me semblait, sur la route si connue, voir fuir à mes côtés comme un morceau de ma vie : je quittais, pour l'hivernage, ce délicieux nid de Soukovo. Je sentais combien les mois passés au milieu de cette nature, si pauvre dans son immensité, avaient été pour moi sains et fortifiants, et surtout, féconds en impressions *actives*. Au lieu de la jouissance réceptive que donne la vue d'un beau pays, cette grisaille aimée m'a fourni des occasions de sortir de la contemplation égoïste; cette terre, où rien n'est terminé, n'est pas berceuse de dilettantisme, et j'ai appris à l'aimer pour tous les germes d'activité qu'elle sème sans se lasser jamais. Oh! quitter cette rivière, ces bois, ce parc où l'automne a mis aux feuilles mourantes des érables et des platanes, ses ors triomphants ! quitter cette vie libre, surtout, cette bonne vie libre !...

*
* *

En traversant ce soir le bord du Kremlin, et en revoyant pour la vingtième fois, peut-être, le merveilleux panorama de Moscou, j'ai éprouvé un coup de joie, une jouissance presque physique de beauté réalisée. J'aurais été incapable de détailler sur l'heure cette impression : à présent, seulement, dans le silence de ma chambre, je revois, en fermant les yeux, là-bas, la masse d'un blanc de neige et l'énorme coupole dorée du temple du *Christ Sauveur* ; puis, émergeant de la verte houle des toitures, et se profilant sur le ciel gris perle, le foisonnement des églises, avec leurs formes tourmentées et leurs nuances infinies. Sous l'estompe du crépuscule, les toutes blanches prennent un rehaut de valeur, puis, ce sont les grises, les bleues, les toutes proches éclatantes, et les lointaines harmonisées à l'horizon flou. Et toujours, cette verte mer des toits, par delà le ruban gracieux de la rivière. Je ressens encore en moi, à cette heure, un frémissement de joie esthétique satisfaite. Ceux qui jamais n'auront l'œil ébloui par ce féerique spectacle, ne sauront point la douleur d'impuissance éprouvée à manier des mots, des signes muets, qui jamais ne feront passer dans une autre âme le frisson de cette beauté.

*
* *

Lorsqu'on s'éloigne des grands quartiers du commerce, où les magasins se pressent comme dans une ville de nos pays, on est surpris, à la fois, et charmé de voir que les maisons ne se touchent point, et qu'une large allée les sépare les unes des autres. Chacune d'elles a ainsi sa physionomie propre; si d'aventure elle est jolie, ses voisines lui font repoussoir et elle s'en détache comme fait une villa sur un fond de verdure. Ce mode de construction s'explique par l'origine de Moscou, où toutes les maisons étaient encore en bois dans la première moitié du siècle : or, le danger d'incendie est si grand, dans ces villes de sapins secs, que l'on isole le plus possible les habitations. Lorsque, un peu plus tard, l'habitude se répandit d'élever des maisons en briques, et lorsque cette habitude fut sanctionnée par une ordonnance de police interdisant toute construction en bois jusqu'à une distance donnée à partir du Kremlin, centre de la ville, les propriétaires ne voulurent pas renoncer aux commodités que présente la maison isolée. Les passages mitoyens subsistèrent, et chaque maison continua à faire un tout bien distinct. La conséquence de cette coutume fut de maintenir les maisons basses, car une maison isolée ne saurait guère s'élever à la hauteur qu'atteignent chez nous les immeubles qui bordent les grandes rues. A Moscou, sauf, bien entendu, dans le centre du commerce, les maisons dépassent rarement deux étages; la plupart n'ont même qu'un premier : aussi la ville couvre-t-elle une énorme superficie.

*
* *

L'âme de la maison moscovite, c'est la cour, le *dvor* : toutes les maisons ont leur cour, dont dépend en grande partie leur physionomie.

Supposez qu'un propriétaire dispose d'un très vaste emplacement. Que fera-t-il, chez nous? Il superposera des étages et couvrira son terrain de hautes casernes de rapport. A Moscou, il se contentera d'entourer son terrain de petites maisons d'un ou deux étages, ouvrant toutes sur une cour centrale, et pourvues, à l'occasion, d'un jardin commun. A Paris, nous aurions une *cité*, avec 150 locataires et une entrée pavée, morne et grise; à Moscou, il y aura quatre ou cinq maisons au plus, avec sous-sol, rez-de-chaussée et premier, soit en tout 15 locataires. Ce système n'est pas avantageux pour le propriétaire, mais est fort agréable pour les habitants.

Voici maintenant le type d'une de ces maisons. L'entrée ouvre, par une double ou triple porte capitonnée, sur un vestibule auquel sont appendus de robustes portemanteaux avec un miroir. C'est un véritable vestiaire. Les Russes s'inquiètent fort peu, en général, de l'élégance extérieure : avoir un pardessus bien coupé est le dernier de leurs soucis, pourvu qu'ils soient chaudement vêtus. Dehors, sur le pavé pointu, dans la boue ou dans la neige, qui donc se souciera de faire pied fin! Dans les appartements, à la bonne heure : comme la plupart des parquets sont cirés, et comme les tapis sont rares, on n'aime pas y faire résonner à l'allemande de lourds talons; les chaussures sont donc légères, mais on a soin de les introduire, avant de sortir, dans de commodes et robustes caoutchoucs qu'on met et qu'on ôte d'une simple pression du pied. Mais les mains? — S'il fait froid, irez-vous, de gaîté de cœur, risquer de perdre un doigt, en vous couvrant d'un mince gant de peau qui le laissera geler? Non! Vous mettrez pour sortir des gants solides, qui ne craignent ni le froid, ni la neige, ni l'attouchement des fiacres crasseux. Seulement, une fois dans le vestibule, vous ôterez vos gants, et vous entrerez les mains nues : la charmante coutume du baisemain qui s'est conservée ici, ne vous fera pas regretter cette simplicité de mœurs!

— Et la coiffure? — Que viendriez-vous faire ici avec un chapeau de soie? Vous le logeriez difficilement sous la capote de votre petit fiacre; s'il neige, il serait perdu, car enfin, vous ne comptez pas tenir un parapluie ouvert sous la neige? Si vous vouliez relever votre collet, le chapeau haut de forme ne vous gênerait pas moins. — Laissez-moi à l'Occident ces modes barbares de coiffures que le moindre attouchement détériore. A Moscou, vous vous coifferez, selon les temps, d'une casquette blanche en toile, large et légère, d'un chapeau mou, ou d'une toque en fourrures. Votre toque ne craindra pas la neige; en outre, elle vous tiendra chaud à la tête et, lorsque vous filerez au grand trot, en traîneau découvert, sous un froid de — 20°, vous pourrez sans inconvénient relever l'énorme col de votre pelisse, dans lequel la toque s'encadrera commodément.

Ainsi, dans le vestibule d'une maison russe, on laisse ses caoutchoucs, ses gants, son pardessus et sa coiffure. C'est qu'on ne vient pas voir ses amis pour passer chez eux dix minutes et causer du temps qu'il fait : on vient pour se voir, sans gêne; et pendant toute la durée de la visite, au lieu d'être, comme chez nous, un étranger qui fait l'aimable, on devient en quelque sorte un membre de la famille amie...

Sur le vestibule, donnent en général deux pièces importantes et toujours grandes ouvertes : la salle à manger et le salon. Puis, par une série plus ou moins compliquée de couloirs, on peut pénétrer dans les différentes chambres, et enfin, dans la cuisine qui possède, sur la cour, une entrée particulière.

Dès le vestibule, durant la saison froide, on sent que la maison est chauffée. Au contraire de nous, les Russes se vêtent très légèrement dans l'intérieur et très chaudement pour sortir. Obligés d'entretenir dans leur maison une température élevée, à cause du long séjour qu'ils y font sans sortir, durant l'hiver, les Russes deviennent frileux; ils grelotteraient dans la plus chauffée de nos maisons françaises. En outre, chez eux, la température étant une question de vie ou de mort, on ne se contente pas de chauffer une pièce ou deux, en laissant les autres glaciales, ainsi qu'on fait en général chez nous. Ils s'efforcent, au contraire, d'avoir une température à peu près égale (environ + 20° centig.) dans tout l'appartement, depuis l'entrée jusqu'aux chambres à coucher. A cet effet, les fenêtres sont pourvues d'un double cadre, dont on a soin de boucher par du mastic et de la ouate les moindres jointures : durant six mois, les chambres ne prennent plus l'air que par de minuscules ouvertures à charnières pratiquées dans les fenêtres, et soigneusement munies de bourrelets. De la sorte, l'appartement russe fait à peu près l'effet d'une vaste boîte n'ayant avec le dehors qu'une communication sérieuse : la triple porte d'entrée. On évite l'odeur de renfermé en laissant ouvertes presque toutes les portes intérieures ; d'ailleurs, les poêles que j'ai décrits, ont des appels d'air qui assainissent les pièces où ils sont placés. Les doubles fenêtres contiennent dans leur intervalle différents produits chimiques destinés à absorber l'humidité de l'air et à empêcher les fleurs de givre de se déposer sur le cadre extérieur. L'appartement, bien chauffé et hermétiquement clos, est donc suffisamment aéré et suffisamment clair, malgré la relative exiguïté des fenêtres.

Notre maison à nous, subit plus ou moins l'influence de la température extérieure : la maison russe ne s'en inquiète pas. Durant l'hiver, les Russes ont à leur disposition deux mondes, la rue et la maison, qui sont complètement distincts, et dont l'écart de température est parfois de 50 ou 55° centigrades : ici on gèle ; là, il fait chaud. La chaleur n'est pas un luxe, c'est une nécessité vitale ; le froid n'est pas un mal passager qu'on accueille, comme nous faisons, avec plus ou moins de mauvaise humeur : c'est un ennemi contre lequel il se faut battre. On comprend que les Russes organisent dans leur intérieur une vie artificielle en opposition complète avec la vie du dehors : tandis que la gelée crépite dans la rue, une molle température règne dans leurs appartements, où des plantes vertes délicates, qui tapissent tous les coins et toutes les embrasures des fenêtres, se développent comme dans une serre. Ce monde artificiel qui enveloppe le Russe dans sa maison, lui est doublement cher par le contraste avec la glaciale réalité qu'il aperçoit à travers ses vitres, et il le choie, il l'enjolive de toutes les grâces qui font le plus défaut à la nature hivernale.

Dans leurs maisons chaudes, je l'ai dit, les Russes se vêtent légèrement : jamais de gilets de laine ou de coton, de ces lourds vêtements de dessous qui recouvrent, au moindre froid, le Français ou l'Allemand. Mais pour sortir, c'est toute une affaire. Il faut se couvrir comme pour un voyage : bottes fourrées qui cachent les bottines, longue et lourde pelisse de fourrures, toque fourrée rabattue sur les oreilles, plaid pour couvrir les jambes, tel est l'attirail de sortie d'un homme de la bourgeoisie. Sous le poids de ces vêtements, on est fort empêché de circuler : 500 mètres sont déjà un sérieux déplacement. Heureusement, des traîneaux sont là, qui, pour une modique somme, vous transportent à vos affaires. La nécessité de se couvrir lourdement entraîne la nécessité d'aller en voiture ou en traîneau. Quoi d'étonnant si, après de longs mois d'hiver passés dans une sorte d'apathie locomotrice, les Russes, en général, aiment si peu, durant l'été, faire de longues courses à pied? Cette indolence des Slaves est une conséquence directe de leur climat.

Sans doute, je n'esquisse en ces pages que la vie des gens qui appartiennent à la société relativement aisée. Il va sans dire que le menu peuple et les petits boutiquiers, tous ceux à qui leur métier impose un contact direct avec la rue, y circulent aussi vaillamment en hiver qu'en été, défendus contre le froid par des mitaines, des bonnets fourrés, des bottes en feutre et des pelisses en peau de mouton, ajustées jusqu'à la taille, et bouffant en jupe ample, depuis la ceinture jusqu'aux mollets. Mais, les malheureux de tous les pays se ressemblent, au fond, et ces notes d'ailleurs, ne visent pas à donner un tableau complet de la vie moscovite.

*
* *

Toutes les maisons ont une cour, un *dvor*; tous les *dvors* ont un *dvornik*, ou même deux. Je n'ose traduire le mot *dvornik* par portier, car ce serait en restreindre le sens. Le *dvornik* est chargé à la fois de tous les gros travaux de la maison, et d'un service de police des plus délicats; il n'est pas de trop, pour ce métier, de la force endurante et de la finesse native du moujik. C'est lui, naturellement, qui balaye la cour; il le fait avec un balai de bouleau muni d'un manche très long, et avec lequel, sans se déranger presque, il trace autour de lui un vaste demi-cercle de propreté. Puis, il va chercher l'eau — car à Moscou, la canalisation de l'eau n'a été organisée que tout récemment, et l'usage n'en est encore que fort peu répandu. De place en place, sur des carrefours importants, s'élèvent des fontaines, vastes constructions dans lesquelles l'eau est amenée jusqu'à trois mètres au-dessus du sol, pour se déverser au moyen de longs tubes recourbés, articulés sur leur pied d'attache. C'est là que les *dvorniks* du quartier se rassemblent. Ils traînent une petite voiture à bras sur laquelle est fixé un tonneau muni d'une large ouverture carrée. Le tube de la fontaine est amené au-dessus du tonneau, on ouvre une clef, et tout est dit. Toutefois, la quantité d'eau ainsi transportée ne suffit pas pour l'usage des locataires; ceux-ci se voient obligés d'acheter tous les matins à un marchand qui passe, un certain nombre de seaux d'eau, que l'on conserve dans une grande barrique à la porte de la cuisine.

Une fois l'eau apportée et la cour balayée, le *dvornik* nettoie la fosse à fumier qui est de plain-pied avec la cour. Il met tout en ordre, après quoi, il donne volontiers un coup de main à ceux des autres domestiques qui ont mérité ses bonnes grâces; ou bien encore il plante des clous, répare un objet cassé, monte une malle, va chercher une voiture : bref, c'est l'homme à tout faire. Son rôle strict de portier consiste à répondre jour et nuit à l'appel d'une sonnette dont le cordon se termine à côté de la porte cochère : les étrangers à la maison emploient seuls cette sonnette, quand ils désirent un renseignement sur un locataire, ou bien quand ils veulent entrer dans la cour sans être molestés par les chiens.

Telles sont les fonctions du *dvornik* en tant qu'homme de peine. Voyons-le maintenant devenir agent de police : il quitte simplement, à cet effet, son tablier blanc. — C'est lui qui est chargé de tous les rapports entre les locataires et le commissariat du quartier : ce n'est pas une sinécure, dans cette soupçonneuse Russie, où chaque citoyen honorable a son dossier à la police. Toutes les personnes, quelles qu'elles soient, qui se déplacent en Russie, doivent, en effet, être munies d'un passeport; elles doivent le présenter, non pas seulement à toute réquisition, mais encore chaque fois qu'elles changent de résidence. Si vous voyagez, le premier soin du garçon d'hôtel sera de vous demander votre passeport; si vous venez passer une nuit chez un ami, vous devez, théoriquement tout au moins, montrer vos papiers et les faire viser au commissariat. Si vous partez, au lieu d'arriver, il vous faut vous soumettre aux mêmes formalités; la seule différence est qu'elles sont plus coûteuses. Or, tous ces visas, c'est le *dvornik* qui les obtient en personne, en allant porter vos pièces au commissariat.

Si l'on vous adresse une lettre chargée ou un paquet recommandé, c'est encore le *dvornik* qui vous permettra de le recevoir. Voici pourquoi. La poste se garde bien de vous envoyer ces objets par un facteur : le facteur est chose rare en Russie et Moscou est trop fière d'en posséder quelques-uns, pour n'être pas soucieuse de les ménager. Or donc, le paquet arrive à la poste : en général, un employé y jette un coup d'œil — il n'y a pas de sotte curiosité pour un postier russe... Si le paquet vient de l'étranger, on l'ouvre, on le pèse, on le taxe en votre absence, puis on le recachette, et l'on vous présente une note à payer, où s'additionnent les droits de douane, le timbre, le prix du décachetage, de la pesée, du rempaquetage, du ficelage et du cachetage. Notez que je n'invente rien : j'ai passé par là... Au fait, voici ma première expérience. Un paquet m'était arrivé à la Grande Poste de Moscou; on m'expédia un imprimé sur lequel était mentionnée la somme (port, douane, etc.) que j'avais à payer. Sans défiance, je me présentai.

— Qui êtes-vous? me dit l'employé.

— Je suis un tel! voici d'ailleurs mon passeport et l'avis que j'ai reçu.

— Est-ce que je sais qui vous êtes? moi!

— Mais voilà mon passeport!

— Votre passeport, votre passeport! mais moi aussi, j'ai un passeport! tout le monde a un passeport! qu'est-ce que ça me prouve votre passeport?

— Alors, que dois-je faire?

— Il faut faire viser au commissariat de votre

quartier l'avis que vous a envoyé la poste : on constatera votre identité.

Je repris fort marri le chemin de ma maison située à l'autre extrémité de Moscou : mon commissariat était fermé à cette heure. Le lendemain, je sautai dans un fiacre et me rendis au bureau du commissaire.

— Que voulez-vous ? dit un secrétaire.

— Faire viser ce papier.

— Est-ce que je sais qui vous êtes, moi ?

— Mais, mon passeport que voici...

— Eh bien ! qu'est-ce que ça me fait votre passeport ?

— Alors, que faire ?

— Quoi ? vous le savez bien, quoi ! Vous n'avez qu'à envoyer le *dvornik* de votre maison.

Je m'inclinai : en Russie, il faut être patient. J'allai prendre Stépane notre élégant *dvornik*.

— Stépane, lui dis-je, viens avec moi au commissariat.

Stépane ne se fit pas prier : je l'amenai à la porte ; il entra avec mon bulletin, et deux minutes après, il me le remettait muni d'un cachet constatant *que j'étais bien moi*. L'employé de la poste ne se fit pas prier, lui non plus, et me remit mon paquet, qui contenait, d'ailleurs, un insignifiant objet.

A partir de ce jour-là, j'ai compris — entre autres choses — la puissance du *dvornik*, et, bien que je fusse habitué à tutoyer Stépane, et qu'il me baisât la main quand je lui donnais pourboire, j'eus pour ce moujik tout-puissant le respect que l'on devine.

Faire sevir les passeports et les pièces d'identité, c'est peu pour le *dvornik*. Qui donc, si ce n'est lui, observerait les allées et venues des gens qui fréquentent la maison? et qui donc, je vous prie, aurait mieux qualité pour en rendre compte à la vigilante police? La surveillance des locataires et de leurs visiteurs est confiée à ce portier que vous voyez, tout le long de l'après-midi, fainéanter dans la cour, dans sa chambrette ou dans les sous-sols, auprès des cuisinières qu'il courtise. Avec son air de n'y pas toucher, avec son sourire vague et nonchalant, il observe tout ce qui se passe, et sait ouvrir l'œil sur les gens mal mis ou d'allures louches. Combien d'associations ou de conciliabules secrets ont été dénoncés par ces agents de la police intime! Il est vrai que, s'ils sont finauds, en revanche, ceux qui ont intérêt à se cacher d'eux sont d'une prudence extrême. En Russie, on ne confie ses secrets qu'à bon escient et on se défie plus des murs même que des sergents de ville en uniforme.

Un préfet de police avisé observa que, malgré leurs multiples attributions, les *dvorniks* trouvaient bien encore le temps de flâner. Il eut alors l'idée de forcer les propriétaires eux-mêmes à transformer leurs portiers en veilleurs de nuit : le temps d'écrire une ordonnance — les choses vont vite dans ce pays simple, — et Moscou se vit dotée d'une garde nocturne dont bien peu de villes ont la pareille. Toutes les trois ou quatre maisons doivent fournir un homme, agréé par la police, qui passe la nuit entière dans la rue, sans s'éloigner, sous peine de châtiment sévère, des immeubles qu'il doit surveiller. Les rues de Moscou deviennent ainsi, dès la nuit close, les plus sûres qu'il y ait dans une grande capitale. On y voit une haie de solides gaillards emmitouflés d'énormes pelisses en peau de mouton, et assis sur les bornes qui se dressent le long des trottoirs, ou bien sous le petit auvent qui leur est ménagé à côté de la porte cochère. Le plus souvent, il est vrai, ils dorment à poings fermés, mais leur présence n'en inspire pas moins au promeneur attardé une bienfaisante confiance.

On le voit, le *dvornik* est un personnage important dans une maison russe. Il ne dépend pas moins du maître de police, du *Polizeimeister* (comme disent les Russes), que du propriétaire qui le tient à ses gages. C'est une des figures les plus curieuses du peuple des villes. Parmi eux, à côté d'honnêtes pères de famille, j'en sais plusieurs qui sont roués, menteurs, ivrognes, débauchés, mais amusants et sympathiques malgré tout.

*
* *

Le Kremlin, dans son énorme enceinte crénelée, c'est toute une ville, la ville des souvenirs russes. Devant la façade de l'arsenal, 863 pièces de campagne, démontées de leurs affûts, sont alignées sur un rebord de pierre : on dirait l'étalage d'un armurier colossal. Ces canons, comme l'indique une inscription en russe et en français, ont été abandonnés par différents corps de la Grande Armée en 1812. Ils se rouillent à l'hiver, sous la garde d'une sentinelle attentive à ce qu'on n'en vole pas quelqu'un, ainsi qu'on fit, dit-on, il y a quelques années. Lorsque je veux éprouver un jeune homme de ma connaissance, je le fais passer par là ; résistera-t-il au plaisir de me montrer ces trophées et de faire sonner bien haut notre échec ? — Bien peu, malgré les embrassades, les discours, les fleurs, bien peu résistent à l'épreuve... Un bon garçon d'étudiant sérieux m'a dit l'autre jour, avec un gentil sourire : « Tenez, voilà vos canons ! » — je l'ai remercié...

*
* *

Je sais peu de maisons, à Moscou, où l'on puisse faire une visite sans être forcé de s'asseoir à table : dans la société que je fréquente, haute et moyenne bourgeoisie, littérateurs et professeurs, c'est une règle. Si vous trouvez vos amis à table, soyez sûr qu'on ne vous reléguera pas dans un salon glacial, où, à tour de rôle, monsieur et madame viendront vous tenir compagnie; au lieu de vous faire cette mine aigrement aimable, les Moscovites vous souriront franchement : « Ah! vous voilà! quel bonheur! nous sommes justement à table : asseyez-vous, Ivan Ivanovitch, asseyez-vous! » Le domestique, de lui-même, a déjà mis un couvert. Ivan Ivanovitch s'est assis à table, et il accepte sans façons de partager le repas. S'il vient de dîner lui-même, on lui fera accepter un peu de dessert, du café, quelque chose enfin. Et surtout, notez le trait, la maîtresse de maison ne s'excusera pas de ce qu'on sert sur la table; elle ne dira pas : « Ah si vous m'aviez prévenu! » elle ne rougira pas de la simplicité du menu, d'un reste servi froid ou remis en sauce. Le Russe de la classe dont je parle ne sait pas encore notre belle vie en façade, avec des intérieurs dissimulés : il vit simplement et ne s'en cache point.

Un écrivain russe me disait : « Pétersbourg, c'est la tête, Moscou, c'est le ventre! » Je l'ai rencontré, lui, je dois le dire, bien souvent à Moscou. Reprocher à Moscou son hospitalière simplicité, c'est être fort injuste, car la table offerte n'exclut pas les intérêts intellectuels. Cette gentille façon de vous faire asseoir au cercle de famille est, au contraire, un sûr moyen de vous garder plus longtemps et d'avoir avec vous une conversation plus intéressante que celle de nos salons ordinaires. Sans doute, il est, çà et là, des gens peu hospitaliers et maniérés, comme aussi des visiteurs indélicats. L'heure des repas variant d'une famille à l'autre, rien n'est plus aisé que de dîner plusieurs fois sans être invité. Parmi mes amis, on déjeunait, ou dînait, selon la maison, à midi, une heure, trois heures, cinq heures, neuf heures : c'est un choix, cela! On peut être sûr, à quelque moment qu'on se présente, de trouver une salle à manger occupée. Où est le mal, je vous prie? Si tous les Russes avaient, comme nous, les mêmes heures pour leurs repas, et si, de telle heure à telle heure, on était sûr de trouver à table toutes les familles de l'empire, on ne serait pas tenté de se présenter à l'improviste à ce moment-là chez ses connaissances. La vie moderne, en régularisant nos habitudes, en effaçant les principales différences de famille à famille, nivelle du même coup les effusions de l'amitié, et fait disparaître cette simplicité native et bonne qui s'exprimait à sa façon dans chaque cercle intime : à ce changement, les méchantes gens et les hypocrites ont beaucoup gagné.

Le besoin de simplicité que je signale à Moscou se marque non seulement dans les habitudes, mais jusque dans l'ameublement. Un salon russe n'est pas disposé symétriquement comme le nôtre, avec des sièges qui font demi-cercle autour du foyer, et qui invitent à une conversation générale aussi froide que banale. D'abord, les pièces sont beaucoup plus grandes que les nôtres, et cela se comprend, puisque les Russes sont confinés dans leur maison durant plus de six mois. Le salon, plus vaste, est aussi moins encombré. Avant tout, il renferme quelques plantes vertes, l'inévitable décoration d'un appartement russe. Puis, des divans, des chaises, des fauteuils dispersés en petits groupes par toute la pièce. Veut-on causer à deux? rien de plus aisé : on prend un divan. Soutenez-vous avec deux ou trois interlocuteurs une discussion animée : voici, dans un coin, des sièges autour d'un guéridon. D'ici, vous ne gênerez personne, et vous pourrez parler, discuter avec passion, sans craindre de manquer de respect à la maîtresse de maison, en laissant paraître quelque intérêt pour le sujet dont on s'occupe. Le salon français, poli, élégant, est niveleur par définition : un élan d'enthousiasme y est déplacé; le salon russe au contraire, invite à la sincérité, à la réflexion personnelle, à l'émotion passionnée. On s'y déplace de groupe en groupe sans la moindre gêne, comme si l'on était de la maison : n'avez-vous pas senti en effet, en laissant au vestiaire votre chapeau et vos gants, que vous n'étiez pas un hôte passager, mais un ami vraiment « chez lui »?

*
* *

Les Russes sont très accueillants; c'est un besoin de leur nature. Vous les quittez, ils paraissent vous oublier, vous n'observez guère chez eux de ces longues ondulations de chagrin qui suivent chez nous une séparation pénible. Ils n'ont pas oublié, pourtant : revenez, vous le sentirez bien. La naturelle apathie de leur tempérament est seule cause de leur apparente froideur. Puis, ils ont une façon spéciale de comprendre les rapports d'amitié, un peu déconcertante au début, mais qu'on apprécie à l'user, tant elle est simple et naturelle. Nous avons ici une tendance à faire de l'ami qui nous rend visite le centre de la famille : c'est de lui qu'on s'occupe, c'est avec lui qu'on parle, c'est à lui qu'on donne la bonne place, la belle chambre, le bon lit. Aussi l'ami, sentant combien il dérange ses hôtes, craint-il de s'attarder. Là-bas au contraire, puisqu'il fait temporairement partie de la famille, l'ami a exactement les mêmes droits et les mêmes devoirs qu'un fils de la maison. La vie intérieure ne tourne pas autour de lui : on s'occupe de lui, mais point trop. Les habitudes de la famille ne sont pas suspendues à cause de lui : on allait dîner, eh bien, qu'il se mette à table; on allait sortir, on l'emmène. Pour le coucher, on ne se mettra pas en grands frais, personne ne songera à lui céder gracieusement son lit, tout en maugréant à part soi; il y a, dans toute maison russe, au moins deux ou trois vastes divans : on installera sur l'un d'eux le visiteur; comme les Russes, pauvres ou riches, ignorent tout à fait les raffinements de la literie, coucher sur un divan ne surprend personne. Rien ne sera donc changé dans la vie intime de la maison, et quand on dira à un ami : « Mais restez donc, je vous en prie ! » il sentira bien que c'est sincère, et son hôte n'ajoutera pas, comme il eût fait chez nous, le fallacieux : « Vous ne nous dérangez nullement ! » Cela est évident pour un Russe, que l'ami ne dérange pas, puisque c'est un ami. Seulement, il n'aura que sa part du confort général, on ne l'accablera pas d'un gênant empressement. Et l'ami restera, et, se sentant à l'aise, ne changeant rien à ses habitudes, il se montrera tel qu'il est réellement, sans afféterie, sans minauderies. Oh ! les bonnes heures d'expansion !

*
* *

Sur le *Pont de pierre*, au bas du Kremlin, les tramways ont à gravir une pente assez raide. Nous installerions là une équipe de côtiers avec leurs lourdes bêtes résignées; les côtiers, sont ici des gamins; ils accrochent au timon du tramway une chaîne à laquelle sont attelés quatre chevaux qu'ils montent deux à deux, et, d'un élan commun, les six bêtes, excitées du fouet et de la voix, escaladent la pente au triple galop. C'est ainsi pour toutes les côtes qui se trouvent sur le passage d'une ligne de tramways. J'aime voir ces disgracieux véhicules lancés ainsi à l'assaut d'un escarpement, avec leur bondissant attelage en Daumont; il me semble qu'ils perdent par là quelque chose de leur raideur banale, et qu'ils font moins tache dans ces rues, où passent comme des flèches les magnifiques trotteurs à tous crins.

*
* *

Les églises du Kremlin, visitées l'une après l'autre, par un éclatant soleil de juin, m'ont fait une impression d'écrasement. Elles sont petites et sombres; il semble, en y pénétrant, qu'on s'enfonce dans un gouffre noir; puis, au bout d'un instant, on voit, dans l'obscurité, étinceler des points brillants. Peu à peu, l'œil accoutumé distingue des formes qui se meuvent, et devant soi, une grande muraille, où l'or et l'argent ruissellent autour d'icônes noires. Qu'elles sont tristes, ces icônes! Une Vierge à la tête penchée, une Vierge noire, dans la manière de l'école byzantine, baisse sur un Enfant Jésus ses yeux allongés et sans expression.

Ou bien, c'est quelque saint, en prière, ou simplement face au public. Les visages seuls, et les mains sont visibles : tout le reste du corps disparaît sous une lourde carapace de métal précieux qui simule la coiffure et les vêtements. Ces images sans vie sont lugubres, dans cette pénombre.

A cette heure, peu de monde : çà et là, des moujiks en haillons, des pèlerins sans doute, en tour de Russie — et le contraste est frappant, entre les richesses inouïes qui s'étalent sur l'iconostase, et les loques crasseuses des pieux visiteurs.

Plus vivement que partout ailleurs, j'ai senti dans ces églises du Kremlin, combien la religion orthodoxe diffère de notre catholicisme ; elles sont sœurs par les dogmes, mais si loin d'esprit ! Dans ces églises sombres, l'orthodoxie prend pour moi une attitude méprisante, écrasante ; sans doute, elle est, par force, une religion égalitaire, et elle accueille aussi bien cet inculte moujik, que le tsar qui viendra ici se faire couronner ; mais, dans cet accueil indifférent fait au faible comme au grand de la terre, je ne sens pas, au fond de ces temples regorgeant de richesses, de bonté vraie. Je crois voir tomber de toutes ces icônes qui tapissent l'*iconostase*, de toutes ces icônes habillées d'or et d'argent, des regards indifférents, insensibles comme des regards d'idoles. Je ne sens pas ici la divine bonté se faisant douce pour le faible, pour le souffrant, qu'elle attire à soi et qu'elle retient sans effort ; je ne sens pas ici le paisible refuge des âmes, mais bien plutôt, une majesté hautaine et inaccessible, dont le contact est seulement un viatique extérieur, une manière de relique...

*
* *

— Serez-vous là tantôt? m'a demandé Mme Z., je reçois aujourd'hui la *Vierge d'Ibérie*...

La *Vierge d'Ibérie* est une icône miraculeuse, qui passe pour le palladium de Moscou. Elle repose dans une petite chapelle étincelante de lumières, qui se dresse près de la Place Rouge, à l'entrée même du Kremlin. Les moines qui la gardent ont imaginé de faire participer chacun des habitants en particulier à la grâce qu'apporte l'icône trois fois sainte, et de participer eux-mêmes à la joie reconnaissante de ces favorisés. Dans une voiture spéciale, on promène l'icône, et on la conduit, à tour de rôle, à toutes les familles qui en ont fait la demande : le chiffre de l'offrande est facultatif : j'en sais qui donnent dix francs; un riche marchand, par contre, offre volontiers plusieurs centaines de roubles. — Tandis que l'icône voyage ainsi à travers la ville, une exacte contrefaçon la remplace dans sa chapelle, et les fidèles l'adorent avec autant de dévotion que si elle était authentique.

J'ai attendu l'icône. Vers trois heures, elle est

arrivée dans une calèche antédiluvienne traînée par quatre chevaux maigres; le cocher et les servants sont nu-tête, mais, comme le froid pince, deux d'entre eux se sont fait une mentonnière avec un mouchoir. Dans leur houppelande crasseuse, ces individus hirsutes, sans coiffure et en mentonnière blanche, ont un air tout bonnement sinistre. Pétia, un fils de la maison, et Stépane, notre chenapan de *dvornik*, sont allés, nu-tête eux aussi, attendre l'icône à la portière du carrosse; les moines servants leur ont volontiers abandonné l'honneur de transporter la *Vierge d'Ibérie* jusque dans notre salon, et les voilà, suant, soufflant, écrasés sous le poids énorme de ce tableau de métal, qu'ils tiennent par des poignées de cuivre, dévotement.

L'icône, enfin, a été posée sur un canapé, au fond du salon. C'est, comme toutes les icônes, une image noire aux longs yeux sans expression et sans couleur; la couronne et les vêtements qui encadrent la Vierge et l'Enfant Jésus, sont d'or massif. Dans le diadème sont incrustées des pierres précieuses, diamants, rubis, émeraudes, et à la hauteur de cet ornement, une plaque de verre est apposée pour éviter les effusions intéressées de quelque dévot sans scrupules. L'ensemble de l'image n'est pas joli, mais le respect dont l'entoure tout ce peuple y attache un intérêt.

Par la porte ouverte à deux battants, tous les locataires et tous les voisins ont pénétré dans le salon : il est même venu des passants, des inconnus ; heureusement, Mme Z., bien que fort pieuse, est une femme d'expérience; elle a fait enlever du vestibule tous les vêtements qui s'y trouvaient, sachant bien que les dévots passants sont souvent de vulgaires filous.

Chacun vient, en entrant, baiser l'icône; en vérité, il faut une foi robuste pour effleurer des lèvres cette place, jamais essuyée, où des millions et des millions de lèvres ont apposé d'humides baisers. Deux moines sont là, couverts de chapes rouges en étoffe rigide; ils sont sales à souhait, avec leurs longs cheveux et leur barbe inculte; l'un d'eux surtout, qui a une belle voix de basse profonde, et chantonne les répons, a positivement l'air d'un brigand, et brandit d'un air peu rassurant son lourd goupillon d'argent. Ces moines se dépêchent, se dépêchent de dire les prières d'usage; ils ne cherchent même pas à mettre de l'expression dans leur psalmodie; ils bredouillent effrontément. Et les assistants, sans relâche, font des signes de croix et des révérences...

Un dernier baiser, et c'est fini. Pétia et Stépane reprennent dévotement l'écrasante icône, et la reportent dans son carrosse de vieille douairière provinciale, entre le cocher à mentonnière et les moines rébarbatifs. La voiture s'éloigne, la foule circule; dans le salon, l'encens a mis son lourd parfum.

— Vous faites souvent venir la *Vierge d'Ibérie*, madame?

— Mais certainement! une fois par an; je ne serais pas tranquille sans cela.

— Écoutez, madame, ces moines sont peu engageants, en vérité.

— Les moines? pouah! tenez, ne me parlez pas de ces gens-là, ils me répugnent; je hais les moines! s'écrie Mme Z....

Mme Z., cependant, est une femme pieuse, et plus d'une fois, elle m'a traité de libre penseur parce que j'avais mangé de la cuisine au beurre un jour de jeûne orthodoxe.

* * *

J'ai passé la soirée chez Michel Pétrovitch. C'est un homme de trente-cinq ans environ; il appartient à la riche bourgeoisie de Moscou, et donne son temps aux affaires municipales, à des œuvres de charité, et à des controverses religieuses. C'est une de ces figures de la société moscovite éclairée, qui tranchent vivement sur les hommes d'Occident. Avec sa fortune, il aurait pu mener une vie d'égoïste jouissance : il a préféré se donner à des œuvres qui lui semblent bonnes et belles. Avec cela, c'est un inquiet, que tourmentent à la fois les problèmes de la vie occidentale, et ceux de la vie et de l'orthodoxie russes; un esprit mobile et fin, persuadé de la bonté des simples, et capable d'enthousiasme pour une idée. Il aime les choses d'art, et son goût, formé aux grandes collections de l'Europe entière, est délicat. Transportez-le chez nous : vous aurez un dilettante extrêmement intelligent, mais inutile. Pour lui, la question religieuse sera tranchée depuis la vingtième année, et il n'y reviendra plus, sinon peut-être par un raffinement d'esthétisme. Notre vie politique, nos affaires municipales ne lui causeront que du dégoût, car il n'est pas fait pour une lutte de ce genre : sa naturelle combativité, son amour du paradoxe ne sont que des signes de raffinement qui effleurent seulement, sans la pénétrer, sa nature trop sensible. Loin d'aller au peuple, il se reculera, quand il verra ce peuple monter à lui, gouailleur ou menaçant; que lui restera-t-il, sinon un sourire dédaigneux pour la rue, et une vie égoïste entre les livres, les œuvres d'art et quelques amis de choix?

Au lieu de ce blasé, la Russie a produit un esprit sans cesse en mouvement, sans trêve en route pour la recherche. Son siège n'est pas fait, ou bien il ne craint pas de le défaire. Le peuple, le bas peuple l'attire, et il donne son temps à d'innombrables fonctions municipales qui n'ajoutent rien à son nom, qui n'embellissent pas ses relations, mais qui lui semblent une suite nécessaire de la place qu'il occupe par sa fortune dans la cité moscovite.

La maîtresse de maison, Véra Mikhaïlovna, est une femme d'une intelligence singulièrement ouverte et sûre. La paisible assurance est la dominante de son caractère : je ne peux mieux me représenter le rôle d'une femme et d'une mère. Sa vie est liée, sans doute, elle n'a plus le droit d'en disposer pour elle-même. Néanmoins elle n'abdique pas sa personnalité, elle ne se laisse absorber ni par son mari, ni par son amour maternel. Il y a toute une part de sa vie intellectuelle qu'elle entend gouverner à son gré; ce n'est pas là seulement, comme chez tant de femmes, le secret jardin des sensations, des croyances, des sympathies ou des antipathies irraisonnées, — c'est, au contraire, le domaine des idées réfléchies, des convictions appuyées : idées sur la vie, sur la religion, sur l'art. La femme russe, dans la société cultivée, est beaucoup plus près que la Française, d'être l'égale de son mari : le despotisme intellectuel qui fleurit dans nos familles les plus tendrement unies, s'observe ici bien rarement. Une femme russe, quand elle est intelligente, a ses idées à elle, et les exprime sous une forme qui lui appartient, sans songer le moins du monde à se modeler sur les opinions de son mari. Sans doute, le danger de cette liberté est dans une affectation d'indépendance qui porte la femme, soit à prendre les allures intellectuelles d'un homme, soit à contredire systématiquement ce que disent les hommes. Mais, lorsque cette indépendance est, comme chez Véra Mikhaïlovna, tempérée par une délicatesse et une grâce infinies, et aussi par une bonté profonde, c'est, pour le visiteur ou l'ami, une jouissance toute spéciale d'échanger des impressions et des vues avec une femme qui a une opinion tranquille, bien appuyée, et personnelle.

Quelques jeunes gens sont là : Serge Ivanovitch, le vieil ami avec qui j'ai étudié la famine; Piotre Efiméviteh, un savant, très brun, très gauche, très bon, avec des yeux pétillants de malicieuse intelligence. Un tout jeune médecin, barbu, souriant, et dont le teint, presque trop frais, rappelle un coloris de Gaspard Netscher; enfin, un dernier intime de la maison, grand, blond, puissant, avec une expression caressante des yeux bleus un peu myopes et à fleur de tête.

Qu'ai-je trouvé de russe dans cette soirée ? D'abord, la nuance des caractères, plus tranchés évidemment que chez nous, avec des angles plus vifs ou moins dissimulés. Une variété d'intérêts que j'ai rarement observée ailleurs, sauf peut-être en Angleterre, dans quelques milieux d'élite. Puis, une façon de considérer les choses, qui, au premier abord, nous déroute un peu, nous autres Français : tous ces jeunes gens semblent plus préoccupés de faire entrer dans une formule abstraite leurs observations sur un sujet donné, que de coordonner ces observations pour mettre en valeur les importantes. Une tendance au pêle-mêle, avec une teinte philosophique. Enfin, l'extraordinaire simplicité. La simplicité ne consiste pas seulement à ne pas se gêner : je la vois surtout dans une confiance telle à l'égard les uns des autres, que vous ne songez pas un seul instant à la manière dont on jugera ce que vous direz et ce que vous ferez. On est simple parce qu'on ne fait pas de retours incessants sur soi-même, parce qu'on ne cherche pas à briller coûte que coûte, à bien dire, à penser élégamment; parce que toute préoccupation relative à l'impression que produira votre moi, disparaît dans l'instant même où vous produisez ce moi. Entre gens mal élevés, la simplicité se manifeste par un mutuel et grossier sans-gêne, et par une commune insensibilité d'épiderme : la société de personnes restées à mi-chemin entre l'ignorance et la culture moderne, est particulièrement insupportable en Russie. En revanche, entre gens de bon ton, la simplicité est délicieuse.

Comme tous ici sont très simples, ils se préoccupent bien plus des choses qu'ils disent, que de la façon dont ils les disent; au lieu de joliment piétiner sur place, ou de s'exténuer en de coquettes méchancetés, la conversation s'élève sans effort et s'abaisse sans tomber à plat. D'ailleurs, ce n'est pas toujours une conversation générale : le laisser aller des *papirosses* que nous fumons, la nécessité de frotter une allumette ou de chercher un cendrier, nous empêcherait, à défaut d'autre prétexte, de rester immobiles sur nos sièges, et toujours attentifs au même sujet traité. Nous allons sans contrainte d'un groupe à l'autre, et nous causons ici ou là. Les sujets sont variés : le dernier tour joué par la censure et le plus récent potin politique nous ont occupés ce soir, aussi bien que la littérature, la Rose ✝ Croix et les décadents. N'oubliez pas que, sur sept personnes présentes, quatre ont vécu dans plusieurs pays, et que chacun sait au moins trois langues vivantes.

Conversation libre, sans pédantisme, sans pose; libre réunion d'esprits pour qui la discussion est autre chose qu'une façon de tuer les heures; grand sérieux au fond de toutes ces opinions, émises par des hommes à qui la vie n'apparaît point comme une longue route droite, serrée sur chaque côté par l'immuable haie des nécessités sociales, — mais qui voient, ou rêvent des moyens d'agir personnellement sur l'ordre de choses établi; sentiment que chacun de ces hommes a d'un but à poursuivre, d'un but qui n'est pas borné à l'accomplissement d'un métier ni à l'obtention d'une place, mais qui domine l'intérêt personnel, pour se fondre dans l'intérêt plus haut d'une société jeune encore, malléable, et désireuse de généreux perfectionnements. — Voilà ce que j'ai cru voir de spécial dans cette soirée, qui n'offre, d'ailleurs, pour moi, rien de mémorable, et que j'ai, entre dix, choisie comme type.

*
* *

— Vous connaissez Monsieur un tel? — Oui! — Quel homme est-ce?

— *One bogaty tchéloviek!* (C'est un homme riche.)

Cette réponse, en Russie, définit un homme : pour toute une part de la société, le monde est divisé en hommes qui sont riches et en hommes qui ne sont pas riches. Le peuple, la petite bourgeoisie, et le gros commerce, qui emploient ce mot, y voient au fond ceci : « Il est riche, donc il est capable de satisfaire sans remords tous ses appétits. Il peut paresser sans manquer de pain ; il peut s'enivrer sans que sa femme le gronde ; il peut beaucoup manger, sans craindre autre chose que les indigestions. — Il est pauvre, donc ses vices auront pour lui de funestes conséquences, et un jour, peut-être, il aura faim. »

La Russie n'est pas un pays où la pauvreté soit honteuse : on n'y montre pas du doigt les besogneux. Mais, ce peuple insouciant, qui aime autant le marchandage et le commerce, qu'il dédaigne l'argent, est presque incapable de cette vertu d'économie qui est la règle dans la moindre de nos familles. Être pauvre, ce n'est donc pas, là-bas, comme souvent chez nous, donner à penser qu'on diffère de ses voisins par une prodigalité condamnable, c'est tout simplement être semblable à tous, subir, comme tous, la loi de commune misère. Mais ceux qui sont riches, ceux qui ont rencontré sur leur route la bonne veine, sont des hommes à part : on ne songe guère à attribuer leur fortune à des qualités d'épargne et de conduite; non, la richesse leur est venue parce qu'ils sont rusés et que le ciel les favorise. Aussi choie-t-on ces heureux avec une déférence très sincère. C'est un homme riche! il mérite un salut plus profond et un empressement plus rapide. On se courbe en deux sur son passage, quelques-uns, certes, par cuistrerie, mais beaucoup, simplement, pour saluer une force rare, un don de nature qui n'est pas commun.

*
* *

Je reviens de la *Tour de Soukharef* : c'est une massive construction de briques, au pied de laquelle s'étale, chaque dimanche, le plus invraisemblable marché de bric-à-brac. Tout Moscou semble dégorger là ses vieilleries, et Dieu sait s'il s'en trouve, dans cette ville où les pauvres savent faire resservir les plus informes débris. Des boutiques volantes sont installées en files compactes, et, dans les étroits passages, circule une foule active et peu bruyante. Sur ce marché en plein vent, tout se trouve, depuis des fourrures de prix jusqu'à des cure-dents prêts à changer de maître. Il y a du neuf et du vieux, de l'entier et du cassé. Tout est là pêle-mêle : les objets de l'ameublement et de l'habillement, du luxe et du simple nécessaire; des samovars à côté de pendules, des terres cuites au milieu de débris de ferraille, des chromos, des icônes, des jouets, des victuailles, et des livres en toutes langues, que feuillettent des étudiants aux longs cabans noirs liserés de bleu. Bref, un épouvantable capharnaüm de choses sans lien, un violent et impayable raccourci de la vie russe.

De tous côtés, on marchande, on discute. Lorsque le boutiquier croit deviner un acheteur, il devient tout à coup bavard, vante sa marchandise, la montre, la tourne et la retourne entre ses doigts avec une dextérité singulière. Le plus souvent, il ne s'offense pas de s'entendre offrir le quart du prix demandé; il se défend, voilà tout : parfois, il surprend quelque naïf :

— Combien cela?

— Dix roubles.

— Allons donc, ça vaut deux roubles à peine.

— Eh bien, prenez-le pour deux roubles.

Les Russes, qui ont un instinct spécial pour le marchandage, s'en donnent ici à cœur joie. C'est plaisir de voir la ténacité avec laquelle, de part et d'autre, on se dispute quelques misérables copecs; que de ruse déployée, que d'arguments inventés sur l'heure! Les yeux s'éteignent ou brillent, selon les cas; on fait l'indifférent ou bien on discute longuement, avec des gestes, des éclats de voix, des rires nerveux, des fausses sorties. Approchez-vous : ce moujik propose 12 copecs et le marchand en veut 13. Notez que cet acheteur si âpre jettera au vent un rouble (100 copecs) à la première lubie. Marchander tenacement, puis vivre sans compter, voilà les deux extrêmes, unis sans cesse, de la vie russe dans le peuple.

*
* *

Le soir tombe sur Moscou, et dans la froide clarté rose qui fait resplendir les croix d'or des coupoles, des milliers de cloches, mêlant leurs voix, sonnent un angélus d'allégresse : les saintes icônes viennent de rentrer de leur grand pèlerinage au monastère de Troïtsa.

Avec la *Lavra* de Kïef et le couvent de Solovietzk sur la Mer Blanche, Troïtsa compte parmi les lieux saints de la Russie. En outre, ce monastère, qui se trouve tout près de Moscou, a joué un rôle considérable dans les guerres des derniers siècles, et a résisté victorieusement aux attaques des Polonais. Le 25 septembre (7 octobre) ramenait le 500e anniversaire de la mort de saint Serge qui fut son fondateur; une fête fut décidée. Moscou résolut de l'organiser, et la corporation des *Kho-*

rouguevénossi (porte-étendards) conçut l'idée d'une solennelle procession, à laquelle prendraient part toutes les églises de la capitale.

Ces porte-étendards sont une des curiosités des grandes fêtes russes : ce sont des hommes très pieux et surtout très robustes, qui portent dans les processions les énormes bannières d'or et d'argent massif. Ils forment une confrérie puissante à tous égards ; on comprend que l'idée de la fête soit partie de ceux même qui en devaient porter toute la responsabilité et de plus, tout le poids. Le gouverneur, craignant une recrudescence du choléra parmi les pèlerins, ne voulut pas, d'abord, accorder l'autorisation, mais il dut s'incliner devant l'autorité du Saint Synode.

La procession est partie du Kremlin. Une foule immense encombrait les rues : des curieux surtout. Les centaines d'églises de Moscou avaient envoyé là tous leurs étendards, mais par ordre du métropolite, on n'emporta point ceux dont le poids dépassait 64 kilogrammes ! Les cloches sonnèrent, une fanfare de régiment se fit entendre, et, sous un froid ciel gris, ils partirent pêle-mêle, paysans, ouvriers, bourgeois et mendiants : lentement, le cortège s'achemina sur cette route, longue de 70 kilomètres. On devait marcher quatre jours : on camperait en route, au petit bonheur.

N'ayant qu'une médiocre envie de dormir à la belle étoile, je partis seulement le lendemain, avec

Serge Ivanovitch, déguisé, comme moi, en pèlerin marchand. Nous voici de bonne heure sur une de ces chaussées en cailloux pointus qui forment ici le nec plus ultra des routes soignées. Des traînées de pèlerins y sont semées; ce sont des retardataires qui regagnent comme nous la procession. Tous pareils, avec leur grise pelisse en peau de mouton, qui fait jupe autour des jambes, avec leur casquette ou leur bonnet fourré, et avec leurs sandales d'écorce tressée, ces *lapty* que retiennent des ficelles enroulées autour des bandes de toile qui couvrent les jambes en guise de bas. Sur leur dos, pend un sac en toile retenu par des cordelettes; à la main, un long bâton.

Dans les *isbas* où nous faisons halte pour prendre le thé, on nous donne des détails sur la procession qui nous précède. Les femmes trouvent cela très beau; seulement elles plaignent beaucoup les porte-étendards. Les pèlerins ont été fort embarrassés pour passer la nuit après la première étape; on les a entassés sous des préaux et dans des granges; un moujik me dit en avoir logé 70, à cinq copecs par tête : il voudrait en voir toutes les semaines, des processions. Partout, à la traversée des villages, la route est jonchée de sable fin, et de rameaux de genévrier. Sans cesse nous dépassons de nouvelles bandes de pieux promeneurs et de mendiants. Je demande à un bambin d'une douzaine d'années :

— D'où viens-tu donc?

— Je viens de Kïef.

— A pied?

— Mais sans doute! répond-il avec un sourire et un air décidé. Sans doute! et comment sans cela?

— Et tu es seul?

— Oh non! je suis avec des amis!

Ces amis sont de tout jeunes gens vêtus de la soutane et du bonnet noir pointu du moine ou du *strannik* (errant).

Le village marqué pour le deuxième campement ne compte certainement pas 300 âmes — et ils sont là huit mille [1] environ. Les prêtres, naturellement, se tirent tout de suite d'affaire : un riche propriétaire du voisinage a envoyé des voitures pour les amener dans sa villa. Les *Khorouguevénossi* ont déposé dans l'église leur précieux fardeau, et se promènent par petits groupes en fumant des cigarettes. De tous côtés, vont et viennent les personnages officiels chargés de régler le mouvement de cette foule. En Russie, on s'entend fort bien à organiser un service d'ordre : en premier lieu, un détachement de Cosaques; ils ont de bons chevaux, de bons knouts et de bons revolvers; puis, des gendarmes, et des agents de police en manteau gris. Aussi, pas un cri, pas une rixe. D'ailleurs, il n'y

1. Ce chiffre n'est pas donné en l'air : j'ai fait des observations aussi exactes que possible. Les pèlerins se croyaient au nombre de 50 à 100 000.

a pas d'ivrognes, la vente de l'alcool ayant été interdite sur le parcours de la procession. Des médecins sont là, chargés d'isoler ceux qui tomberaient malades ; la crainte du choléra a déterminé le *zemstvo* (États de la province) à faire construire des préaux où les pèlerins reçoivent gratuitement des bols de thé : on espère les empêcher ainsi de boire de l'eau crue. Des marchands ont installé au bord de la route leurs auvents, où ils débitent du pain, des fruits, de la charcuterie, du fromage ; ils se plaignent de ne pas faire leurs frais : il y a trop peu de monde, et puis, chacun s'est muni de provisions.

En m'approchant d'un groupe compact, je vois sur le sol un porte-étendard en proie à une attaque d'épilepsie : c'est le septième ou le huitième, depuis Moscou. Ces crises, apparemment, ont été déterminées par la fatigue. Les *Khorouguevénossi* portent leurs bannières au moyen d'une courroie qui, passant sur leur cou, soutient un godet qui pend tout près de terre, entre leurs pieds, et dans lequel s'enfonce la hampe. La bannière est encore un peu soutenue par deux perches latérales que des aides supportent. Mais cela ne soulage guère le malheureux porteur : il fait peine à voir, le cou tendu, les muscles raidis, les vaisseaux de la tête et du cou gonflés à éclater.

J'avais remarqué une toute jeune fille, ravissante sous son méchant fichu de laine, avec son teint pâle et ses yeux agrandis de poitrinaire : sans doute, pensai-je, elle va demander à Dieu sa guérison. Quelqu'un m'a appris qu'il n'en était rien. Orpheline de bonne heure, cette jeune fille a fait vœu de se consacrer au pèlerinage des lieux saints : elle est *errante* de profession. Ils sont ici par centaines, ces *errants*, ces *stranniki*. Ils vont lentement de village en village, de couvent en couvent, sans souci, à la grâce de Dieu, nourris d'aumônes, de vols, parfois, se signant à la vue des églises, murmurant une prière à chaque icône rencontrée.

Dans cette foule, je ne vois point d'extase. On est là comme chez soi, on s'occupe paisiblement du thé du soir, puis, la prière faite, on cherche un coin pour dormir; le reste, qu'importe? Je me figure que les Croisades devaient ressembler à une procession de ce genre : des haillons et des équipements sombres; de l'insouciance, de la foi; moins d'ordre peut-être, car les Cosaques n'étaient pas là, mais la même résignation souriante et la même odeur forte des corps pressés.

Le matin de la fête, la petite ville de Troïtsa était noire de monde. Nous sommes allés d'abord au-devant de la procession que nous avions dépassée la veille au soir. Un froid léger d'automne, dans un clair matin. Le cortège doit arriver sur une route qui débouche de la forêt, et, dans la plaine environnante, des curieux ont campé; çà et là, de longues fumées droites montent dans le soleil.

Enfin, voici le cortège; il s'avance avec une majestueuse lenteur. En tête, un groupe serré, au centre duquel gesticulent des *Yourodivouis*; ce sont des fous religieux; couverts de chaînes dont ils traînent volontairement la meurtrissante pénitence, ils chantent des cantiques et invectivent entre temps la foule silencieuse. Puis, voici les étendards d'or : ils resplendissent dans le soleil, avec les gauches oscillations que leur communique la marche saccadée, épuisée des porteurs. Puis voici des icônes, et parmi elles, la plus sainte de toutes, la *Vierge d'Ibérie*, qui va, elle aussi, rendre visite au couvent. Le clergé vient ensuite, en longues chapes jaunes et en bonnets de velours violet. Enfin, le peuple, encadré par des Cosaques et des gendarmes. C'est un bizarre défilé dans ce fin décor d'automne...

Un peu plus tard, dans la ville, j'aperçois de nouveau la procession. Derrière moi, des femmes se signent au passage de chaque bannière; un moujik leur nomme toutes les églises d'origine : « Celle-ci, de l'église de l'Arkhange, celle-là, de Saint-Nicolas le Charpentier, cette autre, de Saint-Jean pied de poule;... » et les femmes répètent : « Que c'est beau, Seigneur, que c'est beau!... » Dans la foule, des camelots vendent des brochures, des chapelets, des médailles commémoratives, et jusqu'à la *veilleuse du centenaire.*

Il est bien beau, en vérité, ce cortège qui monte lentement au cloître, salué par le mugissement des bourdons et les notes allègres des petites cloches. Un instant, tout là-bas, les étendards s'arrêtent avant de pénétrer dans le monastère; on dirait des êtres surhumains, dont les têtes étincelantes dominent la foule silencieuse, agitée par une houle de signes de croix. J'ai compris à ce moment toute la grandeur qu'aurait pu avoir ce spectacle, si, au lieu d'une fête banale, un sentiment profond et unanime, l'écrasement d'une défaite ou l'exaltation d'une victoire faisait battre tous ces cœurs. Mais en ce moment, ces deux cent mille spectateurs ont beau se signer, et prier, peut-être, ils sont plus captivés par le spectacle que pénétrés de religieuse émotion.

Tout ce déploiement de splendeurs, cet immense concours de peuple, cette visite au couvent richissime, dont les moines, gras et soignés, n'inspirent, même aux Russes, aucun respect véritable, toutes ces pieuses cérémonies m'ont peu ému en somme. Peut-être les habitudes que nous donne la forme concentrée du catholicisme nous rendent-elles peu accessibles à une religion beaucoup plus prodigue de gestes? Sans doute, ce genre de spectacles porte toujours en soi une certaine majesté; mais celui-ci m'a semblé trop pittoresque et joli pour être grandiose, trop bien réglé pour être empoignant.

*
* *

Alexandre Ivanovitch, mon hôte moscovite, le chef de la famille qui m'a donné abri à chacun de mes voyages, est un homme superbe de quarante-cinq ans, avec une belle tête classique encadrée d'une opulente barbe blanche. C'est une nature normale, bien typique, contente de peu, douce dans sa force, avec des éclats brusques et de bonnes gaîtés épanouies. Un homme sain, égal, équilibré, indulgent. Je l'ai vu de bien près, durant ces mois passés sous son toit; j'ai pu apprécier mieux qu'à la volée, la droiture et la netteté liante de son caractère. Je ne cherche pas à le poétiser, mais je note en lui un type slave qui réunit, dans les tons effacés, une partie des qualités que j'apprécie au pays russe. C'est ici encore, dans le modeste courant de la vie, une franchise plus ouverte, une affabilité moins pressée et moins comptée que chez nous.

Nous causons souvent, longuement, sous la lampe...

*
* *

Quand deux Russes se rencontrent, en dehors des affaires, s'ils sont du peuple, ils boivent ensemble; s'ils sont de la société, ils jouent aux cartes. Les cartes, c'est la passion avouée de la société russe. Comment, sans elles, tromper l'ennui des interminables hivers? Travailler? lire? on en est bientôt las. Rêver? l'horizon est si triste! Le Slave, avide d'émotions, préfère jouer. Il aime les nuits passées à la lueur des bougies autour de la table verte, les cendriers qui peu à peu s'emplissent de cartons de *papirosses*, la table qui se blanchit sous les longues additions inscrites à la craie, à même le tapis, et imparfaitement effacées, de temps à autre, avec une brosse dure. Un souper, modeste ou luxueux, il n'importe, coupe la nuit. C'est le seul moment où l'on cause, car, en jouant, on ne cause pas, sinon du jeu. N'est-ce pas là encore un des précieux avantages des cartes? vous permettre d'être en compagnie, tout en vous épargnant la fatigue vaine de causer. Oh! les bonnes cartes!... Et le jeu continue jusqu'au matin, sous la fumée grise et bleue des cigarettes à bout de carton, au milieu de la poussière de craie, dans le silence de la maison endormie et de la rue emmitouflée de neige.

Ceux que leur sort condamne à passer l'hiver à la campagne n'y ont guère d'autre passe-temps que les cartes. Mais, à la ville, on joue aussi, dans les familles les plus honorables et les mieux tenues, des nuits entières, parfois. Je sais des mères de famille qui passent au jeu une ou deux nuits par semaine; et je ne parle pas des hommes!

*
* *

Plus on s'avance vers l'est, plus l'art du bain se raffine. Nous autres, Occidentaux, nous croyons très propres parce que nous avons soin de nous tremper chaque matin le nez dans une grande tasse, et que, de temps à autre, nous glissons notre corps dans une baignoire, où l'eau n'est même pas renouvelée. Nous avons l'apparence de la propreté, et elle nous suffit.

Les Russes, qui n'en ont ni la réputation, ni l'apparence, en ont du moins la réalité. Aussi leurs bains sont-ils partout d'une parfaite commodité; dans quelques villes, comme à Moscou les *Bains centraux*, ce sont des merveilles.

Le principe du bain russe, c'est la vapeur; quand, en outre, on veut se laver, on se livre aux mains d'un moujik qui se charge de vous décrasser. Ces deux cérémonies se passent, ou bien en public, dans les *bains communs*, ou bien en petit comité, dans les *numéros*.

*
* *

Un *numéro*. Trois pièces : la première, joliment meublée avec des tapis, des divans recouverts de linge frais, des miroirs, une toilette : on s'y déshabille. Dans la seconde, se trouvent une baignoire, une pomme de douche, un banc à claire-voie, des seaux en bois et des robinets dans un coin; on s'y lave. Dans la troisième, un grand poêle en maçonnerie : on s'y étuve. Prix, de un demi à dix roubles (de 1,50 à 30 francs).

— Voulez-vous un baigneur?

Un moujik entre, respectueux. Il assujettit le crochet de la porte, puis, debout dans un coin, il retire décemment son pantalon, détache pudiquement sa ceinture, fait prestement passer sa chemise-blouse par-dessus sa tête, et apparaît tout nu. à la réserve d'un scapulaire ou d'une médaille qui lui sautille autour du cou.

Ce modeste gaillard entreprend, à forfait, de vous nettoyer à blanc. Il vous fait étendre sur une natte de joncs, posée sur le banc à claire-voie, et, au moyen d'un paquet de fibres de bouleau, sorte de grattoir doux qu'il enduit de savon, il vous frotte, vous refrotte et vous nettoie avec une gravité et une application impayables. Pour lui, vous n'êtes pas, évidemment, un homme, un épiderme, mais simplement une chose malpropre qu'il a promis de lessiver. Il vous manie, toujours sérieux, et suant à grosses gouttes sous l'effort, il vous manie, et vous retourne comme un paquet. Puis, quand il vous juge bien décrassé, il vous fait relever, et vous verse sur la tête un chapelet de seaux d'eau. On sort de ses mains propre comme un sou neuf. La sieste est douce alors, sur un divan, même sans les agréments supplémentaires que l'administration prévoyante offre de vous y envoyer.

*
* *

Les *bains communs* sont vraiment typiques. Dans d'immenses salles, à certains jours, des centaines d'hommes sont réunis, pour goûter en commun, moyennant cinq sous, les jouissances du bain qu'ils ne peuvent se payer en petit comité.

Une première grande salle où l'on se dévêt est répugnante d'aspect, avec ses banquettes longues, où traînent des paquets de vêtements surmontés de chemises non empesées, avec ses odeurs, avec la population qui y circule toute nue, étalant ses masculines laideurs sous l'éclairage ardent.

J'ai confié mes habits à la garde d'un domestique, et j'ai pénétré dans la seconde salle. Là, dans un brouillard léger et une atmosphère moite, voici deux ou trois cents corps nus sur lesquels les lampes électriques versent leur lumière dure. Peu de bruit : un clapotement d'eau, un bruissement de robinets ouverts et de baquets renversés; quelques rires; un brouhaha indéfinissable. Ce spectacle est un des plus bizarres et aussi des plus laids que je sache. Autant la nudité est belle au milieu de l'encadrement de la campagne, autant ces corps entassés qui grouillent dans une salle, sont vilains à l'œil. Sous cette lumière crue, les difformités semblent saillir douloureusement. Des bossus font, parmi des groupes d'hommes bien pris, une pénible impression : faute d'habitude, sans doute, de les voir à nu. Voici un vieillard maigre, d'une maigreur de phénomène, un squelette, qu'on est surpris de voir se déplacer ; au-dessus de ce corps décharné, la belle tête à barbe blanche a seule conservé une apparence de vie et rappelle le *Job* de Bonnat... Plus loin, voici des popes, reconnaissables à leurs longs cheveux et à leur longue barbe ; l'effet en est bouffon : leurs têtes incultes sont si caractéristiques de leur profession, qu'on cherche involontairement sur leurs épaules la soutane noire ou jaunâtre, et qu'on a envie de rire en trouvant, au lieu d'elle, le corps blanc d'un homme très occupé de son nettoyage.

Au milieu de ce grouillement de chairs, des enfants jouent, se lancent de l'eau, se poursuivent et se bousculent entre les grappes de baigneurs qui grognent. Il y a là de tout petits bambins que leur papa brosse, avec des maladresses attentives et précautionneuses, au moyen d'un paquet de fibres enduites de savon ; et ces bambins se laissent faire, avec une résignation de petits chiens mouillés. Puis, tandis que leur père se lave à son tour, ils restent là, immobiles et sérieux, grelottant un peu, gros comme le poing, au milieu de tous ces corps de robustes adultes...

Des seaux de bois sont à la disposition des baigneurs, avec de l'eau froide et chaude à discrétion. Entre les bancs, des hommes vêtus d'une bande de toile, en guise de pagne, ou plutôt d'enseigne, circulent, offrant leurs services : ce sont des baigneurs qui, pour quelques sous, vous nettoieront...

Dans la vie lente des peuples du Nord, le bain n'est pas, comme chez nous, un épisode sans importance. Nous allons nous baigner entre deux courses : les Russes comptent le bain au nombre des plaisirs de leur vie claustrée. Ils y consacrent plusieurs heures, ils s'y rendent entre amis, comme à une fête. Ceux qui aiment la vapeur s'en échaudent plusieurs fois; ensuite, ils font station au buffet, puis ils dorment. Ils sortent de là, frais, reposés, bien propres, et, emmitouflés dans des fourrures, ils se laissent emporter dans l'air glacé, par un traîneau. Les gens du peuple se baignent, autant que possible, tous les samedis. Les soldats ont, chaque semaine, un congé de bains, et en profitent pour laver leur linge, pendant qu'ils ne l'ont pas sur le dos. Le bain de vapeur, avec ses réactions violentes et la douce prostration qui y succède, est un des condiments essentiels de la vie russe et, de plus, une fête, un délassement. Pour les riches, c'est un passe-temps; pour les très pauvres, c'est une heure bénie où ils quittent leurs vêtements sordides et pleins de vermine, pour se purifier, pour s'ébattre dans une molle et chaude humidité, avec la gaîté du lavage en commun et l'insouciance presque enfantine que l'homme ressent, lorsqu'il revient à la bonne nudité primitive.

*
* *

Dans le crépuscule, sous la pluie, des cloches laissent tomber, comme de lents répons, de temps à autre, un bourdonnement qui ondule. Ces sons de cloche rares, à la nuit tombante, sont mystérieux et tendres.

Mais voici qu'après les saluts échangés, elles se mettent toutes en branle pour annoncer l'office du soir. Une grosse cloche, notre voisine, se hâte, puis tout d'un coup, une basse plus profonde encore vient couvrir sa voix; alors, sur la ville endélugée, s'élancent par milliers les sons de cloches. Une petite crécelle, tout près de nous, se dépêche, avec sa voix aiguë : elle a l'air d'une petite servante agile se démenant parmi les grosses dames importantes, qui ronflent à temps égaux leurs litanies de bronze. Bientôt, c'est sur toute la ville un bruissement ininterrompu, où se détachent, par leurs rythmes gais, des carillons sautillants.

Les cloches russes, dans leurs clochers construits à part, à côté des églises, sont bien plus savantes que les nôtres; elles sont rangées en gammes, et des façons d'artistes les manient. Au lieu de se balancer comme les nôtres, elles sont fixes; c'est leur battant qui se déplace et vient frapper leurs parois immobiles. Par malheur, cette disposition leur enlève presque tout ce qui fait la poésie de nos tintements. Ce battant qui frappe à temps égaux, a l'air d'être un instrument de musique, plutôt qu'un libre accompagnement de la prière : ses coups sont trop calculés, trop secs. Nos humbles cloches sont plus touchantes, avec le lent balancement qui les prend tout entières, avec la molle nonchalance de leur bourdonnement, dont les vibrations, tour à tour assourdies et renflées, se développent et meurent entre chaque oscillation; elles ont je ne sais quel laisser aller qui se marie merveilleusement à la prière. Les cloches russes sont trop compliquées, trop savantes et musicales pour être pieuses. Une cloche de village est troublante chez nous, quand elle sonne l'angélus; il faut ici, pour m'émouvoir, même à cette heure de rêve, l'immense bourdonnement de la Ville aux quatre cents clochers.

* * *

Je rencontre çà et là quelques Français aimables et bien élevés, dont la vue me repose un instant de l'observation tendue dans ce milieu étranger. Ils sont du haut commerce ou de la grande industrie, quelques-uns fort riches. Ils jugent la Russie très sainement, me semble-t-il, et touchent bien du doigt ses défauts; mais ils n'ont, sur le caractère des différentes classes sociales, que de vagues lumières; il n'existe pour eux que deux espèces de Russes : le *marchand*, retors et, souvent même, de mauvaise foi — et le *moujik*, bon et bête. Ils ont adopté quelques habitudes locales; ils aiment les maisons chaudes, les vêtements chauds, les bains, les *zakouski*, la chasse. Mais, regardez-les de près : au bout de quinze ans, aussi différents des Russes qu'au premier jour. On les reconnaît dans la rue à leur démarche, au salon, à leur tenue, à table, à leurs gestes. Pourtant, ils n'ont pas, comme eussent fait des Anglais, conservé intact le type national : ils se sont modifiés au contact de l'autre civilisation, pas assez pour s'y adapter, mais trop, déjà, pour qu'on puisse nier les influences subies. Leur nature est maintenant quelque peu hybride : leurs habitudes, l'angle de leur jugement, ne sont plus tout à fait français : leur langue même s'est chargée d'éléments douteux, pris au pseudo-français classique de la société russe, ou bien au jargon mâtiné d'allemand que parlent avec eux les commerçants. Aussi leur situation est-elle mal définie dans ce pays qui les fait riches. Très supérieurs d'éducation et de manières aux *Kouptsy* (marchands) du commerce moyen, dont la grossièreté leur répugne, ils n'ont pas, en revanche, d'intérêts assez variés pour se mêler avec plaisir à l'élite cultivée de la société russe. En France, leur distraction consistait dans la chasse et dans de grands dîners luxueux, leur vie intellectuelle, dans des discussions politiques. Que peuvent-ils faire ici, et comment dépenser ce gros argent qu'ils amassent? Les vulgaires débauches de certains richards russes les dégoûtent : l'ivrognerie est restée pour eux ce qu'elle est chez nous, un vice ignoble. Où passer leurs soirées? dans les théâtres? — ils ne savent pas le russe. Pour qui déployer un grand luxe de table? les Russes, sauf peut-être quelques millionnaires extravagants, n'y prêtent pas attention. Et la politique, qui, là-bas, tenait sans cesse leur esprit en éveil, qui, le soir, après les affaires, les faisait s'oublier longuement sur la table chargée de liqueurs, en des discussions interminables, sous la fumée des cigares; — la politique, que leur importe-t-elle à présent? Leur éducation nationale les avait habitués à placer une partie de leur amour-propre dans le *paraître* et dans la finesse du luxe — et voici que dans ce pays, le *paraître* est peu, et l'intérêt pour les grands raffinements du luxe commence à peine à s'éveiller. Les idées qui les passionnaient là-bas n'ont plus de sens ici : à quoi s'occuperont-ils alors, et de quoi vivra leur pensée?

On saisit bien chez eux ce grand défaut de notre

société : la spécialisation à outrance. Nous n'aimons pas faire des excursions dans les domaines voisins du nôtre : je suis savant ; que m'importe l'agriculture? je suis commerçant; est-ce que les livres sérieux sont mon affaire? Chacun chez soi, s'il vous plaît. Aussi, qu'arrive-t-il, lorsque nous sommes jetés dans un monde où les barrières intellectuelles sont moins hautes que chez nous? nous nous trouvons dépaysés. Ces Français ont un métier, ils ont une intelligence et une volonté plus que moyennes, comme en témoignent ces capitaux gagnés dans un pays hérissé de règlements et de pièges, et dont ils ne savent pas la langue; pourtant, ils ne fréquentent pas cette partie de la société russe qui, en dehors de ses affaires, s'intéresse à des choses relevées, à l'art, à la musique, à la littérature, à la philosophie, au fonctionnement de la vie sociale. Il leur semble que ces Russes sortent de leur sphère : ils ne les imiteront jamais. Vous voyez des Russes qui ne les valent pas, recevoir et lire les principaux périodiques allemands et français : eux, n'ont rien que le *Figaro*. Renan, Helmholtz, meurent durant mon séjour à Moscou : dans presque toutes les maisons russes où je vais, on parle d'eux ; entre Français, on parle de chasse.

Nos compatriotes, bien qu'entourés ici de tout ce qui, en France, ferait le bonheur, ne sont pas heureux. Ils sentent que le meilleur de leurs qualités se perd dans un milieu qui leur reste impénétrable ;

leur supériorité de manières, le réseau ténu de délicatesses que leur a données l'éducation française, font qu'ils souffrent ici de riens futiles. Aussi ne songent-ils qu'à s'isoler le plus possible, à vivre entre eux.

Dans ces bonnes soirées où nous sommes réunis, et où j'entends leurs plaintes, je me dis souvent que ce qui nous empêche de nous assimiler aux nations voisines de la nôtre, c'est moins peut-être notre caractère, que le manque de flexibilité de notre éducation.

*
* *

La rue moscovite a un aspect débonnaire et bon enfant : elle me fait involontairement penser à un visage de gamin barbouillé. J'y suis frappé surtout par l'attitude conciliante des sergents de ville; je ne m'étais pas attendu à trouver si peu rébarbatifs ces représentants de la police la plus soupçonneuse et la plus grossière de l'Europe. Nous sommes devenus familiers, et maintes fois j'ai pu observer leur longanimité. Voici une scène que je revois encore, dans une grande rue droite : un sergent de ville, jeune et bel homme, vient de prendre son service; c'est dimanche; il est tiré à quatre épingles, rasé de frais, avec la moustache relevée au fer. Une voiture à deux chevaux, munie de ces roues en caoutchouc qui lancent la boue jusqu'au premier étage, arrive tout là-bas, à un train d'enfer, si vite que plusieurs passants s'arrêtent à la regarder. La voiture approche, elle est là, elle a passé, lançant un double jet boueux; le sergent de ville a été inondé du haut en bas : son manteau ruisselle, et son visage est criblé d'une boue jaunâtre faite de poussière et de crottin de cheval. Tranquillement, il s'essuie, sans un geste de colère, tout en regardant la voiture disparaître au loin. — « *Svini!* » (les c...!) dit quelqu'un, en passant près de l'agent pour traverser la rue. — « Ça ne fait rien! *nitchévo!* » répondit celui-ci avec un sourire.

Une autre fois, passant, un dimanche de novembre, près du *Dévitché Polié,* j'aperçus un homme du peuple qui marchait à grands pas, vêtu seulement d'un pantalon, le torse nu, malgré le froid : il était ivre. Un camarade qui courait après lui voulut lui donner son paletot, mais il n'en voulut pas et le jeta à terre. L'ivrogne allait traverser l'allée; un sergent de ville l'aperçut; sans hâte, il vint au-devant de lui, et, doucement, sans gestes et sans éclats de voix, lui adressa la parole. Au bout d'un instant, l'homme ivre tendit la main au camarade qui s'était rapproché, remit sa chemise, son paletot et sa casquette, et s'en alla... Chez nous, on eût saisi le malheureux, on l'eût brutalement conduit au poste, meurtri par la pression de poignes exaspérées sur la chair nue.

Ces bons sergents de ville sont, en général, les fonctionnaires les plus doux de la police russe. Le plus infime gratte-papier dans un commissariat est bien autrement grossier et brutal que ces moujiks en uniforme. Ceux-ci sont polis, affables, prêts à rendre un service. Ils se tiennent toujours au milieu des rues, et on les voit, de temps à autre, comme de grands collégiens, fumer dans leur poing une cigarette, en surveillant les environs. Aux carrefours, ils se dressent comme des bornes, que les cochers, sous peine d'amende, doivent contourner.

Pas d'élégance dans la rue, le climat s'y oppose. Les pieds des passants sont emprisonnés de caoutchoucs, ou, s'il y a de la neige, enfouis dans d'informes et chaudes bottes en feutre; les corps disparaissent dans des manteaux amples, sans forme, mais chauds, qui touchent presque à terre et se boutonnent sous le menton. Hommes et femmes sont coiffés de toques. Assurément, la toque peut être en astrakhan fin ou en fourrure choisie, et valoir cent ou deux cents francs; mais, en passant, on ne la distingue point. Il en est de même pour les fourrures, qui sont tournées à l'intérieur, ou bien pour les cols, qui sont relevés. Ajoutez que les Russes n'aiment pas aller à pied, que les fiacres sont bon marché, et qu'une aisance moyenne vous permet cheval et voiture.

Les trottoirs sont bordés de bornes en pierre destinées, lorsque la neige exhausse la chaussée, à protéger les piétons contre les traîneaux qui font parfois, de biais, d'involontaires glissades. Ces trottoirs sont très élevés; de plus, ils sont étroits. Le trottoir n'est pas ici un lieu de promenade et de bavardage, c'est seulement un moyen de communication. D'ailleurs, quand il fait froid, on n'aime pas plus parler que fumer dehors : le contact de l'air glacé avec l'arrière-gorge est aussi désagréable que dangereux. La rue est donc faite pour se rendre d'un endroit à un autre et non pas pour s'y attarder, pour voir ou être vu. Les étalages, sauf dans deux ou trois rues, sont rudimentaires, et ne tirent pas l'œil. C'est même une coquetterie de certaines grosses maisons de manier des articles précieux dans des magasins nus, sans apparence. Les boutiques les plus élégantes, dans les rues ordinaires, sont celles des pharmaciens et des boulangers — le pain de Moscou est célèbre; quant aux boucheries, béantes sur la rue, avec leurs viandes ouvertes dans la peau, ou étalées sur des tables, sans apprêt, sans soin, elles sont répugnantes.

Une rue de Londres est bruissante d'affairement, de gens pressés qui vous croisent ou vous dépassent indifférents. Une rue de Paris est animée sans hâte, active sans bousculade, élégante sans tapage. Une rue de Berlin est d'une propreté minutieuse qui, dans certains quartiers, fait presque mal, parce qu'un chien qui passe ou un ouvrier en chapeau défoncé y font tache; en outre, elle est si large qu'elle ne paraît jamais remplie. Une rue de Moscou n'est ni active, ni élégante, ni propre; elle a une vie paisible, tour à tour, dans du gris et dans du blanc, avec de petits véhicules, fiacres ou traîneaux, et des files de chariots, interminables et lentes, qui semblent des déménagements résignés d'on ne sait quels inépuisables magasins [1]. C'est assurément la plus aimable des rues que je connaisse en Europe.

*
* *

« Les Russes, dit-on couramment, savent toutes les langues. » — C'est une grosse erreur. Ils apprennent presque toujours, il est vrai, la langue des pays étrangers dans lesquels ils s'aventurent, mais ce sont toujours les mêmes qui voyagent à l'étranger, et, forcément, une minorité.

Les Russes n'apprennent pas une langue vivante plus vite ni mieux qu'un Allemand ou un Français; seulement, leur prononciation est beaucoup plus correcte : lorsqu'ils savent cent mots d'une langue, ils les prononcent si aisément, qu'ils donnent l'illu-

1. Les chevaux russes ont plus d'endurance que de force : on les charge peu : six ou sept sacs de farine, par exemple, mais on multiplie le nombre des camions acheminés en file indienne.

sion d'une connaissance assez complète. Ce qui a fait naître la légende relative à la *Sprachfähigkeit* (facilité d'apprendre les langues) russe, c'est d'abord que l'on n'a vu longtemps à l'étranger que la haute aristocratie [1] de ce pays ; or, ces familles ne parlaient russe qu'à leurs domestiques, et, encore, fort incorrectement ; le français était leur vraie langue maternelle. C'est aussi que les enfants des riches familles apprennent dès le berceau, et pratiquent sans cesse une ou deux langues vivantes.

Mais, si l'on se mêle, en Russie, à cette partie de la société qui n'a étudié le français ou l'allemand qu'au lycée [2], ou si l'on fréquente, à l'étranger, des Russes qui n'ont pas appris ces langues avec leurs gouvernantes, on s'aperçoit qu'ils éprouvent autant de peine que nous à les étudier, une fois parvenus à l'âge adulte. Je sais des Russes qui vivent en France ou en Allemagne, et qui écorchent les deux langues sans pitié. Il faudrait en finir une bonne fois avec ce préjugé qui fait des Slaves les « appreneurs » de langues par excellence, et des Anglais ou des Français les peuples les plus réfractaires à cette étude. Certes, il est, par tout pays, en Russie comme chez nous, des gens qui ne retiennent pas

1. Sous Nicolas, un passeport coûtait plus de mille francs, et, par suite, n'était pas accessible à beaucoup de personnes.

2. Les classes de langues vivantes dans les lycées russes sont plus faibles que n'étaient les nôtres avant la suppression du thème au baccalauréat : depuis cette mémorable réforme, nous nous valons.

les mots d'un idiome étranger; mais, pour la moyenne, cette étude ne présente que de médiocres difficultés : il n'y faut que de la persévérance. Les Russes le savent si bien qu'ils ne considèrent l'étude des langues que comme un *moyen* de travail; nous sommes, nous, si en retard sur ce point, que, lorsque d'aventure nous possédons deux ou trois langues vivantes, nous croyons avoir réalisé une *fin*, et nous croisons orgueilleusement les bras.

*
* *

Beaucoup de femmes russes paraissent supérieures à leur mari, même quand celui-ci est très intelligent. C'est bien souvent, je le sais, une illusion d'optique, mais cette remarque frappe tous les Français. Nous sommes prévenus ainsi par l'attitude indépendante de la femme russe, qui ose avoir une opinion en dehors de son mari, et l'exprimer devant un étranger. En outre, l'étiquette russe, moins sévère que la nôtre, n'interdit pas, dans un salon, les discussions passionnées. Les visiteurs ont une grande liberté d'allures; ils ne restent pas rivés au fauteuil qu'ils ont choisi dès l'entrée; ils peuvent se déplacer, choisir leur interlocuteur, se mêler à telle discussion qui les intéresse; les vastes proportions des salons russes invitent à cette dispersion, de même que nos salons exigus font une nécessité du demi-cercle autour du foyer. La femme se trouve ainsi mêlée à des conversations sérieuses, au lieu d'être condamnée aux éternelles causeries sur les potins et les chiffons. Puis, la société russe n'a pas encore attaché à toutes les opinions une étiquette qui les fait nobles ou roturières; on n'observe guère ici non plus de ces opinions de famille qu'on voit, ailleurs, professées en tout lieu, sur le même ton, par le mari et par la femme. On n'échange pas de regards avant de se prononcer sur une idée : on dit ce qu'on en pense, si l'on en pense quelque chose. La banalité n'est pas exclue par là, mais la conversation y gagne parfois une élévation, une ardeur convaincue qui vous emportent : surtout, les femmes s'y mêlent autrement qu'en minaudant.

N'oubliez pas que, si la femme est très libre de ses pensées, en retour, on ne la ménage pas dans la discussion. Causer n'est plus l'équivalent de : être aimable; les choses qu'on dit ont une certaine valeur pour ceux qui les disent : dès lors, il n'y a plus à garder de ménagements galants. On discute avec une femme comme avec un homme; l'ardeur féminine est excitée par cette lutte, l'imagination s'échauffe, les arguments se pressent, tumultueux : vous n'êtes guère habitués à voir une femme mettre tant d'elle-même dans une causerie : vous l'admirez.

Grâce à cette indépendance, on arrive à connaître une Russe bien plus vite qu'une Française : circonstance heureuse, car elles gagnent à l'intimité. Souvent jolies, elles ont pourtant peu de grâce : on s'aperçoit vite qu'elles sont habituées à traîner aux pieds de lourdes chaussures imperméables, et à porter sur les épaules des vêtements épais et sans forme : la grâce suprême de la démarche et des attitudes leur est refusée. Rapprochées de l'homme par leur indépendance, elles ont pris quelque chose de notre disgracieuse allure. En revanche, elles sont singulièrement attirantes et captivantes, grâce au moelleux et à la franchise de leur esprit, grâce à leur simplicité et à leur conviction. Comme on les connaît mieux, quand elles déplaisent c'est plus sûrement; quand elles plaisent c'est peut-être plus à fond; quand on les aime... je suppose qu'il se mêle au trouble de la passion un sentiment de sécurité confiante, rare partout ailleurs.

Puis, les mœurs sont d'une si touchante simplicité! l'usage autorise si aisément la confiance des tête-à-tête! Les femmes, protégées par les habitudes d'une race plus calme que la nôtre, et habituées de bonne heure à se guider seules, ont une tranquillité, une possession d'elles-mêmes qui leur permettent de s'entretenir seules longuement avec un homme, sans qu'il intervienne entre eux un seul instant de gêne. Parfois, le soir, assez tard, voulant passer quelques heures chez un ami, vous ne rencontrez que sa femme. On vous retient : le samovar s'allume, et bientôt la conversation s'engage doucement. Ces heures d'intimité sont doublement précieuses, avec une femme intelligente, et j'ai conservé de quelques-unes de ces soirées un lumineux souvenir. A propos d'une observation souvent futile, la discussion s'engageait à fond : nous ne sommes pas habitués à voir une jeune femme faire le tour de son cœur et de son esprit, sans arrière-pensée de coquetterie, avec une telle assurance et une telle franchise. Ainsi, par exemple, à propos de *Lourdes* de Zola, Mme I... et moi avons causé religion. Elle ne croit plus; élevée dans un milieu ecclésiastique, son âme droite a été froissée par certaines hypocrisies orthodoxes; les popes aux longs cheveux et aux grandes barbes qui se sont penchés sur son berceau, quand elle était petite, lui sont devenus odieux, dès qu'elle a été en âge de comprendre le peu de conformité qu'il y avait entre leur vie et leur doctrine. Trop intelligente pour faire comme tant de Russes, et mépriser les prêtres tout en respectant leur ministère, elle s'est peu à peu détachée de ses croyances. Elle dit tout cela sans haine, mais avec un accent de conviction qui en impose; négligemment, sa main caresse sa petite fille qui joue près d'elle : le contraste est singulier, entre ce tableau d'intérieur paisible, et la grandeur triste de cet aveu d'incroyance.

Un autre jour, dans un salon luxueux, je cause avec Mme B... de l'instruction populaire, à laquelle elle consacre une partie de ses forces. Comme je lui exprime mes doutes sur l'efficacité moralisatrice de cette œuvre, nous voilà bientôt en pleine discussion. Essayez d'être galant ou de débiter un madrigal à une femme qui s'exprime avec cette passion! Arguments longuement mûris, raisons de pur sentiment, ironie, elle emploie toutes les armes pour m'accabler; et, lorsque M. B... rentre enfin, assez à temps pour couvrir ma retraite, je suis subjugué par cette éloquence et tout ému d'admiration. Les sujets de conversation sont inépuisables avec de pareils esprits qui transforment tout par leur conviction, et, l'un des plus amers regrets que j'aie emportés de Russie, c'est d'être privé de la société de ces femmes qui, sans oublier leur rôle et empiéter sur le nôtre, savent s'ouvrir à nous avec tant de simplicité confiante.

Les femmes qui appartiennent à la société éclairée, à ce que les Russes nomment l'*intelliguensia*, reçoivent une instruction soignée. Les lycées de filles pullulent en Russie; on a voulu donner à la femme les mêmes armes qu'à l'homme dans la lutte pour la civilisation. Ces lycées sont restreints pour la plupart à l'enseignement moderne : les Moscovites citent toutefois avec orgueil un gymnase où leurs filles peuvent apprendre le latin et le grec. Deux ou trois langues vivantes, le russe, l'histoire, la géographie, l'histoire naturelle, les éléments d'algèbre, un peu de philosophie, telles sont les principales matières enseignées dans les lycées ordinaires. C'est terrible, même sans le grec et le latin. Heureusement, il y a des tempéraments : je sais des élèves du gymnase classique qui sont restées simples et charmantes, et mettent leur coquetterie à ne pas laisser voir qu'elles savent conjuguer λύω ; et j'ai vu également des jeunes filles sorties du lycée « moderne » ne pas vouloir renoncer au charmant privilège que possède leur sexe, d'introduire l'individualisme jusque dans l'orthographe.

Ces lycées de filles dont les Russes sont si fiers m'inspirent peu d'enthousiasme ; d'abord la période d'études y est beaucoup trop longue, et les minces résultats obtenus ne justifient pas un tel déploiement de travail. Puis, ces lycées, en habituant les jeunes filles à croire que leur instruction vaut, en son genre, celle des jeunes gens, développe en elles un sentiment d'orgueil qui s'accorde mal avec la simplicité russe, et qui leur fait parfois trouver indignes les devoirs humbles de la famille. Passe encore si toutes ces jeunes filles appartenaient à des familles aisées ; mais la grande majorité, dans ce pays où, du haut en bas, on vit au jour le jour, sont sans ressources. Le lycée les distrait huit ans des occupations de la famille, et développe en elles, parfois, des ambitions et des besoins incompatibles avec leur situation. On trouve beaucoup de déclassées en Russie : la faute en est, je le crains, aux lycées de filles : la superstition de la « carrière libérale » se développe aussi aisément là-bas dans le cerveau d'une bachelière de dix-sept ans, que chez nous dans celui d'un rhétoricien. Je plains certes l'homme condamné à vivre de leçons; mais je plains triplement la femme qui se trouve dans cette nécessité : combien en est-il, hélas, sur le pavé de Moscou!

Les Russes attribuent à leur avance intellectuelle, le développement qu'a pris chez eux l'instruction des femmes : à mon sens, ils se trompent; au lieu d'être une avance, c'est le signe d'un retard, qu'ils veulent regagner. Ils ont caressé le rêve de rattraper en quelques années les civilisations occidentales : pour cette campagne, tous les combattants ont paru bons et la différence des sexes s'est trouvée négligée. Il s'agit de l'émancipation commune, ils veulent lutter tous, sur le même pied, avec des forces égales et un égal dévouement. Écoutez-les : ils s'indignent si vous soutenez qu'il est, dans les choses intellectuelles, tout un domaine où les femmes n'ont que faire, ou bien, si vous voulez limiter l'action des femmes au cercle que leur imposent les habitudes de l'Occident. Je ne sais pas de pays, même en comptant l'Angleterre, où la femme renonce plus volontiers qu'en Russie à se souvenir de son sexe, des privilèges qui lui sont reconnus, et des exigences qu'il autorise. Souvent même, en causant, je n'ai pu faire comprendre à des Russes ce que j'entendais par ces attributs et ces limites de l'esprit féminin. Ils admettent volontiers qu'une femme intelligente est l'égale de l'homme, et que le ménage, par exemple, est moins une hiérarchie qu'une fédération. Il faut donc instruire ces femmes, et les instruire comme on instruit les hommes : de là tous ces lycées de jeunes filles. De là aussi toutes ces femmes sans sexe, ces artistes ou ces étudiantes aux cheveux courts, ces employées graves, par exemple dans les bureaux de poste, où leur dolman à boutons de métal exagère encore l'expression masculine de leurs traits endurcis.

Pourtant, le sérieux développement qu'a pris en Russie l'instruction des femmes a bien aussi des avantages. Dans la société cultivée, les femmes sont en général bien plus instruites que chez nous; elles s'intéressent à beaucoup plus de choses, cultivent plus volontiers, et sans souci de la vogue, la musique, les émotions d'art, la littérature. On sent que leur esprit a été à une autre école que celle de nos couvents à la mode. Souvent, elles pratiquent plusieurs langues vivantes; dans leur longue réclusion hivernale, elles lisent beaucoup et volontiers; enfin, elles vont au peuple pour l'instruire : c'est la façon la plus commune, pour les dames russes, de faire la charité, et cette façon est noble et grande.

La préoccupation du chiffon joue chez elles un rôle bien moindre que chez nous, au moins dans la société moyenne que j'ai surtout fréquentée. De même, dans des ménages qui vivent sur le pied de

30 000 à 50 000 francs de rente, avec chevaux, voitures, et maison élégante, je suis étonné de voir le peu de place que tient la toilette. C'est toujours le même souci du pratique, du commode, que j'ai signalé ailleurs, et que je retrouve ici, opposé à cet amour du paraître qui ronge chez nous une partie de la bourgeoisie enrichie. Presque tout est ici plus simple, plus ouvert, moins fait pour l'œil, et en même temps, plus solide et assuré.

Certes, je l'ai dit, la grâce ici est moindre que chez nous, les femmes sont d'ailleurs souvent fatiguées par de nombreuses grossesses; de plus, elles sont nourrices. Les familles de huit, dix, douze enfants ne sont pas rares; cinq ou six sont une moyenne dans la bourgeoisie. « J'ai eu onze enfants, me disait une grande dame, j'ai donc au moins passé vingt-deux ans de ma vie à des soins exclusifs de petite enfance; comment aurais-je pu faire de l'élégance, et surtout développer mon esprit et agir sur mon entourage? » Celle qui parlait ainsi, une des femmes les mieux douées que j'aie jamais approchées ne Russie, se calomniait, car son esprit est d'une culture supérieure et d'une rare pénétration; mais, appliquée au commun, sa boutade était juste. Les charges de la maternité sont, en bien des cas, le seul obstacle qui s'oppose en Russie à ce que les femmes marchent réellement de pair avec les hommes; et ces charges sont bien autres que chez nous, au moins durant les premiers mois.

On ne parle pas ici de mettre un enfant en nourrice, cette habitude française paraît aux dames russes une monstruosité. Beaucoup, d'ailleurs, se l'exagèrent, et je me souviens d'un médecin qui s'imaginait que nos fils et nos filles ne quittaient pas le village de leur nourrice avant l'âge de sept ou huit ans! Les enfants russes sont allaités par leur mère, ou tout au moins sous ses yeux, lorsqu'elle est trop faible pour nourrir elle-même. Des familles même peu aisées ont une nourrice spécialement attachée à l'enfant; si l'aisance augmente en même temps que la famille, chaque enfant a sa nourrice. On persuade malaisément à une dame russe que, chez nous, une nourrice sur lieu est une dépense sérieuse, un luxe hors de la portée des bourses moyennes.

*
* *

Je n'ai pas de documents précis qui me permettent d'établir le budget de quelques familles prises comme type. Les Russes aisés que j'ai fréquentés ne parlent jamais d'argent : ils y mettent, je crois, une certaine coquetterie : issus de familles enrichies par le commerce, ou bien commerçants eux-mêmes, ils font mine d'oublier tout intérêt matériel, dès qu'ils ont franchi le seuil de leur maison particulière. Jamais de ces détails que les Anglais vous fournissent si volontiers. Parlez argent, on vous répondra chasse ou littérature. Seuls, les fonctionnaires moyens, les professeurs, par exemple, ne font aucune difficulté pour vous donner des chiffres : leur traitement est connu; des rentes, ils n'en ont guère (ceux qui possèdent des revenus en dehors de leur traitement, les tiennent en général d'une terre). J'attribue cette situation à ce que les Russes vivent largement et n'aiment pas économiser sou à sou : s'ils ont donc une terre d'héritage, ils la font valoir, mais s'ils n'en ont pas, ils n'aiment guère à vivre en deçà de leurs ressources, pour amasser un capital. D'ailleurs, les chiffres que m'ont donnés ces fonctionnaires n'ont rien de caractéristique; le budget d'un professeur à Moscou et à Paris s'équilibre ou à peu près. La différence est que, dans les lycées russes, les professeurs sont payés d'après le nombre d'heures de leur enseignement, système fâcheux qui donne l'avantage à ceux dont les poumons sont le plus résistants et la conscience professionnelle le plus élastique. Les professeurs avides se font attribuer un grand nombre d'heures, et, en dehors du lycée, ils ne font plus rien : le niveau du corps enseignant baisse d'autant. Grâce à ce système, un professeur de Moscou reçoit, à nombre d'heures égal, beaucoup moins qu'un professeur de Paris. Mais, comme ils ne craignent pas de donner jusqu'à trente heures de classes par semaine, les traitements s'égalisent : de six à sept mille francs, l'un dans l'autre.

Ajoutez les leçons. Moscou est couverte de pauvres diables, étudiants misérables ou institutrices dans le besoin, qui distribuent des répétitions à 50 copecs le cachet, et même à beaucoup moins. Mais en revanche, je sais des professeurs qui ne font pas payer moins de 5 roubles (15 francs) la répétition normale d'une heure, et qui parfois réclament 8 ou 10 roubles. Enfin, à ces différentes ressources, il faut souvent ajouter des pensionnaires. L'internat est, heureusement, beaucoup moins développé chez les Russes que chez nous : il faut trouver des familles où loger les enfants dont les parents n'habitent pas la grande ville : les professeurs sont tout désignés pour les accueillir.

En somme, la différence n'est pas très considérable entre la Russie et l'Occident pour tout ce qui concerne les fonctionnaires moyens : la vie de ces fonctionnaires ressemble surtout de très près à celle de leurs confrères d'Allemagne. Seulement, ils n'ont pas la même façon de se réunir. Les Allemands reçoivent rarement leurs amis chez eux : ils se réunissent dans les brasseries. Les Russes, au contraire, ouvrent volontiers leur maison à leurs amis et connaissances : deux ou trois verres de thé, quelques ronds de saucisson et de longues parties de cartes font les frais de ces réunions.

Dans la riche bourgeoisie, la vie est, au contraire, très différente de ce qu'on observe chez nous. Beaucoup plus de confort et beaucoup moins d'apparat. La maison ouverte à toute heure, et la table mise sans la moindre *façon*. Je crois que l'on vit mieux, à fortune égale, à Moscou qu'à Paris. En voici une des raisons : le rouble, l'unité monétaire, a (au change actuel) une valeur triple du franc; par suite, un revenu de 10 000 roubles équivaut bien à 30 000 francs, mais ne représente pourtant que 10 000 unités monétaires (il y a bien des cas où l'on paye un rouble ce que nous payons 1 franc ou 1 fr. 50). Aussi, une famille qui n'a que 10 000 roubles de revenu, ne se considère-t-elle pas comme riche : elle vit donc simplement, beaucoup plus simplement qu'une famille française qui possède 30 000 francs. D'autre part, si tous les objets de luxe coûtent beaucoup, en revanche, les fournitures de la vie courante se payent à peu près au même prix que chez nous, parfois même un peu moins cher. Il arrive ainsi que la famille que j'ai prise pour type, avec 10 000 roubles de rentes, ne se considérant pas comme très riche, et n'ayant pas, par conséquent, d'obligations de luxe dispendieux, peut consacrer ses revenus à l'organisation d'un sérieux confort qui n'est pas plus coûteux que chez nous. Elle peut, de la sorte, vivre beaucoup plus largement que ne ferait une famille française placée dans des conditions analogues.

Avoir sa voiture, par exemple, n'est pas à Moscou

un signe de grande fortune : souvent même, sans vivre très luxueusement, on a deux ou trois voitures, autant de chevaux et de cochers. Le nombre des domestiques, qui a diminué depuis l'abolition du servage, est encore très considérable dans les familles riches. Voici, par exemple, un jeune ménage avec quatre enfants en bas âge ; je compte : trois nourrices, une femme de chambre, une cuisinière, deux cochers, une blanchisseuse et un moujik pour les gros travaux ; le revenu ne dépasse certes pas 10 000 roubles ; ce sont des gens simples, ennemis de toute ostentation et sachant compter. Voici une autre famille : ménage âgé dont les enfants sont mariés et vivent hors de la maison ; ce sont des gens riches, qui très certainement ne dépensent qu'une faible partie de leurs revenus, parce qu'ils n'ont pas le goût du monde, sortent fort peu et détestent les réceptions d'apparat ; chez eux, cependant, on est toujours admirablement reçu, et leur vie, à laquelle participent aisément les amis ou les visiteurs, est d'un plantureux confort. Je n'ai aucune idée sur le chiffre de leurs dépenses : je sais seulement que ce sont des gens simples et très retirés ; comptons leurs domestiques : une femme de chambre, un valet de chambre, deux cochers, un chef, une cuisinière pour les gens, deux blanchisseuses, et un moujik pour les gros travaux : en tout neuf personnes. Pour trouver chez nous un pareil domestique, il faut citer des familles qui ont un grand train de maison et une grosse fortune.

Une pareille domesticité n'est pas sans inconvénients. Les serviteurs, plus nombreux, ne veulent rien faire en dehors de leur spécialité et, d'ailleurs, travaillent moins. D'autre part, la maîtresse de maison, ayant toujours sous la main un serviteur pour répondre au moindre de ses désirs, s'habitue aisément à ne plus rien faire par elle-même. Les Russes qui viennent en France sont frappés de notre activité domestique : « Comment, disent-ils, vous faites cela vous-mêmes? et cela encore? mais vos domestiques? — Pardon, je n'ai qu'une bonne; elle ne se croise pas les bras, je vous assure. » Une femme nonchalante ou paresseuse trouve bien du charme à ces habitudes semi-orientales; on en rencontre beaucoup en Russie, de ces femmes, grasses comme des sultanes, qui n'ont jamais fait œuvre de leurs doigts, et bornent leur activité à savourer des confitures dans de minuscules soucoupes, ou à fumer, étendues sur un moelleux divan, des *papirosses* fines à long bout de carton. Une femme active trouve, au contraire, grand avantage à cette profusion de serviteurs : la surveillance de sa maison l'occupe déjà assez sérieusement, et ce n'est pas mince affaire que d'empêcher le gaspillage parmi une valetaille si nombreuse; mais la surveillance l'accapare moins que ne ferait un travail personnel : il lui reste du temps pour s'occuper de lectures, de musique, d'arts d'agrément de toute sorte. Le grand nombre de domestiques, en un mot, explique ces deux états opposés qui se remarquent fréquemment parmi les femmes de la riche société russe : l'ennui, l'incurable et terrible ennui, en face de l'activité intellectuelle toujours en éveil et toujours ingénieuse à s'employer.

En somme, mes observations sur la vie extérieure de la famille russe se résument ainsi : j'y ai retrouvé ce caractère, signalé partout ailleurs, de simplicité accueillante, opposée à nos habitudes d'amabilité affectée et défiante. Peu sensibles à ces mille raffinements du grand luxe, qui sont si dispendieux, les Russes peuvent, avec une bonne aisance moyenne, vivre beaucoup plus confortablement qu'on ne ferait chez nous. Ce goût de la commodité se reflète sur les mœurs et empêche les Russes de la société moyenne de mettre, comme on fait souvent chez nous, une partie de leur orgueil dans le *paraître*. Mais aussi, ce goût du confort les empêche de s'imposer des sacrifices incessants d'économie : le sentiment de l'épargne, de la nécessité du « pain sur la planche », qui est le fond de notre nature, leur est, à eux, complètement étranger. Ceux même qui amassent de l'argent, qui s'enrichissent, qui regardent à quelques copecs, ne sont pas économes au sens que nous donnons à ce mot : vilains aujourd'hui, vous les verrez demain, pour satisfaire un caprice, jeter, sans compter, des dizaines ou des centaines de roubles. Ce peuple est plus près que nous de la nature, de là sa bonté, sa simplicité; mais, plus que lui, nous nous défions de la nature et de ses penchants dangereux; de là cette perpétuelle surveillance que notre société moyenne exerce sur ses instincts, de là notre économie. De vingt à quarante ans, je préférerais peut-être la vie de Moscou; après quarante ans, quand l'heure vient de consommer ses réserves, j'aimerais mieux, sûrement, la vie française.

*
* *

Visite au camp où les troupes passent l'été, près de Moscou. Les soldats, pour la plupart, dans leur coutil blanc, ont des visages noirs comme des moricauds. Je jette un coup d'œil sur la bibliothèque d'un officier qui m'a offert de me reposer chez lui; voici ses livres : un dictionnaire grec-russe, une histoire de la philosophie en russe; puis, en allemand : les *Paralipomena* de Schopenhauer; en français : *Thiers*, *Guizot*, *Rémusat*, de Jules Simon, et *l'Eau de Jouvence* de Renan. Cet officier est froid d'aspect; mais c'est un tendre; une nature droite, passionnée, avide d'activité. Ce milieu d'ignorance et de vaine coquetterie doit lui déplaire : sa distinction dédaigneuse doit souffrir des saoûleries d'officiers et des conversations vides; mais il ne se plaint pas. Il aime passionnément la chasse qui lui donne l'illusion de l'activité; ici, dans sa tente, entre ses livres de philosophie, « il tresse de la paille, pour oublier. » Une belle nature, un caractère d'un métal rare, merveilleusement trempé.

En continuant l'excursion, nous passons près d'un menu bouquet d'arbres. On me dit que cette place est un champ de repos. En 1812, lorsque les Français approchaient de Moscou, une escarmouche eut lieu près d'ici entre une poignée de Cosaques et une troupe française. Les morts, Cosaques et Français, furent enterrés côte à côte dans ce petit champ, au bord de la route. Depuis, des bouleaux y furent plantés par une main pieuse. Et maintenant, sous les branches éplorées qui tombent en gerbe autour des troncs blancs, quelques vagues renflements et une seule croix reposent. Ils sont côte à côte, fraternellement, ces bons soldats, ces paysans venus de si loin pour s'entre-tuer, sans se haïr, sans se connaître même. La mort les unit dans la paix de la plaine verte. Cette poignée de tombes inconnues est touchante.

*
* *

Sonia, la cuisinière, me raconte que, cet été, elle a fait ses dévotions dans un monastère du gouvernement de Smolensk. Elle en a rapporté des choses saintes : du sable bénit, contre je ne sais quelle affection, et du bois bénit qui guérit le mal de dents. Sonia m'explique qu'un saint moine, dont on conserve là-bas les reliques, souffrait fréquemment de ce dernier mal : or il avait édifié sa cellule sous un gros arbre : à sa mort, les moines imaginèrent de débiter les rameaux de l'arbre protecteur comme un remède contre les douleurs dentaires. Sonia en a acheté un morceau.

— Et cela fait du bien, Sonia?

— Certainement!

— Pourquoi ne me l'as-tu pas prêté, l'autre jour, quand j'avais une fluxion?

— Parce que vous n'avez pas la foi.

— Tu as donc la foi?

— J'ai la foi.

Sonia, malgré ses principes, ne se pique pas d'une honnêteté parfaite; pour elle, tout s'excuse quand on aime : elle a aimé.

— Qu'est donc devenue cette femme de chambre qui était ici l'an dernier, au moment de mon départ?

— On l'a renvoyée, fait Sonia; elle se conduisait mal.

Et comme j'exprime mon étonnement, Sonia me répond :

— Bah! elle disait que c'était en elle une nécessité; elle est si jeune! c'est bien naturel...

Telle est la morale de Sonia, la cuisinière, une

laide fille, dévouée et bonne comme un terre-neuve, travailleuse comme une fourmi, et à laquelle n'importe qui, dans la maison, confierait sans la moindre inquiétude une grosse somme d'argent. Pieuse à sa façon, honnête d'après sa définition, cette pauvre fille est encore tout près de la nature : c'est un bel exemplaire d'inconsciente immoralité. Je me demande seulement ce que la vie donne à ces pauvres êtres.

*
* *

L'autre dimanche, chez T., au milieu d'une conversation animée, je vois entrer un petit vieillard bien tenu. Il est gentiment mis, propret dans son veston collant; il a une cravate fraîche, un col et des manchettes blanchis à neuf; il est rasé avec soin : une tenue d'un négligé très raffiné. Un petit nez rosâtre en l'air, une petite moustache grise, fine et courte, le crâne haut et plein, mais tondu si ras qu'il a l'air tout nu, d'une nudité amusante, d'une nudité de petit enfant qu'on démaillote. Ce petit homme est gourmet : il savoure le thé, lèche les confitures, croque les petits gâteaux, avec des mines de connaisseur : très entouré des femmes, il conte, derrière ses lunettes, des choses fort graves, semble-t-il, mystérieusement.

Je n'avais pas entendu son nom : mais le lendemain, je l'ai rencontré de nouveau et il s'est chargé de se faire connaître à moi. Il est romancier, et il a du succès; d'une inépuisable fécondité, il emplit de son nom les revues qui ne sont pas encore orientées vers la haute littérature, et qui ont une forte clientèle provinciale : il travaille surtout dans les romans à clefs, et ses portraits sont tellement crus que la méchanceté n'a même pas besoin d'intervenir pour en désigner les modèles. Il m'accapare, et s'obstine, malgré mes protestations et mes supplications, à me parler français. Il me raconte quelques-uns de ses projets, m'énumère les personnes qu'il connaît à Paris, une liste très bariolée; il m'explique par le menu l'organisation d'une école dont j'ai fait partie, et cause, cause, sans s'arrêter, sans se lasser. Quand il reprend haleine, je le questionne sur une institution russe : il me répond en me parlant du boulevard. — « Mais, je viens de le quitter, le boulevard! » — Il ne m'entend pas, il parle toujours.

C'est un spécimen outré et un peu grotesque de cette famille de Russes qu'on appelle les *Occidentaux*. Pour eux, la vraie patrie, c'est Paris — et quel Paris! celui de deux ou trois salons cosmopolites, celui du boulevard et des lieux de plaisir. Ils parlent français plus volontiers que russe, un français coulant, mais bigarré d'expressions empruntées aux méthodes classiques, ou forgées sur le modèle de l'allemand. Leur prétendue connaissance de l'Europe occidentale est pour eux un signe de *chic*, et ils l'étalent. Mais ce qu'ils rapportent de leurs voyages n'est rien qu'un vernis qui masque leur originalité, sans transformer le moins du monde leur caractère : ces acquisitions superficielles auxquelles ils tiennent tant n'éblouissent que les naïfs. Nous avons tendance à juger la Russie sur de tels hommes, rencontrés aux Champs-Élysées; grâce à Dieu, nous nous trompons : la Russie vaut mieux que ces hommes, et eux-mêmes vaudraient mieux, s'ils secouaient le joug. L'écrivain que voici n'est pas un sot; son talent est incontestable et sa faculté d'assimilation est grande; si, pourtant, sa conversation paraît vide et ennuyeuse, c'est parce qu'il veut forcer son naturel; il eût été un Russe distingué; il n'est, sous son travesti, qu'une médiocre copie d'Occidental, et les Russes rient de lui.

Un autre type d'*Occidental*, aimable, celui-là, et sans prétention. La France le charme : les choses françaises lui semblent toutes meilleures que les choses russes : la vie plus douce, les hommes plus accueillants, les mœurs plus délicates, les produits moins chers et plus élégants. Outre Paris, il chérit un coin de province cosmopolite qu'il revoit chaque année, où M. le maire le salue, et où le receveur des postes est son ami. Il sourit en nous parlant de la cordialité de ces braves gens, avec lesquels il fait la partie; son enthousiasme est atténué par un clignement d'yeux; il n'est qu'à moitié dupe de sa passion. Au demeurant, c'est un vrai Russe dont le voyage a affiné les goûts. D'ailleurs, sa gallomanie, si flatteuse pour nous, n'est pas gênante : elle est modeste et intime.

*
* *

A tout propos, les Russes répètent : « Nous connaissons l'Europe, mais l'Europe ne nous connaît pas. » Nous les croyons sur parole, et nous avons tort. Certes, nous connaissons mal la Russie, mais les Russes connaissent bien mal aussi la France. Sans doute, chaque année, quelques centaines d'entre eux viennent chez nous, la poche gonflée de roubles. Mais que voient-ils? Paris, Vichy, Nice et Biarritz. A Paris, ils fréquentent les théâtres, les lieux de plaisir, les musées; mais ils n'ont jamais pénétré dans une vraie famille française. Ils savent de nos mœurs tout ce qui est extérieur, rien de l'intimité. Les idées les plus baroques se colportent dans leur pays au sujet de nos intérieurs; ils ne nous ont jamais vus à table, jamais en famille, ou au salon; ils ignorent jusqu'au combustible qui nous sert à la cuisine. Nous ne faisons rien, d'ailleurs, pour leur faciliter une connaissance plus exacte de nos mœurs; avec nos dehors aimables, nous sommes la nation où les intérieurs s'ouvrent le plus malaisément à un étranger. Aussi m'arrive-t-il à chaque instant, en causant avec des Russes qui ont vécu chez nous, de corriger une idée fausse qu'ils se sont faite au sujet de quelque habitude française. Seulement, mes interlocuteurs croient si fermement « que les Russes connaissent l'Europe », qu'ils se défient de mes renseignements.

On a ici, par exemple, la plus mauvaise opinion de nos liens de famille. La plupart des Russes pensent que le sentiment de la famille n'existe pas chez nous ; vingt fois on me l'a dit, comme un fait acquis que l'on ne songe même pas à discuter.

La famille russe a un caractère plus patriarcal, mais moins cordial que la nôtre, du moins dans la classe moyenne et dans le peuple. Les rapports de parents à enfants sont en général moins affectueux que chez nous, ce qui est une nécessité des familles très nombreuses ; la surveillance des enfants, pour la même raison, est moins anxieuse. Comment a donc pu naître chez eux la sotte légende qui nous concerne? Il doit y avoir là une induction inconsciente tirée de ce fait que nous mettons nos enfants en nourrice : conclure de là que nous ne les aimons pas a pu paraître naturel à des âmes simples.

— Et nos femmes, comment les juge-t-on en Russie? — D'après nos romanciers, tout simplement, et non pas les plus chastes : les œuvres de MM. Émile Zola et Marcel Prévost passent pour des miroirs fidèles des mœurs de la femme française. Protestons-nous avec indignation? on ne nous croit pas; on nous oppose toujours cet argument: « Mais alors, où donc vos romanciers prennent-ils leurs modèles? »...

Enfin, les Russes sont persuadés que nous manquons de religion et, même, que nous n'avons pas de sentiments religieux. Ils se laissent tromper par l'explosion d'anticléricalisme qui a caractérisé notre politique durant ces dernières années; chez eux, les prêtres n'ont aucune influence; ils ne comprennent donc pas que nous ayons dû secouer le joug catholique; chez eux, on admet sans sourciller qu'un homme soit forcé, de par la loi, de faire ses Pâques; ils ne comprennent donc pas que cette violence puisse nous sembler monstrueuse. Puis, toute cette foule pieuse de la France catholique ou protestante, cette foule qui prie, qui se donne en bonnes œuvres, qui fait des pèlerinages, qui bâtit de monumentales églises, ils l'oublient involontairement. Enfin, s'ils se refusent à comprendre comment on peut être anticlérical et avoir, cependant, un sentiment très profond de la religion, c'est que chez eux les formes religieuses ont si intimement pénétré tous les actes de la vie ordinaire, qu'on ne les distingue plus aisément, à cette heure, de la religion dont elles sont un symbole discutable.

Jamais des embrassades franco-russes ne rapprocheront sérieusement le peuple russe du peuple français; pour arriver à une intime union, il faudrait donner aux Russes une meilleure opinion de nous-mêmes. Au lieu de les éblouir par des fêtes et de les combler de cadeaux, il faudrait, modestement, sans fracas, leur ouvrir nos familles. Ils verraient alors ce qu'est la France moyenne, la France qui aime, qui travaille, et qui n'a point connaissance des romanciers à la mode. Ils verraient comment nous chérissons nos enfants, et de quelle reconnaissance ils nous entourent. Ils verraient ce que sont nos femmes, ils verraient leur dévouement modeste, leur courage au travail, leur fidélité : ils verraient, enfin, ce qui reste en nous de traditions morales, en dépit de l'envahissement du judaïsme nieur et démolisseur. Alors, les Russes sentiraient notre vraie nature et, oubliant nos fanfaronnades de vices, que tous nos voisins prennent à la lettre, ils comprendraient que, sous l'écume de la surface, l'eau française coule saine et pure.

*
* *

Je suis frappé de voir, à Moscou, le travail de civilisation et de relèvement moral du peuple auquel collaborent le corps enseignant et une partie de la bourgeoisie. L'ardeur qu'ils y déploient est merveilleuse, et je reste confondu par la somme de travail qu'ils fournissent, sans pourtant négliger leurs occupations quotidiennes. On sent vivement que toute cette part de la société a foi au progrès, et que chacun de ces hommes espère un jour pouvoir compter les âmes qu'il aura relevées et soutenues. Leur travail n'est pas une collaboration anonyme à un obscur jeu de rouages sociaux : ils en observent les effets directement, et cette idée les fortifie.

Pour tirer le peuple russe de l'état d'abaissement intellectuel et moral où il végète, la propagande religieuse, entendue à la façon protestante, n'aurait aucune efficacité. Le paysan russe est très pieux, en effet, selon toute apparence, mais sa piété ne ressemble guère à ce que nous entendons par ce mot. Sa piété, c'est d'abord une série compliquée de gestes religieux et de formules : saluts, génuflexions, signes de croix innombrables, répétés à tout propos, quand il prie, quand il jure, quand il bâille, et dont l'habitude devient si machinale, que sa pensée parfois n'y a plus aucune part. Puis, sa piété, c'est encore une vague rêverie de choses mystérieuses, la contemplation nonchalante d'un monde irréel et doux, placé très loin au-dessus de la vie. Gestes pieux et songerie mystique n'ont cependant, pour lui, aucun rapport direct avec les choses de l'existence. C'est un devoir de se signer devant l'icône, c'est un plaisir de lire des livres pieux qui font rêver; mais cela n'a rien de commun avec l'eau-de-vie, par exemple, qu'il est très doux aussi de boire. Ces hommes peuvent être d'une piété exemplaire, remplir sincèrement tous leurs devoirs religieux, et pourtant s'enivrer, mentir, voler. Le monde religieux, à leur sens, n'a pas de prise sur le monde réel : c'est pour cela que des popes peuvent être indignes, sans que l'autorité de la religion en soit atteinte aux yeux de leurs paroissiens.

Sur un tel peuple, une prédication qui porterait un caractère purement religieux n'aurait aucune action : ils écouteraient les prédicateurs gravement et avec plaisir, mais n'en feraient pas moins à leur tête. Le vrai moyen d'agir sur eux, c'est de les instruire.

De là cette passion scolaire qui fermente dans l'*intelliguensia* moscovite. Presque tous les jeunes gens riches que je connais sont curateurs d'une ou de plusieurs écoles primaires; et parmi mes amis moins aisés, c'est un dévouement de tous les instants à l'œuvre de l'instruction populaire. Je n'ai pas encore esquissé le profil de ce bon Nicolaï Pavlovitch, la première figure amie que j'aie rencontrée à Moscou : deux yeux pétillants dans un ébouriffement de rare barbe blonde. Chez nous, il serait, sans nul doute, absorbé par ses succès de professeur et par sa carrière d'écrivain; dans ce pays, il sent qu'il n'a pas le droit de se soustraire aux besognes plus humbles de l'éducation d'en bas.

Ils sont, lui et sa femme, parmi les membres les plus actifs d'un *Comité de lecture à domicile* qui distribue aux pauvres des livres choisis, et remédie par là à cet obscurcissement graduel que subit, faute de livres, l'intelligence des humbles qui ont appris à lire. Au lieu des volumes bourrés de miracles que l'administration ecclésiastique répand au milieu du peuple, ce comité choisit des œuvres d'un caractère sérieux, des vulgarisations scientifiques élémentaires, des récits bien faits, et un peu d'histoire vraie. Le peuple est avide de ces notions nouvelles qui lui ouvrent des regards sur une vie qu'il ne soupçonnait pas; un choix judicieux d'ouvrages de ce genre fait plus pour le relèvement moral du moujik que ne pourraient faire les prédications les plus enflammées.

La surveillance d'une école réclame peut-être un peu moins de perspicacité que l'organisation d'un choix de lectures, mais elle n'est pas non plus une occupation fictive. Je suis ému lorsque je vois des hommes dans la force de l'âge y consacrer une partie de leur temps, au lieu de s'abandonner à la vie facile que leur fortune leur permettrait. Il y a comme un tacite mot d'ordre auquel obéit instinctivement la meilleure part de la société moscovite. Le curateur d'une école y fait de fréquentes apparitions, suit de près maîtres et maîtresses, interroge les enfants, s'occupe des améliorations à introduire et aussi des achats, dont souvent il prend une grosse part à son compte. La passion de l'école, que j'ai signalée déjà au village, est si forte, même à la ville, dans certaines âmes, qu'elle les pousse à quitter une situation brillante pour aller au peuple porter la bonne parole. Sans parler de Léon Tolstoï et de ses filles, il me vient naturellement à l'esprit le nom de C. A. Ratchinsky, cet éminent professeur de l'Université de Moscou, qui est allé s'enfouir dans une campagne pour y devenir simple maître d'école. Nombre d'autres, moins célèbres, mais non moins convaincus, ont suivi cet exemple. Il est bon que notre dilettantisme se redise leurs noms, qu'il songe de temps en temps au travail de dévouement qui, à l'autre bout de l'Europe, s'accomplit dans ce pays jeune et vieux tout ensemble, et qu'il sache enfin admirer les fleurs d'apostolat que l'on voit çà et là s'épanouir sur les remparts dont s'entoure encore le monde russe.

*
* *

L'extrême développement des lycées de jeunes filles a pour effet de créer dans la société russe un type de *potaches* féminins. Les jeunes filles, de douze à dix-sept ans, ont là-bas une allure bien autrement dégagée que chez nous. Elles sont toutes externes ; l'habitude d'aller chaque jour au lycée, seules pour la plupart, et d'y retrouver des professeurs hommes, leur donne une crânerie un peu mutine; en même temps, elle les habitue à se montrer plus elles-mêmes, à ne pas se composer une physionomie artificielle lorsqu'elles se trouvent en face d'un homme; en un mot, elles sont moins réservées, mais plus « nature » que les jeunes filles de nos pensionnats.

Au thé, je voyais, ce soir, un autre type créé par les lycées de filles : la répétiteuse, la *pionne* Celle-ci est une brave femme, laide et bavarde, qui raffole des enfants et des confitures. Sans trêve, elle parle : elle raconte des histoires de lycée, des tours pendables joués par les élèves, et des ruses d'Apache inventées par elle pour les surprendre. Entendre une femme conter ces histoires qui ont occupé sept ou huit ans de notre vie, c'est assez piquant. Mais je ne puis me défendre d'une tristesse à l'idée que ce type de femmes inutiles et vaguement teintées de science tend à se propager, et qu'un jour nous le verrons chez nous aussi. Dans les lycées d'externes, passe encore; mais si l'internat, économique et commode, vient à l'emporter, ces existences manquées feront lourdement sentir leur dissolvante influence.

*
* *

Je ne me lasse pas d'admirer Moscou. Les effets de lumière les moins rares sont délicieux sur les architectures polychromes qui s'y pressent. Le clair de lune des nuits fraîches a une transparence singulière; les églises y profilent nettement leur tour et leurs bulbes; et tout en haut, dans l'air, une flamme brille au-dessus d'elles, comme une lampe : c'est le reflet de la lune sur une croix d'or ou sur une coupole à carapace métallique.

Je descends parfois jusqu'à la Moskova, par des rues peuplées de misérables bouges, maisons d'un blanc sale, où les fenêtres font des trous noirs. Arrivé près du pont de Borodino, je me retourne, et je contemple le panorama blanc et vert qui s'étage au-dessus de la rivière. Les teintes du soir, reflétées par l'eau, sont infiniment tendres; du bleu doux, puis du gris clair, puis du lilas, tendu en écharpe autour de l'horizon. La rive d'en face semble très escarpée; quelques arbres et des buissons y ont poussé, et, sur la pente raide, presque à pic, de petites maisonnettes aux toits plats peinturlurés de vert se sont cramponnées. A certains jours, ici, vers l'heure du crépuscule, tout se tait. Les laveuses ont plié leur linge; les dragons, là-bas, sur la rive, ont fini de panser leurs chevaux, et, sous les rayons obliques, délicatement tamisés, que jette le dernier regard du soleil couchant, toutes ces verdures, toutes ces blancheurs, ces tons neutres de la berge et ces étincellements des coupoles saintes, se mêlent dans une adorable paix, comme dans une religieuse attente de la nuit.

*
* *

Dîner riche dans un luxueux décor. Conversation nulle. Des femmes sont là, richement parées, parfumées, soignées; quelques-unes ont été jolies. Elles sont toutes très riches ou peu s'en faut. Au lieu de causer, elles s'observent les unes les autres; elles ont raison, d'ailleurs, de s'observer : ces parures sont trop lourdes, et telle de ces dames a l'air de porter sur elle toute sa dot en bijoux. Ces parfums ne sont pas délicats, bien qu'achetés au plus cher. Ces toilettes, envoyées de Paris, sont mal portées. Toute cette société morose et guindée paraît expier, par on ne sait quelle tristesse, les fortunes amassées. On sent que tous ont le souci de paraître *comme il faut*; le meilleur moyen, leur semble-t-il, est de rester graves, d'éviter tout sourire et toute familiarité. Je me demande si, dans ces cerveaux, germent quelques idées, en dehors du souci des affaires. Non seulement l'art et la littérature sont pour eux lettre morte, mais les manifestations de la vie sociale ne les touchent pas davantage. La politique? on n'en parle pas; le peuple? il n'existe plus pour eux, depuis qu'ils en sont sortis. Ils mangent vite et gloutonnement. Après dîner, ils se réunissent par groupes mornes, où l'on fume silencieusement des cigares chers ou des *papirosses*. Les hommes sont encore supportables, car, avec eux, on peut causer chasse, femmes ou métier. Mais leurs épouses me glacent d'effroi : je n'avais jamais observé nulle part une pareille disproportion entre l'esprit et la fortune. Chez nous, une enrichie peut être sotte, mais elle aura pourtant une certaine conversation apprise, sinon naturelle : les enrichies que j'ai devant moi, sont faites pour engraisser, mollement étendues sur des divans, et pour être, de temps à autre, parées comme des châsses et silencieusement promenées dans un huit-ressorts, un peu à la façon du bœuf gras. Dans de pareils milieux, on comprend la distance qui sépare encore la Russie de l'Occident. Mais, en même temps, on admire et on goûte davantage encore les cercles de bourgeoisie riche où l'art, la littérature et l'échange des idées servent de prétexte aux réunions.

*
* *

M. V., qui n'est plus jeune, mais qui est fort riche, a résolu d'avoir un salon littéraire; comme il est veuf, sa fille le seconde. Des invitations formelles sont lancées, un peu dans tous les mondes dits littéraires : Université, littérature, journalisme : « Vous êtes prié de venir *causer* tel jour, à partir de telle heure. » Le souper est splendide; mais, en revanche, la consigne est de causer. Il ne s'agit pas de s'entretenir de n'importe quel sujet venu : on cause sur des sujets donnés; on disserte sur une question morale ou littéraire, et on est rappelé à l'ordre si l'on bavarde à côté. Tout cela est conduit avec un sérieux imperturbable; le jour où j'ai été admis, j'ai été pris d'un fou rire : j'ai su depuis qu'on m'avait trouvé fort inconvenant : les Français, d'ailleurs, sont si légers! Ce vieux monsieur et sa fille sont persuadés que leur salon est appelé à jouer un certain rôle dans la vie littéraire de la capitale.

*
* *

Chez P., où je vais fréquemment et avec un plaisir toujours vif, je vois passer une partie de la société intelligente de Moscou. Je sais peu de maisons où la liberté soit aussi parfaite. Les mondes les plus divers s'y croisent, élégants ou négligés, riches ou pauvres, littérature ou commerce, et l'on n'observe pas entre eux de fissures. Le seul classement que j'y puisse opérer, c'est dans la valeur des esprits. On cause beaucoup, on ne rit pas moins. On entoure les derniers venus de l'étranger, ou ceux qui apportent une histoire nouvelle. Les groupes se font et se défont sans gêne, naturellement. On cause beaucoup de livres, car cette société suit de plus ou moins près le mouvement littéraire de quatre pays, Allemagne, Angleterre, France et Russie. Ils ont lu énormément : la moindre jeune fille m'étonne par le récit de ses lectures. Seulement, ces connaissances sont souvent un peu superficielles. Si je mets à part quelques hommes de métier, qui savent réfléchir et apprécier, ce monde séduisant manque fréquemment de critique. Hommes et femmes lisent beaucoup trop pêle-mêle, sans se rendre toujours compte des différences de temps et de manière. Ils vous jugeront trois œuvres dans une demi-heure, et vous aurez le sentiment qu'ils n'ont même pas cherché à comprendre les intentions de l'artiste. Une dame compare le *Vase brisé* de Sully Prud'homme à une poésie flamboyante de Théophile Gautier, sur un oignon de tulipe qui fait éclater une porcelaine de Chine : évidemment, elle a lu les deux poètes, mais, au lieu de se classer dans son esprit, ils s'y sont juxtaposés comme ils l'étaient dans la vitrine du libraire : ainsi du reste. A l'opposé de ce défaut, je trouve la théorie abstraite et passionnée, l'amour des constructions philosophiques appuyées sur un truisme ou sur un naïf paradoxe. Beaucoup des personnes présentes sont ceci ou cela : leur flexibilité slave n'est souvent qu'une aptitude merveilleuse à osciller d'un extrême à l'autre. Je comprends, à observer des milieux analogues, la préférence secrète que les Russes accordent aux œuvres de la science allemande. Pour eux, tout ce qui est français relève des *belles-lettres* ; tout ce qui est allemand est science. A la mort de Renan, quelqu'un me dit : « C'est vrai, n'est-ce pas, que X., l'hébraïsant allemand, savait mieux l'hébreu que Renan? Renan, après tout, c'était un *bellétriste.* » Ce respect pour la science allemande et ce dédain pour la française explique pourquoi l'érudition russe a une allure si pesante encore, et comment elle se perd, tantôt dans l'accumulation du détail, tantôt dans la vaine abstraction. Ces esprits ont été formés trop vite, sous l'influence de civilisations trop raffinées; ils n'ont pu encore s'assimiler complètement toutes les méthodes; ils ressemblent bien souvent à un chantier de construction où les pierres de taille, les briques, le mortier et les maçons sont déjà réunis, et où l'on n'attend plus que l'architecte.

*
* *

Les Russes, de haut en bas, sont très questionneurs. « Qui es-tu, d'où viens-tu, où vas-tu? »

demande l'homme du peuple à l'inconnu qu'il rencontre. « Aimez-vous la Russie, la préférez-vous à l'Allemagne, êtes-vous marié, avez-vous de la fortune, êtes-vous heureux? » vous demande volontiers l'homme civilisé. L'autre jour, à table, une jeune fille fort jolie m'a posé tant de questions que je n'ai littéralement pas pu dîner. Quand j'attendais, pour lui répondre, d'avoir avalé un morceau, elle répétait sa question en français, croyant que je ne l'avais pas comprise en russe. Cette jeune fille en sait maintenant sur mon compte beaucoup plus que n'en dit mon passeport. Elle m'a même demandé si j'étais fiancé. J'ai répondu : « Chez nous, on ne se fiance pas; on attend le « coup de foudre », puis, le mariage se fait en quinze jours. » — « Vraiment! a-t-elle répondu. Moi, je croyais qu'en France tout dépendait de la dot! »

*
* *

Le marquis de Custine écrivait, il y a tantôt soixante ans, à propos des Russes : « La qualification de Barbares du Nord ne leur sort pas de la tête : ils la rappellent à tout propos aux étrangers avec une humiliation ironique : et ils ne s'aperçoivent pas que, par cette susceptibilité même, ils donnent des armes contre eux à leurs détracteurs. » Depuis lors, certains Russes n'ont pas perdu cette habitude. « Une fois rentré chez vous, me dit-on souvent, vous ferez comme les autres : vous direz que nous sommes des Barbares et que nous mangeons de la chandelle. » Une pareille insistance est déplaisante; je la rencontre surtout dans la petite bourgeoisie et chez les menus fonctionnaires; la société cultivée, du moins, celle qui voyage et sait l'Europe, ne donne plus guère dans ces niaiseries.

*
* *

En Russie, je ne suis jamais resté qu'une fois seul au salon, pour attendre les maîtres d'une maison où je faisais visite. Ce sont des gens trop simples pour que je leur aie supposé l'intention de me faire détailler l'ameublement; néanmoins, je l'ai détaillé. Une grande pièce, avec des meubles disposés par petits groupes. Aux murs, quelques bonnes toiles, et une profusion de tapis venus tout droit du Turkestan, de Boukhara et de la Perse; çà et là, des cloisonnés dignes d'un musée, des brûle-parfums, des vases persans, d'éblouissantes broderies au dos des fauteuils. Puis, tout à coup, j'ai saisi, au milieu de ce salon meublé d'exotisme authentique et rare, un mince détail, un bibelot en toc qui faisait tache, ou, du moins, déroutait mon goût français. Notre éducation classique nous fait trop oublier que le goût change avec les climats.

*
* *

Durant l'été, il ne reste à Moscou que les pauvres gens. Ceux que leurs affaires retiennent à la ville, et ceux qui n'ont pas de maison de campagne au village, se retirent deux ou trois mois dans de petits chalets ou *datchas*, disséminés dans les forêts de la banlieue. Sous prétexte de repos et de fraîcheur, ils s'exposent par là à des voisinages déplaisants et aux inconvénients que des pluies interminables ou un froid précoce peuvent causer dans une villa étroite et mal close. Il y a ainsi des villes entières de *datchas*, véritables stations d'air pur ou soi-disant tel, qui s'animent seulement durant la belle saison, et sont à peu près désertes durant huit ou neuf mois.

Toutefois, les riches marchands moscovites ne s'en contentent pas : ils se font construire de luxueuses villas, dont quelques-unes sont des bijoux. J'en sais une, par exemple, qui domine un horizon de forêts et de pâturages, où serpente une rivière entre des saulaies. Tous les raffinements du luxe occidental sont réunis dans cette villa, et le contraste est singulièrement imprévu entre les chemins sauvages qui y mènent, et l'élégance qui s'y épanouit. Depuis les salons jusqu'à la moindre chambre d'amis, l'ornementation et l'ameublement sont d'un goût simple, mais sans une tache : très peu d'objets d'art, mais en revanche, rien de mesquin ni de lourd. On a tout fait pour conserver à la *datcha* son caractère de maison des bois : alentour, le parc est à peine frayé : les arbres y poussent à leur fantaisie; et quand, d'une terrasse, on contemple l'horizon calme, on voit la verdure des pâturages tachetée de troupeaux, qui paissent par delà la rivière. Cette habitation rappelle tout à la fois l'Angleterre, la France et la Russie, et elle fond ces souvenirs dans un de ces mélanges heureux que seul peut combiner le goût éclectique et hardi de ces fluides natures slaves.

Voici une autre *datcha*, beaucoup plus modeste, mais plus crânement russe. C'est une vaste maison de bois dont l'intérieur n'est pas tapissé. On voit à nu les parois, faites de troncs de sapins équarris à la hache. Les intervalles des rainures sont bouchés avec de la bourre de chanvre, et un simple vernis d'une couleur ambrée recouvre les parois de bois. C'est d'un effet bizarre et attrayant. Ces maisons de bois ont, en vérité, un cachet d'une élégance choisie, et je ne sais pourquoi les Russes ne tirent pas plus souvent parti de cette décoration naturelle; c'est peut-être parce que les murs de bois sont rebelles à l'ornementation ordinaire des salons, et que peintures ou gravures font tache sur les madriers jaunes.

*
* *

Je parle souvent religion en ce pays ; je suis frappé de la différence de conception que j'observe entre les orthodoxes et les catholiques. Léon Tolstoï m'a dit un jour : « Vous autres Français, quoi que vous fassiez, la forme catholique vous domine : vous êtes pour ou contre, jamais à côté. » Si cette observation est fondée, comme je le crois, elle explique l'étonnement que nous cause l'attitude de la société russe en face de l'autorité ecclésiastique et des dogmes. Je mets à part la foule illettrée, dont j'ai parlé ailleurs. Si l'on observe la société pensante, on surprend chez elle une sorte de compromis entre le scepticisme et la foi. Je sais peu de Russes dont la position soit bien nette, dans un sens ou dans l'autre. Beaucoup, sans doute, donnent à la religion ce qu'il y a en eux de moins réfléchi, de plus machinal ; beaucoup, aussi, n'ont pas encore pris parti, et considèrent la religion comme une « question ouverte », ainsi que me disait un ami. Très peu de franche incroyance, très peu aussi de dévotion sévère. Chez nous, on sait en général bien vite à quoi s'en tenir sur les sentiments religieux d'un catholique : vous êtes croyant, ou vous ne l'êtes pas. En Russie, rien de tel : la plupart sont à la fois en deçà et au delà de la foi.

Ce défaut de décision religieuse tient à plusieurs causes. D'abord, manque de rigidité intérieure dans l'administration de l'Église, sinon dans le dogme : les orthodoxes ne paraissent pas préoccupés, comme les catholiques, de l'exclusion spirituelle que leur attirerait le plus léger doute sur un point de la doctrine religieuse. — Manque de tenue d'une partie du clergé : tant qu'on ne peut respecter dans le prêtre, non seulement l'homme, mais, avant tout, la robe dont il est revêtu, on ne peut, à mon sens, être complètement sous l'influence de la religion. — Surabondance des gestes pieux dans le rite orthodoxe : ces gestes sont si nombreux qu'ils finissent, sans qu'on y prenne garde, par envahir presque toute la place qui devrait être réservée à la méditation ; peu à peu, on arrive à ne plus bien distinguer si les gestes que l'on fait sont dus à la conviction religieuse, ou si la conviction religieuse n'est pas éveillée et soutenue par ces gestes. — Pression du Gouvernement, qui impose à tous les pratiques religieuses : il devient impossible, par là, de se compter entre pratiquants et non pratiquants ; une pudeur légère empêche peut-être certains indifférents d'avouer qu'ils communient pour obéir à la force ; peut-être aussi, le fait de communier ébranle-t-il leur indifférence et y dépose-t-il un germe de foi. — Enfin, besoin du mystère qu'éprouvent les âmes, dans un pays où tout est mystère, où la nature, avec ses immensités grises ou blanches, n'offre à l'homme aucune de ces consolations joyeuses qui caressent l'insouciance du Midi, mais le force, au contraire, à se pelotonner sur lui-même, dans son chaud intérieur berceur de rêve. — Il y a, sans doute, un peu de tout cela dans le sentiment religieux de la Russie cultivée; c'est pour l'une ou l'autre de ces raisons que vous verrez là-bas un libertin baiser des reliques ou un libre penseur faire le signe de la croix. L'extrême intolérance de l'administration, pour tout ce qui relève des actes de la foi, et son extrême longanimité, pour tout ce qui relève de l'interprétation intime, font ainsi du peuple d'Europe qui passe pour le plus religieux, celui où la religion, sous une apparence sévère, est le moins lourde à porter, et où l'âpreté des discussions entre croyants et incroyants est le plus inconnue. Une douce tolérance, peu de grands élans, peu de sauvagerie sceptique, tels me sont chaque fois apparus les Russes dans la pratique de leur foi.

*
* *

En causant avec G., un homme d'esprit très fin, qui pense et qui sent, je lui racontais l'étonnement que j'avais éprouvé, au couvent de Solovietzk, sur la Mer Blanche, à parler du service religieux avec les moines. La messe dure là-bas parfois près de quatre heures : « Comment pouvez-vous fixer aussi longuement votre attention sur un même objet? » demandai-je à un Père. Et le Père me répondit : « Mais, quand on est fatigué, on s'en va; on revient ensuite : personne ne voit de mal à cela. » G. me répond que, pour sa part, il ne trouve pas trop longues les interminables messes qu'on dit dans les monastères; elles le séduisent beaucoup, et il les aime pour leur longueur même; en outre, la paix de l'entourage monacal est si profonde que rien ne trouble vos pensées, et que vous êtes ravi pour quelque temps aux banalités de l'existence. Chez G., bien sûr, le besoin de mystère et d'élévation morale est plus puissant que la foi véritable; pourtant, c'est un Russe pieux.

*
* *

A Saint-Pétersbourg, dans une cathédrale sombre, toute en marbre, Saint-Isaac, j'assistais à un service solennel. La foule était massée par groupes, ou accotée en files le long des murailles. Dans un espace laissé vide, comme une espèce de clairière, au milieu de l'église, un officier de Cosaques était debout : un homme superbe. En le considérant, j'étais frappé des élans de sa piété : il se signait, lentement, avec ferveur, s'inclinait de la moitié du corps, puis se signait de nouveau. A un moment donné, il fit le « salut de terre », c'est-à-dire qu'il se jeta à deux genoux sur les dalles, et, allongé de tout son buste, fit mine de baiser le sol. Cela fait, il se redressa de toute sa haute taille, droite dans un long manteau. Alors, tirant de sa poche un peigne, il se mit à peigner sa barbe et ses cheveux, aussi tranquillement que s'il se fût trouvé devant sa toilette. Il jeta ensuite quelques regards sur une jolie fille qui était debout à quelque distance. Puis, tout à coup, comme à un signal, je le vis reprendre avec ferveur ses révérences et ses signes de croix. J'ai involontairement pensé, en considérant ce bel officier dévot, à ces musiciens d'orchestre qui, au milieu d'un morceau véhément, ayant fini leur partie, s'arrêtent, posent leur instrument, et lorgnent la salle.

*
* *

J'ai fait connaissance avec une personne très pieuse, Mme D. C'est une femme de colossales dimensions, avec une petite tête, des yeux saillants et une grosse voix d'homme. Sous son voile de gaze bleue, et sa calotte de drap, elle a un aspect un peu rébarbatif; mais, de près, on est stupéfait de voir, aux coins de sa bouche, un sourire doux, dans ses yeux, une vive expression d'intelligence et de bonté, et dans ses manières, l'aisance d'une vraie grande dame. Sa piété est profonde et s'épand en bonnes œuvres.

Je disais à Mme D. combien nous sommes surpris, de voir l'abus que font les Russes des gestes religieux, signes de croix et révérences. Elle me répond que l'avantage de cette gymnastique pieuse sur celle qu'impose le rite catholique, est une complète absence de règles. A la messe, les fidèles ne se signent pas à tel moment donné, mais bien lorsqu'ils veulent exprimer à Dieu un sentiment d'adoration (cela est vrai peut-être, mais pour le peuple seulement). Mme D. ajoute que l'instruction religieuse actuelle est en chemin de faire perdre au peuple cette sainte ignorance des règles et cette habitude de la prière *personnelle*. Les écoles religieuses qui éclosent de toutes parts tendent à donner aux enfants la lettre, le formel de la religion, et, par contre, à leur en faire perdre l'esprit, ce sentiment de piété instinctive qui était au fond de leur cœur. Les prêtres, sans doute, reçoivent une haute instruction, mais l'isolement moral peu à peu les abrutit.

Quant à la société cultivée, dit encore Mme D., l'indécision religieuse que vous constatez à bon droit chez elle vient de ce qu'elle a quitté le rivage où fleurissent les traditions slaves, pour faire voile vers l'Occident. Malheureusement, elle n'a pas pu atteindre cette côte rêvée, où s'épanouit l'incroyance active et sereine; et maintenant, voilà que fatiguée de son voyage vain, elle voudrait rentrer au port natal. De là ses hésitations, ses fluctuations. Ici, comme dans toute la civilisation du pays, on touche du doigt la fissure qui s'est produite lorsque la Russie, sous prétexte de regagner l'avance prise par l'étranger, a rompu brusquement avec ses traditions et avec son développement normal.

*
* *

Après un impitoyable dégel, voici un matin clair, bleu, froid et ensoleillé. Je vais, avec Serge Ivanovitch, visiter un couvent aux confins de la ville. Moscou entier est couvert de glace, un monstrueux verglas, épais de plusieurs pouces, et qui a des miroitements d'acier, sous ce joli coup de soleil matinal. Nous arrivons juste pour assister à la sortie de la messe, entre une double haie de mendiants déguenillés, debout dans le soleil glacé de décembre. Nous pénétrons dans la chapelle, toute petite, toute intime, et voici venir à nous l'archimandrite, auquel Serge me présente. C'est un vieillard encore droit, avec une barbe blanche et des yeux bruns très loin cachés sous les sourcils, et restés, malgré les années, extraordinairement jeunes, malicieux et frais. De temps à autre, un moujik saisit un pan de la soutane du Père et la porte à ses lèvres avec ferveur. L'archimandrite nous invite à venir prendre le thé dans sa cellule, et là, assis sur le canapé à coussin rouge qui lui sert de lit, dans une atmosphère chaude et mal fleurante, le vieillard m'exprime ses idées sur le *Raskol* (schisme de l'Église russe) et sur les catholiques. De belles paroles de tolérance apaisée tombent de ses lèvres, lorsqu'il parle de ses anciens frères du *Raskol*; pas de persécution, la douceur et la persuasion, tels sont les moyens qu'il préconise pour agir sur eux. Pour les catholiques romains, le vieil archimandrite m'expose rapidement la différence de dogmes qui les sépare des orthodoxes, puis il ajoute : « Au fond, la différence entre eux et nous n'est pas essentielle, ce n'est pas comme les protestants : entre les catholiques et nous, il n'y a que des différences de détail.... Nous prions pour l'union des Églises, mais il faudra longtemps encore pour que cette union s'opère : le pape est trop grand, trop riche, pour condescendre actuellement à s'unir à nous, si pauvres, si bas placés. » Un sourire mélancolique et un regard malicieux accompagnent ces paroles. Je suis touché d'entendre ce vieillard, que jadis a été persécuté, lui aussi, prononcer des paroles d'apaisement, et parler de la religion sœur comme d'une brebis égarée, au lieu de la maudire un fanatique.

*
* *

Les Russes sont naturellement charitables; ils le sont parfois en vrais dépensiers. Dans un pays où l'on ne compte guère sur l'organisation des secours officiels pour soulager les grosses misères, et où les fortunes s'édifient rapidement, il est naturel que la bienfaisance occupe une large place : Moscou est la ville la plus charitable de tout l'Empire. J'ai sous les yeux le tableau statistique des œuvres de bienfaisance reconnues par la loi, qui existent actuellement dans cette ville. On ne saurait croire combien l'ingénieuse diversité en est grande. Les derniers chiffres publiés se rapportent à l'année 1889. Je trouve, pour 495 établissements, les sommes suivantes : capitaux engagés : 13 millions de roubles [1]; valeur des immeubles : 20 millions de roubles; ce qui fait environ 120 000 francs pour la valeur de chaque immeuble, et 80 000 francs de couverture pour chacune des unités.

A Moscou, c'est l'initiative privée qui a le plus fait pour les établissements de secours que, chez nous, d'ordinaire, les villes prennent à leur charge : les hôpitaux et les asiles de nuit par exemple. De plus, le nombre des maisons de retraite de toute

1. Je donne des chiffres ronds : le rouble dont il s'agit ici est le rouble papier, dont le cours est d'environ 3 fr.

sorte — pour des enfants, pour des femmes, pour des vieillards, pour des aveugles ou des infirmes — s'accroît chaque année. Les marchands enrichis ont à cœur de restituer au public, sous forme d'établissements charitables, une partie des sommes qu'ils ont gagnées sur lui. Ils ne font pas, comme à Paris tant de riches, publier par les journaux leurs moindres aumônes : ils bâtissent sans mot dire, et souvent, les malheureux intéressés sont les seuls, dans le public, à connaître l'existence du nouvel asile. MM. B., par exemple, n'ont pas avisé la presse, lorsqu'ils ont élevé leur magnifique hôpital des Incurables : la valeur de l'immeuble et le capital engagé sont de 300 000 roubles chaque. Les frères L. ne rappellent pas annuellement aux lecteurs des feuilles publiques l'existence des établissements (d'une valeur de 600 000 roubles) où ils dépensent 40 000 roubles chaque année pour abriter et en partie nourrir 1100 étudiants, étudiantes ou veuves chargées de famille, et 300 000 pauvres qui logent à la nuit. Je cite ces deux noms, parce que je les ai rencontrés fréquemment dans mes recherches sur la misère à Moscou ; il en est d'autres, par centaines, qui, sur une moindre échelle, mais avec non moins de persévérance, subventionnent des asiles, les surveillent et les administrent.

*
* *

Dimanche d'hiver : un grand soleil tombe sur la terre glacée. On me mène voir deux hôpitaux. Près du premier, l'hôpital d'enfants de Saint-Vladimir, une petite chapelle blanche, encadrée dans un bouquet de bouleaux aux grêles ramilles échevelées, dresse dans le ciel bleu un adorable clocheton à bulbe d'or. Et ces couleurs sont si fraîches, si gaiement imprévues, que je ressens presque une joie en pénétrant dans le blanc hospice d'enfants. L'arrangement des dortoirs, des salles de chirurgie, des laboratoires, des bains, de tout ce petit monde, enfin, isolé au milieu des bois, au bord de Moscou, est d'une simplicité raffinée. Je me reporte avec tristesse au souvenir des hôpitaux parisiens que j'ai pu visiter : casernes de pierre triste, ou baraquements de bois enfouis dans la boue.

Les Russes, venus les derniers dans la plupart des innovations de la science moderne, ont pu profiter sans tâtonnements de toutes les acquisitions faites par leurs devanciers ; leurs installations hospitalières dans les grandes villes ne ressemblent pas plus aux nôtres, qu'une ferme modèle en plein rapport ne ressemble à une exploitation de paysan. Nous manquons de place, disons-nous, pour construire des hôpitaux en pavillons ; peut-être; mais avouons aussi que nous avons le respect du compact : un hôpital-caserne nous en impose infiniment plus qu'une série de chalets isolés. N'avons-nous pas inventé aussi de murer nos enfants, de neuf à dix-huit ans, dans des forteresses en pierre de taille? Après chaque voyage que je fais en Russie ou en Allemagne, ces contradictions françaises me frappent et me chagrinent. Nulle part, l'esprit de routine n'est plus développé que chez nous, pour tout ce qui regarde les installations pratiques. Les Russes eux-mêmes riront quelque jour de notre prétentieux retard.

Dans un hôpital en construction, l'architecte me fait remarquer, à la chapelle, un *iconostase* [1] tout en marbre blanc. Timidement, je demande si tout cet argent n'eût pas davantage réjoui les pauvres, si on l'eût consacré à quelques lits supplémentaires. On me répond que rien n'est trop beau pour une église. J'ai cru sentir que le généreux donateur qui fait bâtir l'hospice a voulu avoir *son* iconostase; il sera heureux si la société de Moscou parle de cet iconostase en marbre blanc et vient l'admirer. Peu lui importe, sans doute, qu'on dise de lui : quel bon cœur!.. mais il tient évidemment à ce qu'on se répète : allez voir son iconostase...

1. Cloison qui sépare l'autel et la sacristie de l'église.

*
* *

G. s'intéresse à un asile de « jeunes garçons déjà convaincus d'un délit. » Il m'y mène souvent. Quelques salles basses et noires où les enfants, subitement médusés par notre arrivée, tour à tour prient, travaillent, s'instruisent et prennent leurs récréations. Parmi des figures sournoises de chiens en laisse, on y voit, de temps à autre, une mine candide et rose ; parfois, ce sont là des chenapans pires que les autres, parfois aussi, de bonnes natures faibles. G., qui est conseiller municipal et membre de plusieurs comités de bienfaisance ou d'instruction, s'occupe de cet asile entre dix autres, avec un dévouement que j'admire. Pour moi, ces visites m'affectent : une prison d'enfants est bien autrement triste qu'une prison d'adultes : ici, on ne pense qu'au passé qui s'expie ; là, on songe à l'avenir de fautes qui va s'ouvrir pour ces natures déjà fourvoyées et que la promiscuité du vice achèvera de fausser.

*
* *

Première excursion dans les asiles de nuit. Dans l'asile municipal, les salles contiennent cent personnes. Une lanterne fumeuse éclaire seule ce lugubre dortoir. La fumée de *makorka*, de ce tabac puant que fume le peuple, emplit la salle comme d'un brouillard; les odeurs de ces corps de vagabonds sont écœurantes. La plupart sont déjà étendus sur les longues tables en pente qui leur servent de lits; d'autres, formant des groupes, où vacille une chandelle tenue à la main, écoutent la lecture d'un petit livre de contes. Dans un coin, très haut, scintille une pauvre icône.

Ces hommes ont un air doux : une résignation insouciante s'exprime sur la plupart des visages qui sont visibles dans la pénombre. Notre visite, d'ailleurs, ne les intéresse pas. Le médecin qui me conduit pose çà et là une question à des hommes; leur réponse est polie, empressée sans humilité : il est lui-même si doux, ce docteur, que ses manières doivent faire impression à ce peuple.

Je compare cette visite à une tournée analogue dans le merveilleux Asile municipal de Berlin. Dans la salle de bain, nous attendions, quelques fonctionnaires et moi. Sur un signe du directeur, une porte s'ouvrit, et, un à un, pénétrèrent dans la salle oblongue cent hommes nus. Ils vinrent se ranger chacun sous une pomme de douche, et, en attendant le signal de se laver, quelques-uns nous dévisageaient : figures gouailleuses ou sournoises : quelques vieux, seulement, avaient un air doux. En passant de Berlin à Moscou, il semble que l'on remonte d'un âge historique. Ces clients des asiles de nuit se ressemblent aussi peu que les bâtiments qui les abritent : ceux de Berlin, dans leur palais de briques rouges, ont senti passer le souffle de la « Sociale » ; ceux de Moscou, dans leur pauvre abri, n'ont pas l'air de trouver inique ce fait que d'autres sont heureux quand ils souffrent. Leur fatalisme s'accommode d'un sourire triste et d'un *nitchévo!* — ça ne fait rien !

*
* *

Le *Khitrove-rynok* est la Cour des Miracles de Moscou; il occupe tout un quartier. Physionomie à part : les misérables sont là chez eux; on ne les loge pas gratis, ils payent leur coin de planche; aussi sont-ils tranquilles, la tête haute. J'ai fait chez eux bien des excursions; d'abord, avec le médecin municipal, puis, m'enhardissant, tout seul, avec mon appareil de photographie. Des Russes m'avaient voulu détourner de ce projet, et, la première fois, j'étais ému. Jamais, pourtant, malgré mon accent étranger, on ne m'a bousculé ni insulté; deux fois même, dans des salles où je causais, on a expulsé des ivrognes qui me gênaient.

C'est un incroyable entrelacis de chambres poussiéreuses et infectes, où se pressent les types les plus divers : depuis le voleur et la fille de ruisseau, jusqu'au travailleur régulier, tombé là un soir d'ivresse, et qui reste parce qu'il s'y trouve bien et s'y sent libre. On rit, on chante, on fume, on discute, mais on travaille aussi, à toutes sortes de métiers, et à de bizarres rafistolages. En somme, c'est une impression de misère, mais de misère acceptée avec résignation, sans penchement de tête, comme sans révolte; et puis, une superbe insouciance, qui fait ces hommes aussi fiers de leur place de nuit sur la planche louée deux sous, qu'ils le seraient d'une maison possédée par eux seuls.

*
* *

J'essaie de coordonner ces impressions de charité et quelques autres du même ordre. Il me paraît que, si la Russie est divisée en castes encore très fermées, pourtant, la charité mêle, çà et là, tout ce peuple beaucoup plus intimement que chez nous. L'égoïsme, assurément, est féroce chez quelques-uns, dans ce pays où nul ne craint le « qu'en dira-t-on »; mais aussi, parfois, le dévouement y prend tout l'individu. En bien des cas, notre égalité extérieure est plus aristocratique de sentiments que l'inégalité de la société russe. Un Russe fréquente volontiers des moujiks, ouvriers ou paysans : bien des Français, et des meilleurs, ne se mêlent qu'à regret à leurs égaux d'en bas. Mais aussi, le peuple, en Russie, accueille les « bourgeois » sans prévention fâcheuse, sans jalousie et sans haine.

La civilisation encore rudimentaire et la pauvreté du pays n'ont pas encore permis à l'État de prendre autant de part que chez nous à toutes les tentatives qui ont pour but de relever le bien-être physique et moral des classes inférieures. L'État n'est pas encore, là-bas, comme dans presque toute l'Europe, un représentant plus ou moins immédiat des aspirations nationales. L'État, c'est le tsar. Les fonctionnaires du tsar, les *tchinovniks*, au lieu d'être chéris comme des aides généreux, sont honnis comme des intrus, et même haïs, comme des serviteurs qui faussent les ordres du maître en les exécutant. Le réseau administratif n'ayant, avec le pays qu'il enserre, qu'un contact tout extérieur, n'en connaît pas les besoins. Par suite, tout ce qui relève du sentiment — bonté, dévouement, charité — est un champ ouvert à l'initiative des particuliers. Nous avons l'habitude de nous en rapporter à nos représentants administratifs pour régler la plupart des questions de cet ordre; nous agissons ainsi, moitié par égoïsme, moitié parce que nous nous disons que les autorités compétentes ont moins de chances que nous-mêmes d'égarer nos aumônes; ici encore, nous subissons la tyrannie de la spécialisation, en craignant de nous aventurer sur un terrain qui nous est inconnu. En Russie, rien de tel. Une personne riche n'aura guère l'idée, si commune chez nous, de mettre une certaine somme d'argent à la disposition d'un ministre pour soulager une infortune : elle préférera distribuer elle-même ses secours, ouvrir une ambulance, un asile modeste, un fourneau. Ce n'est pas, certes, par vanité, car les journaux ne parleront pas de ces œuvres ; c'est par conviction : cette personne charitable est convaincue de l'efficacité de l'effort personnel pour modifier, ne fût-ce que sur un point presque imperceptible, l'état de la misère en son pays ; elle croit que son aumône profitera à un groupe déterminé de pauvres qui, sans elle, n'auraient rien reçu. Nous nous disons, nous autres, que notre intervention personnelle, en matière de bienfaisance, agit tout au plus sur la *répartition* des secours ; les Russes se disent qu'en pareil cas, ils agissent également sur la *création* de nouveaux modes de charité : en un mot, nous n'espérons rien changer au fonctionnement de nos rouages administratifs, tandis que les plus modestes d'entre les Russes ont conscience de faire, dans leur pays, du *nouveau* et de l'*utile*.

La charité russe est, ainsi, plus individuelle, partant plus visible ; mais aussi, plus aléatoire peut-être, que la nôtre.

A l'autre extrémité de la société, parmi ceux qui reçoivent, mêmes tendances que chez ceux qui donnent. Là aussi, la bienfaisance est accueillie avec des sentiments plus clairement manifestés que chez nous. Les malheureux n'ont pas l'air de recevoir un dû dont ils eussent, au besoin, réclamé le paiement ; ils acceptent ce qu'on leur donne, comme un présent gracieux. De là, sans doute, l'attrait qu'exercent, même sur un étranger, les classes pauvres de la Russie. Nulle part en Europe je n'ai éprouvé autant d'intérêt à voir de près les souffrants : entre ceux-ci et les nôtres, il y a toute la distance qui sépare un grondement sourd d'un bon sourire de résignation.

* * *

La première neige tenace est tombée cette nuit sur le verglas qui, me dit-on, doit lui servir d'indispensable support. De tous côtés sortent de petits traîneaux, au lieu des fiacres disparus. Ces traîneaux ressemblent à des jouets d'enfants : ils sont faits d'une toute petite caisse, de la taille d'une malle ordinaire. Sur l'avant, le siège du cocher ; sous ce siège est pratiqué un enfoncement où vous casez vos jambes, que protège en outre une fourrure. Les chevaux de maître, les *Orlofs* noirs, ont l'air énormes, attelés devant ces joujoux. Le premier traînage : une joie de vitesse, à travers le silence des rues subitement amorties et comme capitonnées par la neige. Les cochers ont une joie enfantine de cette première neige et de ce premier froid, de cet hiver qui s'ouvre avec ses commodités et ses splendeurs blanches; ils excitent et lancent à tout propos leurs petits chevaux aux crins échevelés; et, comme moi, évidemment, ils prennent plaisir à écouter le grésillement du sol glacé sous l'acier des patins, et le croisement des sillages bruissants sur la chaussée silencieuse.

Les peuples du Nord ont inventé quelques jouissances intenses que nous ignorons; par exemple celle-ci : être emporté en traîneau, à toute vitesse dans l'air glacé, avec une fourrure moelleuse et une toque bien chaude, ne laissant à découvert que de toutes petites portions du visage, sur lesquelles le froid dépose un baiser brûlant, et, de temps à autre, le grésil lance de petites flèches acérées.

*
* *

J'arrive à la campagne, à Soukovo, le soir, sous des rafales de neige, que chasse un vent glacé; mes chevaux vont au pas, le cocher n'y voyant plus. C'est une autre impression qu'à la ville, ce crépuscule, cette solitude froide, où tinte par intervalles le son amorti de la clochette qui surmonte la *douga* [1]. Sensation d'être perdu très loin de tout ce

1. Arc en bois qui s'arrondit par-dessus la tête du limonier.

que, depuis l'enfance, on a vu et ressenti; tristesse, accablement; perception effrayée de la puissance de la neige.

*
* *

Un clair de lune splendide sur la plaine enneigée. Je reviens, avec Michel Fiodorovitch, d'une partie chez un voisin : nous avons causé fort tard; nous avons toutefois voulu rentrer ce soir, l'estomac chauffé d'un petit verre de *vodka*. Nous sommes pelotonnés dans un grossier traîneau de paysan, en forme de V; les inégalités du chemin nous secouent dans le foin. Notre *troïka* file à toute vitesse, sous la lune, par la route largement ouverte entre des bois; puis, voici un village en pente sur la colline : effet curieux de toute cette surface blanche où les parois des *isbas* font des plaques toutes noires, çà et là illuminées encore par l'œil rouge d'une vitre éclairée.

*
* *

C'est grand jour; la neige tombe à flocons larges, moite, collante, capricieuse; de la route si connue, rien ne serait visible sur la plaine, et Dieu sait où nous irions donner, sans les branches d'arbres que les paysans piquent, de distance en distance, de chaque côté de la piste neigeuse...

La neige a cessé de tomber; l'air est transparent. A perte de vue, rien de visible, que du blanc : l'horizon, vers la gauche, est bordé d'un trait d'encre : une forêt. Tout là-bas, je cherche un village familier; longtemps rien ne m'apparaît; je découvre enfin, sur l'immensité blanche, la tache verte d'une coupole : c'est ce qui reste sur l'horizon, de tout ce village. Cette perte de vue, sur du blanc dont les tons changent avec le ciel, s'assombrissent sous la tempête, et prennent des reflets roses au soleil oblique du matin ou du couchant, cette vision infinie et immaculée est splendide et poignante.

*
* *

Une station, entre Pétersbourg et Moscou, un matin de novembre. Tandis que nous faisons les cent pas sur le quai, un enterrement traverse la voie, et s'en va, dans la neige, jusqu'à l'église prochaine. Le cercueil de sapin clair, est en forme de nacelle : c'est sans doute celui d'un enfant : un moujik le porte sur sa tête. Suivent deux popes chevelus, en chapes rigides; puis la famille. Ces formes noires qui passent sur la neige, le long de la forêt poudrée de blanc, se détachent en un saisissant relief. Le clocher de l'église est bleu et or : il a des nuances d'une fraîcheur inouïe, sur ce fond de neige ensoleillée qui semble bordée d'une ganse rose.

*
* *

A Moscou. Un jour de gelée et de clarté rose sur la neige. Cet après-midi, errant par la ville, dans une brume légère, je me suis amusé à détailler les reflets des monuments sous le soleil adouci. Tout là haut, le turban doré de la tour d'*Ivan Viéliki* resplendissait. Vu du Pont de pierre, le Kremlin était ravissant, avec les toits verts imbriqués de ses tourelles, avec ses dentelures, ses ors, ses blancheurs de façades, et la ligne orangée de ses palais, se détachant dans ce léger estompage de brume et l'encadrement fin de cette neige.

*
* *

Matinée de dimanche, toute rose. Le grand froid est là dehors, qui brouille les vitres de ma fenêtre extérieure, sans même prendre la peine d'y dessiner de ces jolies fleurs de gelée qu'il nous prodigue dans nos pays. Il fait — 32° centigrades ; le soleil rit à plein ciel, et les arbres, sous le givre déposé, sont gantés de blanc. Dans la rue, les chevaux sont entourés d'un nuage de vapeur, et leur respiration cristallisée couvre tout leur corps velu d'une sorte de résille blanche. Sur les places, de grands braseros sont installés, autour desquels causent des moujiks accroupis sur la neige.

* * *

La neige, en Russie, est une amie tendre et bienfaisante. Lorsqu'elle tarde à tomber, ou bien lorsque des dégels successifs la transforment en boue, toute la contrée souffre. Les seigles d'hiver, n'étant point protégés par elle, risquent d'être grillés par la gelée. Puis, les chemins deviennent impraticables. Les pistes routières sont passables en été, lorsque les pluies ne sont pas trop fréquentes; mais, n'étant ni empierrées, ni entretenues, elles se gâtent à l'automne. Peu à peu, des ornières s'y creusent, la boue s'y délaie : la circulation y devient impossible, même avec des véhicules légers. Par endroits, la boue est si compacte et si profonde qu'elle constitue un véritable danger. Un de mes amis m'a raconté que, partant, un jour de novembre, pour une partie de chasse avec des compagnons — tous à jeun! — l'un d'eux laissa tomber de la voiture son fusil enveloppé dans un fourreau. La voiture fit encore quelques mètres avant qu'on pût arrêter les chevaux. On revint en arrière, mais les recherches furent vaines, le fusil, caché dans la boue profonde, peut-être même logé solidement entre deux de ces rondins de bois qui en Russie remplacent le macadam, ne put être retrouvé, et l'on dut partir en l'abandonnant. — Le moyen, sur de telles routes, d'effectuer des transports? Tout ce que la campagne fournit à la ville reste en souffrance : le bois surtout, qu'on emmagasine au seuil de l'hiver. Tout semble mort : les villages n'ont plus de communications entre eux, ni avec les villes voisines ou les stations de chemin de fer ; une voiture, même vide, ne peut circuler, un piéton s'enliserait dans les ornières ; seuls, les cavaliers peuvent, à force de patience, s'aventurer sur les chemins. L'inquiétude s'accroît, les gens se désolent, certaines denrées renchérissent : on attend le *sanny poute*, le traînage libérateur.

A peine la neige s'est-elle fixée au sol, que toute cette campagne, morte hier, se ranime. De tous côtés sortent les traîneaux en V, appuyés sur de larges patins de bois. Après les jours effroyablement gris et sinistres de l'automne russe, ces jours de spleen, qui semblent la fin de tout dans un universel écrasement, voici que le soleil renaît. La campagne blanche se couvre de pistes luisantes où circulent des traîneaux lents chargés de bois et des denrées les plus diverses. La gaîté et la vie partout s'épandent.

La neige est aussi nécessaire à la Russie que le soleil à notre été : sans neige, tout périrait dans la terre. Un hiver sans neige et un été sans eau, voilà les deux plus grandes calamités pour le pays russe : dans les deux cas, c'est la famine.

CONCLUSION

Un de nos plus pénétrants historiens m'écrivait, il y a quelques années, à propos des Russes : « Je ne sais pas de peuple plus captivant — je n'en sais pas de plus décevant. » Longtemps, j'ai partagé cette opinion; aujourd'hui, je suis moins sévère. Ces déceptions, je les ai constatées, moi aussi, mais il me semble que la plupart d'entre elles s'expliquent par des influences passagères. Mon indulgence vient peut-être de ce que j'aime davantage ce peuple, depuis que je l'ai vu souffrir.

*
* *

Il faut s'entendre, quand on parle « des Russes. » Pour ma part, je n'ai régulièrement fréquenté que la bourgeoisie et le peuple; mes éléments d'observation sont donc incomplets et je ne songe pas à le dissimuler. Il me manque l'étude de la haute noblesse, et du monde officiel : mais j'avoue d'avance qu'ils m'attirent peu, étant trop dominés, les uns par l'esprit de caste, les autres par l'esprit d'obéissance aveugle ou de dissimulation. La noblesse russe a d'ailleurs fait son temps : l'émancipation des serfs lui a porté un coup mortel. Depuis ce jour, les tsars ont bien pu tenter de la relever : s'ils peuvent lui fournir une puissance passagère, ils ne sauraient lui rendre l'autorité morale ni la richesse. Le peuple, au contraire, et la société moyenne, sont les forces vives de la nation : ils ont le sang intact encore, le cerveau frais, l'enthousiasme récent; de plus, l'instruction et la fortune seront bientôt à eux seuls. C'est évidemment parmi eux que se formera la Russie de demain : ils m'intéressent et je les ai pratiqués avec joie. C'est d'eux seuls que je parle, quand je dis « les Russes. »

*
* *

Lorsque je me trouve en présence d'un Allemand ou d'un Anglais, je crois voir, le plus souvent, en quoi sa façon d'envisager les choses diffère de nos habitudes; en face d'un Russe, je suis rarement fixé sur ce point : au moment où je crois le tenir, il m'échappe. — Richesse de fond et mobilité slave! disent les uns; — duplicité! soutiennent les autres.

Ni ceci, ni cela, je crois. On oublie trop que la Russie ne nous apparaît pas sous son vrai jour : ses deux principaux éléments : le peuple et la société cultivée, l'*intelliguensia*, comme ils disent, sont momentanément faussés par certaines circonstances de leur histoire. Le peuple porte encore l'empreinte du servage qui l'a déformé durant des siècles; la société est entravée dans son progrès par une préoccupation constante et obsédante de l'étranger.

L'homme du peuple, en Russie, est fort difficile à comprendre, d'abord, parce qu'il est très rusé et très défiant, puis, parce qu'il n'a peut-être pas toujours le fond qu'on lui suppose. La prolongation du servage ne lui a pas seulement donné un pli funeste : elle a, en outre, poussé la société russe à exalter son caractère et ses vertus, et à s'abuser sur sa nature vraie. La réalité et la prévention se sont ainsi combinées pour obscurcir encore les traits incertains de cette nature fruste. L'âme du moujik est comme une steppe fertile : il y pousse des herbes mauvaises au milieu des floraisons de plantes savoureuses; mais de loin, dans l'enchevêtrement de la végétation, on ne distingue rien qu'une verte houle. On ne saura bien tout ce que recèle cette terre, que le jour où l'on y portera la faux et la charrue. Jusque-là, toute excursion est vaine dans cette brousse : on n'en rapporte jamais qu'une poignée d'herbes, çà et là mêlées de fleurs.

Quant à la société cultivée, à l'*intelliguensia*, elle est bien fuyante aussi pour nos yeux. Les encombrants apports de l'étranger y masquent trop souvent l'originalité native, et y provoquent des incohérences que nous interprétons à faux. Depuis près de deux siècles, elle n'a cessé de tourner ses regards vers les civilisations occidentales, pour les imiter ou pour les maudire, tour à tour. De là ce fait, que les sentiments, chez les Russes instruits, sont en général restés russes, c'est-à-dire simples et jeunes, tandis que les idées, éveillées par une éducation purement étrangère, ont pris une teinte exotique. De là leurs contradictions perpétuelles, l'indécis de leur civilisation, leur oscillation constante entre la nature simple et l'abstraction raffinée. Ils sont trop jeunes encore pour être eux-mêmes ; il faut leur donner le temps d'accorder leurs deux tendances et de les fondre dans un fructueux progrès. A l'heure actuelle, il en est bien qui opèrent cette fusion des sentiments natifs et des idées étrangères ; mais ceux-là sont de grands artistes, âmes inquiètes d'ailleurs, et d'un équilibre incertain ; on ne peut les donner comme des représentants normaux de leur nation.

Peut-être les Russes seront-ils retardés dans leur marche en avant par leur malencontreuse fausse honte d'un retard imaginaire. Ils ne peuvent vivre et agir sans se comparer à l'étranger. Ils paraissent souvent moins préoccupés de progresser, que de dépasser leurs voisins : soucis enfantins, émulation puérile! Ils sont jetés par là dans la recherche d'une instruction brillante et encombrante, plutôt que solide : ils emmagasinent, au lieu de construire.

*
* *

Les Anglais, et avec eux la civilisation moderne, disent : *time is money*; les Russes, au contraire, ont du temps à revendre. Leur commerce a un proverbe qui peint à merveille ses allures d'araignée guetteuse, à la fois patiente et gloutonne : « *Dièlo nié volk, v'lièsse nié oubiéjit* : une affaire n'est pas un loup ; elle ne se sauve pas dans la forêt. » Ce proverbe éclaire vivement le caractère du peuple russe : j'y retrouve sa patience, sa ruse et sa résignation.

*
* *

Parmi les sensations que j'ai naïvement laissé agir sur moi en Russie, quelques-unes se sont répétées si souvent, qu'elles m'ont donné une impression persistante. Sont-elles justes de tous points? je n'ose l'affirmer : elles ont persisté dans ma vision, voilà tout ce que j'en sais.

D'abord, la sensation d'inachevé : je crois bien que c'est la dominante. Je l'ai éprouvée partout, à l'arrivée comme au départ, au village comme dans les cercles les plus raffinés. Le type même des visages semble avoir ce caractère : des traits encore mous, des yeux aux nuances effacées, et qui semblent nager dans du vague. Toute la vie intellectuelle et morale du peuple russe donne cette impression d'une chose qu'on n'a pas fini de travailler. Depuis les institutions, qui souvent semblent appartenir à un autre âge, jusqu'aux croyances, restées à mi-chemin entre l'acceptation et le rejet des dogmes, rien ne paraît terminé : tout se fait, tout devient. Je songe à un insecte à moitié pris encore dans sa coque de chrysalide.

L'enthousiasme russe m'a frappé également, surtout parmi la société éclairée. Tout ce que les Russes font, en dehors de leur métier strict, ils le font d'enthousiasme; et j'espère avoir montré qu'ils font beaucoup ainsi. Les idées les plus futiles, comme les plus nobles dévouements, provoquent chez eux de ces élans irrésistibles qui nous étonnent : dès qu'ils sortent de la pratique de leur vie quotidienne, ils vont, en tout, jusqu'à l'extrême. Mais l'enthousiasme a un caractère fiévreux : de même qu'il naît brusquement, d'un rien, de même, un rien l'abat : c'est le cas des Russes. Ils ont surtout une force d'emportement :

ils n'ont guère de persévérance. Ils se lassent vite, non par faiblesse, mais par ennui : les choses produisent sur eux une impression plus vive, sans doute, que sur la plupart d'entre nous; mais, en plein élan, ils se sentent arrêtés, détournés et repris par une vision nouvelle. La Russie cultivée ne marche point, comme l'Allemagne, d'un pas égal vers la lumière : elle s'avance par bonds et par à-coups. De là, dans le domaine moral, ces explosions de sentiments tendres, ces dévouements de tout l'être; puis, tout à coup, ces oublis, cette indifférence sans cause et sans mesure.

A côté de ces caractères d'inachèvement et d'enthousiasme bondissant, je note encore une insouciance de l'avenir, qui nous frappe d'autant plus, qu'elle est plus opposée à nos habitudes. Le souci du lendemain semble la base même de notre discipline morale : chez les Russes, il n'existe pas. Pour eux, l'heure présente est tout : l'avenir n'est rien qu'un rêve, auquel on ne songe pas à sacrifier les réalités. Dans la conduite de la vie matérielle, cette insouciance du lendemain se trouve parfois cruellement punie; mais dans la vie morale, elle produit souvent des effets que nous admirons. Ce que nous nommons le fatalisme et la résignation du peuple russe n'est pas autre chose, au fond, que cette insouciance du lendemain. A quoi bon s'agiter, pensent-ils? On ne changera rien au mal *présent* : or, qu'importe *demain*? L'apathie naturelle à un peuple que le climat trop rude confine de longs mois dans ses demeures et sous de lourds vêtements, fortifie encore cette paresse de la prévoyance. La pratique du moindre effort leur devient chère : la résignation passive exige moins de force que la révolte — surtout quand cette résignation n'est pas commandée par une loi morale dont l'observation vous impose une violence.

En même temps, l'insouciance de l'avenir est un principe d'activité violente : ceux qui calculent vont peut-être plus loin, mais ils avancent moins vite que les imprévoyants. Lorsqu'on s'élance dans la mêlée de la vie sans caresser l'espoir d'en rapporter des avantages, et sans songer à ses réserves, on frappe des coups plus forts et plus nets : ainsi font les Russes. Voilà pourquoi ils ne se dévouent pas à demi, voilà pourquoi leur bonté, leur charité, quand elles se font jour, sont si profondes — voilà pourquoi, aussi, dans l'abaissement, ils vont plus loin.

Peuple inachevé, indécis encore, peuple de sentiments et d'émotions extrêmes, enthousiaste et changeant, impatient et résigné, infatigable dans le dévouement, comme, parfois, sans mesure dans l'égoïsme, tous ces traits montrent en lui un peuple jeune. C'est parce qu'ils sont encore tout près de la nature qu'ils nous séduisent tant, quand nous les observons chez eux; c'est pour cela encore que, si souvent, ils nous déroutent. Ils ont les enthousiasmes, les dévouements, la bonté légère, la simplicité cordiale de la vingtième année, mais ils en ont aussi l'inconstance, le facile découragement et l'imprévoyance. Chez eux, comme chez les jeunes gens, les sentiments ont des échos plus lointains, et les passions vibrent plus profondément; tout cet acquit de réflexion et de mesure que l'âge apporte avec lui, leur est étranger; leurs joies sont plus bruyantes, leurs larmes plus amères, leurs désespoirs plus torturés, leurs illusions plus chatoyantes que les nôtres; ils ont des rudesses que nous n'avons plus, comme aussi des trésors de douceur affectueuse que nous ne savons plus montrer, quand, d'aventure, nous les possédons encore; ils ont des élans de folle confiance qui nous font un peu sourire, et des abattements que nous ne comprenons pas : ils sont hardis, nous sommes prudents; ils sont généreux, nous comptons : c'est que leur adolescence à peine est close et qu'ils ont, dans leur libre épanouissement de sève, les qualités vigoureuses et immodérées qui s'accordent le moins avec l'âge auquel nous sommes parvenus.

Ce qui peut tromper sur le vrai caractère de la Russie, c'est la vie officielle que l'on y voit, gourmée, hypocrite et corrompue. Mais il faut l'écarter, il faut aller loin de la capitale où elle se montre au grand jour, pour saisir sur le vif tous les traits de la jeune Russie. Nous pouvons sourire çà et là de sa naïveté, nous pouvons nous irriter, quand nous y rencontrons des hommes indignes; mais, du moins, ceux dont la nature est droite, nous rajeunissent au contact de leur enthousiasme, et nous font mieux apprécier la vie.

*
* *

Depuis un jour et demi, nous roulons vers la frontière allemande dans un brouillard gris : je relis l'admirable nouvelle de Léon Tolstoï : *La mort d'Ivan Iliitch*, et cette lecture me fait penser. Plus morale, cent fois, que les prédications, cette nouvelle d'une cruauté poignante... Vivre et agir sans bonté, sans charité; se marier, se reproduire sans amour vrai, sans véritable union des âmes, c'est mener l'existence d'Ivan Iliitch, c'est mériter sa mort... C'est bien l'idée favorite du grand Mystique; c'est bien, aussi, au fond, l'enseignement qui se dégage d'un contact prolongé avec les forces les plus généreuses de ce jeune pays russe. Cet enseignement, je le sens bien, est une rêverie, mais si douce! Il fait si bon se reposer çà et là de nos réalités occidentales, et puiser à une source qui sort à peine du rocher, un peu de confiance droite et saine dans la vie!...

Vers le soir, le brouillard gris s'est allégé: il

traîne maintenant en vapeur diaphane, et enveloppe les flottants contours de la plaine. Les champs gris, en friche, sous le ciel gris du crépuscule, s'étendent infiniment et gagnent en pente douce une ligne lumineuse où la vue s'arrête. Au milieu des champs, une route oblique passe, grisâtre et boueuse, et monte, monte doucement, jusqu'à se perdre là-bas, à l'horizon, comme en plein ciel. Sur cette route, près de la voie ferrée, une voiture de paysan est arrêtée; le petit cheval à longs crins flottants, est immobile, tout échevelé sous un coup de vent. Près du cheval, un moujik, dans de vieux vêtements, et en sandales d'écorce, se tient debout, et regarde vaguement quelque chose au loin dans la brume.

Cette vision entrevue m'a frappé : ce paysan en haillons m'est apparu comme un symbole du moujik russe, et tout le paysage, en mon esprit, s'est transformé. La route boueuse qui, sous les grisailles du crépuscule, coupe la morne plaine, et va se perdre tout là-haut, sur la ligne claire du ciel, c'est bien la route de civilisation que suit ce peuple enfant, cet obscur rêveur : lentement, avec des ornières et des coudes, elle monte, elle monte là-haut. Et lui, le paysan en sandales d'écorce, lui qui regarde vaguement au loin, insouciant du train qui passe, c'est bien le résigné paysan russe : sans un regard en arrière, il s'avance, avec son petit cheval ami, et il vainc la distance, la fatigue, l'ennui; il va, presque inconscient; il monte tout doucement, sans élans brusques, sans découragements, d'une montée lente, sur la route boueuse, cahoteuse et grise, qui va se perdre en pleine clarté...

Que sera-t-il, quand il parviendra tout là-haut?

TABLE DES MATIÈRES

PREMIÈRE PARTIE

LES ABORDS ET LA FAMINE

DEUXIÈME PARTIE

AU VILLAGE

TROISIÈME PARTIE

QUELQUES VILLES

QUATRIÈME PARTIE

A MOSCOU

Coulommiers. — Imp. PAUL BRODARD. 131-95.

Paris. — Imp. E. Capiomont et Cie, rue des Poitevins, 6.

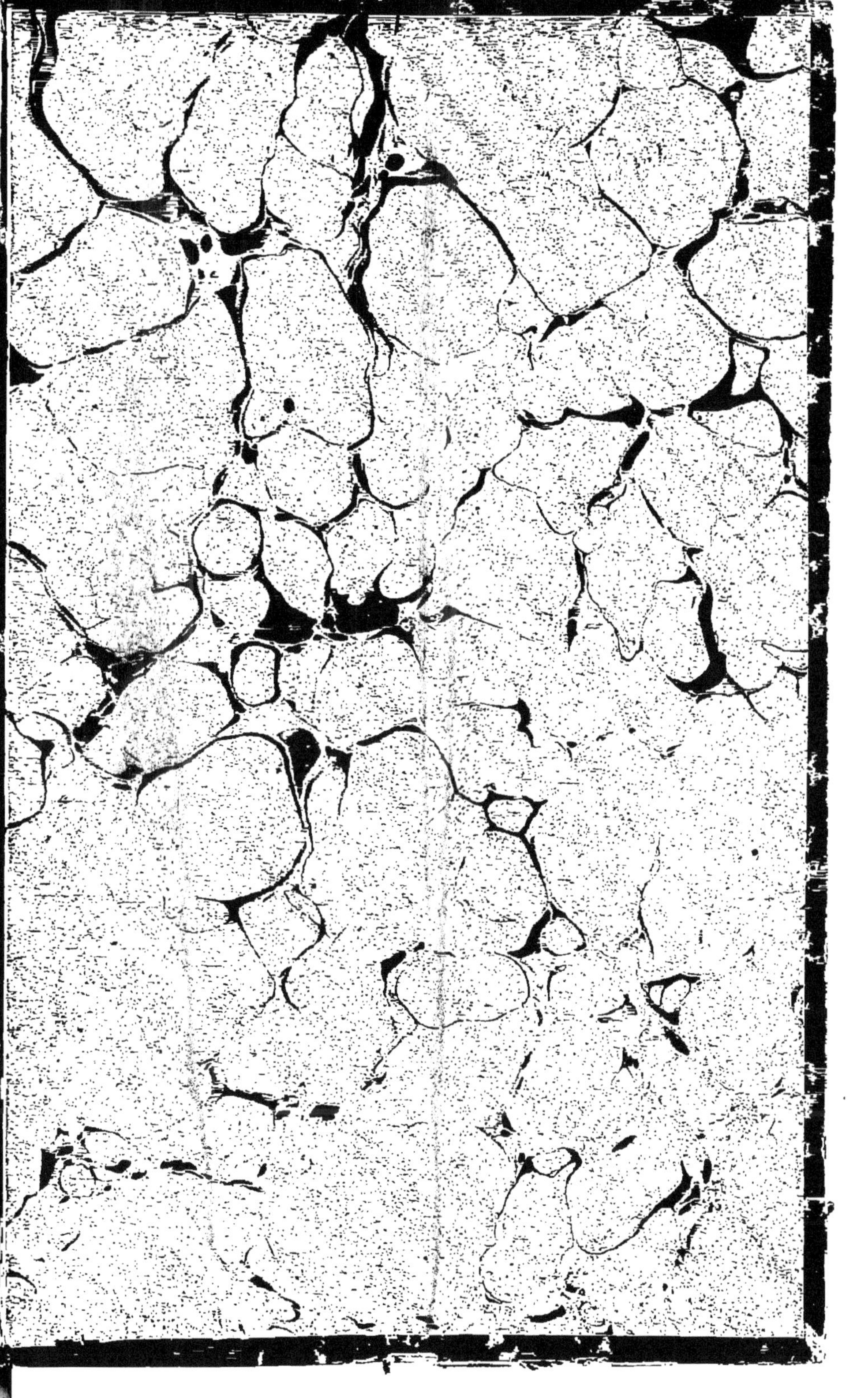

www.ingramcontent.com/pod-product-compliance
Ingram Content Group UK Ltd.
Pitfield, Milton Keynes, MK11 3LW, UK
UKHW022327190726
13856UKWH00001B/248

9 782011 935304